재정학연습

최 영 한 저

청목출판사

머리말

봄이 오는 소리가 완연합니다. 가로(街路)의 꽃들도 제각각 자태를 뽐내려 하고 있습니다. 벌써 나와야 할 책이 이제야 세상에 얼굴을 내밀게 되었습니다. 전적으로 제 게으름 때문입니다. 과거에 있던 책을 보완할까 생각했습니다. 그러나 두께가 중요한 것이 아니라 꼭 필요한 것들 나름대로 정리하여 내는 것이 좋을 것이라 생각했습니다. 물론 중복되는 부분도 많이 있겠으나 처음부터 정리하며 써 보았습니다.

재정학은 경제학을 알아야 술술 읽을 수 있는 과목입니다. 문제풀이도 마찬가지입니다. 경제학에 관한 기본지식이 있어야 문제를 빨리 내 것으로 만들 수 있습니다. 경제학의 기본을 공부하지 않고 재정학을 공부할 수 없다는 말씀입니다. 두꺼운 경제학 책을 다 읽으려 한다면 부담이 됩니다. 그러나 미시경제 부분(소비자이론, 생산자이론 등)이라도 꼭 읽고 재정학 책을 대하시기 바랍니다.

본 교재는 재정학의 원론부분을 공부한 사람들이 각종 시험을 앞두고 마무리 정리를 하도록 만들어진 것입니다. 각 장(章)의 앞 부분에 아주 간단하게 요약(要約)을 했으며 문제 편에서 우선 기본문제 연습과 기출문제 연습을 분리해 보았습니다. 기출문제의 경우 가장 가까운 최근 6년간의 문제만 수록하였습니다. 문제 수를 늘려 볼까 생각했습니다. 그러나 많은 문제보다 최근 문제의 경향을 파악하고 교과서 내용을 이해하는 데 도움이 되는 정도이면 충분하다고 생각했습니다.

사람은 누구나 목표가 있을 것입니다. 여러분들도 나름대로 다양한 형태의 목표를 향해 달려가실 줄 압니다. 금년에 세운 모든 목표를 달성하시고 보다 나은 내일을 설계할 수 있는 여유로움을 가지시기 바랍니다. 모쪼록 이 책이 여러분들을 목표로 이끄는 데 도움이 되었으면 합니다. 이 세상에 지름길(short cut)은 없습니다. 한 발 한 발 내딛고 나아가면 마침내 광영(光榮)이 있을 것입니다.

무엇이든 마무리를 할 때쯤이면 여러 사람들의 얼굴이 떠오릅니다. 척박한 출판환경 속에서 돈벌이가 안 될 줄 알면서도 흔쾌히 책을 내주신 청목출판사 유성렬 사장님께 감사드립니다. 언제나 용기를 주시는 웅지세무대학의 설립자 공인회계사 송상엽 이사장님께 감사드리며 여러 동료 교수님들께도 감사드립니다.

늘 제 건강 등을 걱정하는 가족들에게도 고마움을 전하고 싶습니다. 끝으로 내 눈을 바라보는 어린 제자들의 앞 길에 장미꽃이 가득한 탄탄대로(坦坦大路)가 계속되기 바랍니다.

2008년 3월

웅지세무대학에서

최 영 한 씀

차 례

제 1 장

재정의 의의와 기능

1. 재정의 의의

1-1. 재정의 의미

▸정부의 경제활동으로 주로 세입과 세출로 구성되어 있음

1-2. 재정학

▸정부의 경제활동에 대한 경제적 효과를 분석하는 학문

- 소득세가 개인의 근로의욕에 미치는 효과
- 법인세가 기업의 투자의욕에 미치는 효과
- 정적 공공재의 공급규모 및 외부성문제의 치유방안

1-3. 정부의 필요성

▸혼합경제체제에서 시장실패의 치유 위해 정부가 필요함

▸순수시장경제에서는 가계와 기업의 상호작용으로 효율적 배분 가능

▸통제경제체제는 정부가 주도하는 배분이므로 공평한 분배 가능

1-4. 정부를 바라보는 견해

▸기계론적 견해

• 개인이 정부에 우선하며 정부는 개인의 효용증대를 위해 존재함

▸유기체적 견해

• 사회유기체에서 정부가 유기체의 심장역할을 하므로 개인에 우선함

2. 재정의 기능

2-1. 자원배분기능

▸경제적 자원의 적절한 배분에 관한 정부의 역할

▸공공재의 최적 공급규모, 정부의 각종 규제 기능 등

2-2. 소득의 공평한 분배

▸사회구성원들 사이에 모든 자원이 고르게 나누어질 수 있도록 하는 정부의 역할

▸초과누진세율의 적용, 기초생활보조금의 지급 등

2-3. 경제안정기능

▸인플레이션율이나 실업률 등을 조정하여 경제안정을 추구하는 정부의 역할

▸재정정책이나 금융정책 등 총수요관리를 위한 정책수단 동원

3. 재정이론의 전개과정

3-1. 고전학파

▸Say의 법칙: 공급이 스스로 그 수요를 창출한다는 입장

• Supply creates its own demand.

▸작은 정부론; 기본적으로 정부개입에 반대하는 입장

▸총공급(AS)이 균형국민소득을 결정하므로 정부의 총수요 관리는 무의미함

▸균형재정 추구

• 공채발행 등을 통한 적자재정정책에 반대

3-2. 케인즈 및 케인즈학파

▸불황타개(실업률 감소)를 위한 정부의 적극적 개입 주장

▸ 적자재정정책의 강력한 시행으로 당시의 '실업률'을 낮추는 것이 최고의 과제임
▸ 우하향하는 안정적인 '필립스곡선'으로 대변될 수 있음

필립스곡선

실업률과 물가상승률 사이의 상충관계(trade-off)를 나타낸 그림이다. 정부가 실업률 감소를 위해 총수요를 증가시키면 국민소득이 확장하여 실업률은 낮아지나 물가수준은 상승한다. 따라서 실업률 인하라는 긍정적 측면 있으나 물가상승이란 악재를 동반하므로 물가안정과 실업률 감소, 즉 두 마리 토끼를 모두 잡을 수 없음을 알려준다. 그러나 우리 사회에서 물가상승만 수용할 수 있다면 정부개입으로 실업률은 반드시 낮출 수 있다는 의미이기도 하므로 정부개입의 유용성을 설명하는 도구로 사용된다.

3-3. 통화주의론자

▸ 적극적인 재정정책은 단기에만 효과적일뿐 장기효과는 없음
▸ 구축효과를 통해 케인즈 방식의 적자재정정책에 대한 비판

구축효과

정부지출 재원을 마련하기 위해 공채를 발행했다고 하자. 공채발행을 통한 정부지출 증가는 시중자금에 대한 수요의 증가이므로 이자율 상승에 기여한다. 이자율이 상승하면 민간 소비와 민간투자가 억제된다. 결국 공채발행을 통해 정부지출이 증가하여 국민소득의 증가에 기여하였으나 민간소비와 민간 투자의 감소로 증가된 국민소득은 다시 감소하게 된다. 이처럼 정부지출의 증가가 이자율 상승을 가져와 민간의 소비와 투자를 억제하는 효과를 구축효과(crowding-out effect)라 한다.

▸ "자연실업률 가설"에서 자연실업률 미만으로 실업률을 낮추기 위한 정부의 노력은 실업률 감소 대신 물가상승만 야기함

3-4. 새고전학파(합리적 기대론자)

▸ 경제주체들의 합리적 기대를 가정하면 정부개입은 단기에도 무용함
▸ 정부가 공채발행을 통해 정부지출을 증가하면 미래의 조세부담 증가를 정확히 예상함 따라서, 공채발행의 결과 민간소비가 억제되어 국민소득 증가효과는 없음

3-5. 공급중시경제학자

▸경제안정을 위해 총공급의 중요성 역설

▸총공급 증대방안으로 한계세율의 인하를 강조함

• 한계세율의 인하가 개인의 근로의욕과 저축의욕에 크게 기여함

• 조세의 대체효과를 중시함

▸Laffer곡선: 소득세의 한계세율과 조세수입 사이의 관계를 그린 곡선

• 일정수준까지는 한계세율의 인상이 조세수입 증가에 기여하나 일정 수준을 초과하면 대체효과 때문에 한계세율 인상이 오히려 조세수입을 감소시킴

▸민간 경제주체의 창의성이 총공급 결정에 가장 핵심적인 역할을 함

• 정부의 적극적 개입에 반대

연 습 문 제

1. 다음 중 재정의 기능을 올바르게 묶어 놓은 것은?

1) 자원배분, 경제성장, 실업률 감소
2) 자원배분 소득의 재분배, 국제수지 흑자
3) 자원배분, 소득의 재분배, 경제안정
4) 세수확보, 이전지원, 국제수지의 균형
5) 세수확보, 신축성, 완전성

정답 3). 재정의 3대 기능은 자원의 효율적 배분, 소득의 공평한 재분배, 경제의 안정적 성장 등 세 가지이다.

2. 재정의 기능에 대한 설명으로 틀리는 것은?

1) 오염물질을 방출하는 기업에게 공해세를 부과하는 것은 자원의 효율적 배분을 추구하는 것이다.
2) 소득이 최저생계비에 못 미치지 가구(家口)에게 보조금을 지급하는 것은 소득분배기능에 해당된다.
3) 인플레이션이나 실업문제와 같은 경제적 불안정을 해결하기 위해 개입하는 것은 재정의 경제안정기능에 해당되는 것이다.
4) 조세수입으로 조성된 세입(歲入)을 이용하여 적정한 규모의 공공재를 공급하는 것과 관련된 의사결정은 재정의 소득분배(또는 재분배)기능에 해당된다.
5) 우리나라에서 시행하는 기초생활보장제도의 운용은 소득분배기능에 해당된다

정답 4). 적정 규모의 공공재를 공급하는 문제는 자원의 효율적 배분과 밀접한 관련이 있다.

3. 재정의 기능에 대한 설명으로 올바르지 못한 것은?

1) 경제안정기능은 경제성장을 위한 정부의 역할과 아무 관련이 없다.
2) 자원배분기능과 소득분배기능은 서로 모순되는 결과를 가져올 수 있다.
3) 공평한 분배상태에 대하여 사람들 사이에 견해차이가 있을 수 있다.
4) 한 사회의 경제적 자원을 적절한 용도로 배분하는 일은 자원배분기능에 해당한다.
5) 정부 혹은 재정의 세 가지 기능은 머스그레이브(R. Musgrave)가 구분한 개념이다.

정답 1). 경제안정에는 물가나 고용의 안정은 물론 경제성장 촉진기능까지 포함된 것이다.

4. 정부의 크기, 즉 큰 정부와 작은 정부에 대한 논의를 설명한 것 중 가장 타당한 것은?

1) 예산규모에 초점을 맞추어 정부의 크기를 분석해야 한다.
2) 예산규모는 물론 정부규제의 범위에 초점을 맞추어야 한다.

3) 민영화의 정도가 곧 작은 정부의 척도이다.

4) 모든 국영기업을 민간부문에 이양해야만 작고 효율적인 정부로 평가된다.

5) 정부예산이 국내총생산(GNP)에서 차지하는 비율을 기준으로 판단해야 한다.

정답 2). 작은 정부에 대한 평가를 할 때 예산규모가 국내총생산(GDP)에서 차지하는 상대적 비중을 기반으로 한다. 그러나 중요한 것은 예산규모뿐 아니라 정부가 얼마나 민간부문을 규제하는가에 있다.

5. 정부의 성격에 대한 견해에서 기계론적 견해에 대한 설명으로 올바른 것은?

1) 정부는 유기체의 심장이며 개인은 유기체의 구성요소이다.

2) 정부의 존재이유는 개인의 목적달성에 있다.

3) 혼합경제에서 정부의 역할은 시장실패의 치유이다.

4) 정부의 존재이유는 시장에서 파레토 효율성의 달성이다.

5) 정부개입은 보상원리를 기준으로 평가되어야 한다.

정답 2). 정부를 유기체의 심장으로 간주하는 것은 유기체적 견해이며, 정부의 존재이유가 개인의 목적달성에 있어 개인을 우위에 두는 것은 기계론적 견해이다.

6. 다음 중 연결이 잘못된 것은?

1) 고전학파: 총공급 중시

2) 케인즈: 정부개입을 통한 경제안정

3) 통화주의: 구축효과

4) 공급중시경제학: 한계세율의 인하로 총공급 증가

5) 자연실업률가설: 수요관리 정책을 통한 실업률 인하

정답 5). 자연실업률 가설에 따르면 정부개입의 결과 실업률은 감소하지 않고 물가만 상승한다. 즉 정부개입이 효과적이지 못한 정책이다.

기출문제

[문 1] 다음 중 정부의 3대 기능 중 배분(allocation)기능에 속하지 않는 것은? (2002 세무사)

① 기초생활 보장
② 오염배출권 거래제도 시행
③ 공공재의 생산 및 공급
④ 독과점에 의한 비효율성의 시정
⑤ 환경세 부과

정답 ①. 기초생활보장은 "기초생활 보장법"에 따라 시행되는 제도로 저소득계층을 구제(救濟)하기 위한 것이므로 정부의 소득재분배기능에 해당된다. 독과점의 비효율을 시정하는 것, 공공재를 효율적으로 공급하는 것 그리고 공해문제의 해결 등은 자원의 효율적 배분과 관련된다.

제 2 장

재정규모 팽창의 이론과 현실

1. 한국의 재정

1-1. 중앙정부의 재정

▸중앙정부의 세입

• 부가가치세, 개인소득세, 법인소득세 등이 주된 세입원천

▸중앙정부의 세출

• 경제개발비, 교육비, 방위비 등이 주된 세출항목

1-2. 지방정부의 재정

▸지방정부의 세입

• 등록세, 취득세, 자동차세 등이 가장 주된 세입원임

▸지방정부의 세출

• 사회개발비, 경제개발비, 일반행정비 등에 주로 지출

2. 정부지출의 정당성과 종류

2-1. 근거 및 정당성

▸시장실패의 교정

• 공공재 공급을 위한 지출, 외부성문제 해결을 위한 지출

▸계층간 소득의 재분배

- 저소득계층에 대한 생계보조비

▸가치재(merit goods)의 원활한 공급

- 정부예산으로 추가 공급해야 효율적인 부분, 즉 의료비 및 교육비 등

가치재

민간부문에서 생산/공급되고 있으나 정부가 판단하기에 생산량(소비량)이 충분하지 못하여 정부예산으로 직접 공급에 참여하는 재화나 서비스를 말한다. 결국 가치재란 정부가 판단하기에 소비를 권장하려는 재화나 서비스이며 그 근거는 정부의 온정주의(온정적 측면)에서 찾을 수 있다. 가치재의 예로는 의료서비스, 공영주택서비스, 의무교육서비스 및 기본적 식품소비 등을 들 수 있다.

2-2. 구분

▸이전지출

- 저소득층에 대한 생계보조비, 과거에 발행된 공채에 대한 이자지급 등 반대급부 없는 일방적 이전이므로 직접 국민총생산(GNP) 증가에 기여하는 것은 아님

▸비이전적 지출

- 반대급부를 수반하므로 국민총생산(GNP) 증가에 직접 기여함

3. 정부지출비중 증가 원인에 관한 학설

3-1. Wagner의 경비팽창의 법칙

▸"공공수요의 소득탄력성"이 1보다 크므로 경제발전에 따라 정부지출비중이 증가함

▸일인당 국민소득이 증가할 때 공공부문의 규모가 국민경제에서 차지하는 비중이 점차 커지는 현상을 의미함

▸경제발전, 즉 공업화를 경비팽창의 원인으로 제시함

수요의 소득탄력성

소득증가율에 대한 수요량 증가율의 비율을 말한다. 수요량 증가율이 소득증가율보다 크면, 즉 수요의 소득탄력성이 1보다 크면 사치적 성격의 재화를 의미한다. 반면 소득증가율에 수요량 증가율이 못 미쳐 수요의 소득탄력성이 1보다 작으면 필수재로 규정한다.

3-2. Peacock & Wiseman의 전위효과 가설

▸정부지출은 사회적 혼란을 계기로 단계적으로 팽창함

▸전쟁 등 사회적 혼란이 "조세부담의 허용수준"을 상향시켜 정부지출 증가함

▸전위효과: 사회적 혼란기 정부지출이 상향조정되며 공적 지출이 사적 지출을 대신하게 되어 정부지출이 증가한다는 것

▸톱니효과: 사회적 혼란기 이후 지출수준이 과거수준으로 복귀하지 않고 지속된다는 것을 그림으로 나타내면 톱니바퀴와 같은 모양으로 그려짐

▸점검효과: 혼란기 이후 국민들이 사회문제에 대해 날카로운 인식을 갖게 되어 정부가 사회적 여건의 개선을 위해 공공서비스영역을 확장시키게 됨

3-3. Baumol의 비용병

▸공공부문의 생산성이 민간부문의 생산성에 미치지 못하여 정부경비가 팽창함

• 낮은 생산성 = 높은 생산비용

▸정부 생산비용 상승으로 경비가 팽창하는 것을 "보몰효과"라 함

3-4. Buchanan

▸대의민주주의 속성상 정부경비가 팽창함

▸정치가의 득표전략으로 "조세부담은 적게 정부지출은 많이" 때문에 과다한 정부지출

▸정부의 과다한 팽창을 수중동물인 리바이어던(Leviathan)에 비유함

3-5. Parkinson

▸관료의 과다한 업무영역 확대욕구

▸자신과 직접 관련이 없는 부분까지 자신의 업무영역 속에 포함시키려 하는 관료의 속성을 지적함

3-6. Brown-Jackson의 중위투표자 모형

▸중위투표자의 소득증가로 그의 공공재선호가 증대하면 공공서비스의 양이 급격히 팽창하므로 정부경비가 팽창함

3-7. 재정환상(fiscal illusion)의 문제

▸ 경제주체들이 정부지출증가에 따른 조세부담의 증가를 정확히 인식하지 못해 정부지출팽창에 제동을 걸지 못하여 발생하는 문제

4. 기 타

4-1. Musgrave

▸ 조세부담과 그에 따른 정부지출편익의 환원감을 비교

▸ 편익환원감이 작아 조세부담증가에 반대하므로 충분한 공공재가 공급될 수 없다는 것

▸ 결국 과소공공재의 문제로 귀착됨

4-2. Galbraith

▸ 민간부문의 광고나 선전 등이 민간재의 과다배분에 영향

▸ 공공부분이 상대적으로 위축된다는 의미에서 '공공빈곤가설'이라 함

▸ 다른 말로 '의존효과(dependency effect)'라 하는데 사적재가 광고나 선전 등에 의존하여 적장 수준이상으로 과다하게 배분된다는 의미

4-3. 공공부문 팽창의 현실

▸ 국민소득에서 중앙정부 지출이 차지하는 비중은 점차 증가하고 있음

▸ '95(15.76%: 62,847/398,838) '00(18.92%: 109,443/578,665) '05(22.07%: 171,800/778,445)

5. 조세부담률과 국민부담률

5-1. 조세부담률; 총조세액/GNP

▸ 국세수입이 GDP에서 차지하는 비중

1995 14.24% 2000 16.06% 2005 15.14%

▸ 국민부담률: (총조세액+사회보장부담금)/GNP

예) 국세와 사회보장분담금이 GDP에서 차지하는 비중

1995 15.60% 2000 18.62% 2005 18.07%

연 습 문 제

1. 우리나라의 국세 중 목적세(earmarked tax)를 올바로 묶은 것은?
   1) 교육세
   2) 교육세, 농어촌특별세
   3) 교육세, 농어촌 특별세, 교통세
   4) 교육세, 농어촌 특별세, 교통세, 지역개발세
   5) 교육세, 농어촌 특별세, 교통세, 지역개발세, 방위세

   정답 3). 국세 중 목적세는 교육세와 농어촌 특별세 그리고 교통세 등 3가지이다. 지역개발세는 목적세이나 지방세이다.

2. 중앙정부의 세출(歲出)에 대한 설명으로 타당하지 않은 것은?
   1) 세출을 소관별(所管別)로 분류해 보면 어떤 부처(部處)에서 많은 예산을 사용하는지 알 수 있다.
   2) 세출을 기능별(機能別)로 분류해 보면 방위비, 일반행정비, 경제개발비 등의 비중을 알 수 있다.
   3) 기능별(機能別) 분류에 의하면 우리나라 세출예산 중 경제개발비, 교육비, 방위비가 차지하는 비중이 크다.
   4) 지방재정교부금은 중앙정부의 세출에 포함되지 않는다.
   5) 세출예산을 성질별(性質別)로 분류해 보면 인건비, 물건비, 경상이전지출 등의 비중을 알 수 있다.

   정답 4). 세출예산은 예산을 사용하는 소관부처별로 분류할 수 있고 세출의 기능에 따라 방위비, 경제개발비 등으로 구분한다. 세출의 성질에 따라 인건비, 물건비 등으로 구분하기도 한다. 지방재정교부금은 중앙정부의 세출예산에 포함되며 예산을 기능별로 구분할 때 일반행정비와 비중이 유사하다.

3. 우리나라 특별회계(特別會計)에 대한 설명으로 타당하지 않은 것은?
   1) 사업의 성격상 일반회계와 다른 특별한 회계의 운용이 필요할 때 특별회계를 설치 운용할 수 있다.
   2) 특별회계는 기업 특별회계와 재정융자 특별회계 둘로 구분된다.
   3) 특별회계 예산은 일반회계와 같이 행정부에서 편성하나 의회(議會)의 심의를 필요로 하지 않는다.
   4) 예산통일의 관점에서 볼 때 특별회계의 수는 적을수록 좋다.

5) 양곡관리 및 조달 특별회계 등이 기업 특별회계에 포함된다.

정답 3). 특별회계는 일반회계와 달리 계리할 필요가 있을 때 설치할 수 있으나 예산통일의 원칙에서 특별회계의 수가 작은 것이 더욱 바람직하다. 특별회계는 일반회계와 마찬가지로 행정부에서 예산을 편성하며 의회의 심의도 필요로 한다.

4. 우리나라의 기금(基金)에 대한 설명으로 타당성이 없는 내용은?

1) 기금은 특별한 목적을 수행하기 위해 특정한 자금을 운용하려 할 때 설치할 수 있다.
2) 기금은 예산 범위 밖에서 운영되므로 탄력성이 크다.
3) 다양한 민간관리기금, 정부관리기금 등 기금의 규모나 가짓수가 지나치게 많아 비난의 대상이 되고 있다.
4) 국회의 심의와 의결이라는 경직성(硬直性)을 피할 수 있어 경제상황의 변화에 유연하게 대처할 수 있다는 점에서 강점이 있다.
5) 기금의 재원은 일반조세수입이므로 기금의 규모가 많아진다는 것은 국민들의 조세부담이 커진다는 의미이므로 조세저항에 직면할 우려가 있다.

정답 5). 기금은 예산의 틀 밖에서 운영되는 것이므로 기금의 재원(財源) 또한 조세수입과 무관하게 결정된다. 기금이 행정부의 의지에 따라 아무 제약 없이 사용될 수 있는 것은 아니나 일반회계나 특별회계에 비해 '경직성의 완화'라는 측면에서 우위에 있는 것은 사실이다. 그러나 기금의 형태로 운영될 필요가 없는 부분까지 기금의 형태로 운영되어 가짓수가 많아 비난의 대상이 된다.

5. 우리나라의 조세제도 및 구조에 대한 설명으로 틀리는 것은?

1) 부가가치세는 간접세이며 조세수입에서 차지하는 비중이 가장 크다.
2) 간접세라 하더라도 납세자의 조세부담능력에 따라 세금의 크기를 결정할 수 있다.
3) 우리나라와 유럽연합(EU) 등이 부가가치세와 같은 간접세가 차지하는 비중이 크다.
4) 지방정부의 재원구성을 보면 지방세와 세외수입 같은 자주재원(自主財源)으로 재정수요를 충족하지 못해 지방교부세나 국고보조금 등 중앙정부의 재원에 많이 의존하고 있다.
5) 관세나 목적세는 국세(國稅)이나 내국세(內國稅)에 포함되는 것은 아니다.

정답 2). 간접세의 경우 소비지출에 대해 과세하는 것이므로 납세자의 경제적 능력에 따라 과세되는 것은 아니다. 따라서 간접세 비중이 클수록 능력에 따른 공평한 조세부담이 이루어지는 것은 아니다.

6. 정부지출이 이루어지는 당위성(當爲性)에 대한 설명으로 타당하지 못한 것은?

1) 시장실패의 치유를 위해 정부지출이 이루어진다.
2) 국방서비스 및 경찰서비스 등의 공급을 위해 정부지출이 이루어진다.
3) 저소득계층에 대한 생계비지원을 위해 정부가 지출한다.
4) 비가치재(merit bads) 소비의 억제를 목적으로 정부가 지출을 한다.
5) 가치재(merit goods)의 원활한 공급을 위해 정부가 나서 지출을 한다.

정답 4). 소비행위자체가 바람직하다고 판단할 수 없는(담배, 술, 마약 등) 비가치재 소비를 억제하는 것이 사회후생 증가에 기여하는 것은 사실이다. 그러나 가치재 공급을 위해 정부가 지출하는 것은 당위성을 가질 수 있으나 비가치재 소비의 억제를 위해 정부가 지출한다는 것은 당위성을 가질 수 없다.

7. 이전지출의 형태로 지급되는 보조금에 대한 설명으로 가장 잘못된 것은?

1) 소득보조는 소득효과만 있고 대체효과가 없으므로 효율성 측면에서 우월하다.
2) 가격보조는 대체효과만 있고 소득효과가 없으므로 효율성 측면에서 열등하다.
3) 현물보조가 재화 간 상대가격을 변화시키는 것은 아니다.
4) 특수한 경우 현물보조 지급 이후 재화소비량이 감소하는 경우도 있다.
5) 동일한 금액의 보조를 가정할 때 가격보조가 열등하다고 말하는 이유는 보조금 지급 이후 상대가격이 변화하기 때문이다.

정답 2). 가격보조가 열등한 이유는 보조금 지급 이후 대체효과, 즉 상대가격이 교란되기 때문이다. 가격보조는 소득효과는 물론 대체효과도 함께 있다.

8. Wagner 법칙을 가장 정확하게 설명한 것은?

1) 사회적 혼란을 계기로 정부경비가 팽창한다.
2) 공공수요가 소득에 탄력적이므로 경비가 팽창한다.
3) 공공수요가 공공재 가격에 탄력적이므로 경비가 팽창한다.
4) 조세부담에 관한 인식이 미흡(未洽)하여 경비팽창이 이루어진다.
5) 전위효과 때문에 정부경비가 팽창한다.

정답 2). 소득이 증가할 때 공공재 수요가 소득에 탄력적이므로 국내총생산에서 정부경비가 차지하는 비중이 점차 증가하게 되는 현상을 '바그너 법칙'이라 한다.

9. 피콕과 와이즈만의 경비팽창에 관한 설명으로 틀리는 것은?

1) 사회적 혼란기 사람들의 '조세부담 허용수준'의 상승이 핵심적인 역할을 한다.
2) 전위효과란 사회적 혼란기 '사적 지출을 정부지출이 대신한다.'는 의미를 갖는다.
3) 점검효과에 따르면 사회적 혼란기, 사람들이 사회현상에 대해 날카로운 인식을 갖게 되어 경비가 팽창한다는 것이다.

4) 사회적 혼란기가 지나면 정부지출 비중이 거의 혼란기 이전수준으로 되돌아간다.
5) 사회적 혼란기가 지나면 정부가 사회적 여건의 개선을 위해 서비스 영역을 확장시키는 것에 지지를 보내는 것이 보통이다.

정답 4). 전위효과와 점검효과를 보면 알 수 있듯이 사회적 혼란기가 지나도 정부경비수준은 과거수준으로 회귀(回歸)되지 않는다. 전쟁 등 혼란기가 지나면 전쟁 기간 중 피해를 복구하기 위한 사업이나 채무변제 등을 위해 정부경비지출이 증가할 것이다.

10. 경비팽창의 원인에 대한 다음의 설명 중 잘못된 것은?

1) 브라운-잭슨(Brown & Jackson)은 경비팽창의 원인을 중위투표자들의 공공재 수요 증가에서 찾는다.
2) 보몰(Baumol)은 정부부문의 낮은 생산성을 경비팽창의 원인으로 지적한다.
3) 부캐난(Buchanan)은 대의민주주의 속성상 경비팽창이 이루어짐을 강조한다.
4) 재정환상의 문제, 즉 간접세나 인플레이션으로 인한 조세부담 증가의 명확한 인식도 경비팽창의 원인이다.
5) 일반대중들의 과다한 정부지출에 반대하지 않는 성향 때문에 경비팽창이 있다.

정답 4). 재정환상이란 간접세 또는 인플레이션으로 인한 실질 조세부담의 증가 등을 정확히 인식하지 못해 야기되는 문제이다. 조세부담의 증가를 명확히 인식한다면 환상의 문제는 없으며 환상의 문제가 없다면 과도한 경비팽창도 억제될 것이다.

기출문제

[문 1] 우리나라 중앙정부 재정에 관한 다음 설명 중에서 가장 적합하지 않은 것은? (2003 세무사)

① 특정한 목적을 위하여 특정한 자금을 운용할 필요가 있을 때에 한하여 특별한 기금을 설치할 수 있다.

② 세출예산은 소관조직별, 회계별로 대별된 후 사업의 기능에 따라 장-관-항(세항)을 구분하고 지출대상의 성질에 따라 목별 구분이 이루어진다.

③ 예산의 회계연도는 매년 1월 1일에 시작하여 그 해 12월 31일에 종료된다.

④ 특별회계는 국가에서 특정한 사업을 운영할 때, 특정한 자금을 보유하여 운용할 때, 기타 특정한 세입으로 특정한 세출에 충당함으로써 일반회계와 구분하여 계리할 필요가 있을 때 설치될 수 있다.

⑤ 국가의 특정 재산을 교환 · 양여 · 대부 · 출자 또는 지급의 수단으로 사용하고자 하는 경우에는 미리 국회의 동의를 얻어야 한다.

정답 ⑤. 한국의 재정운용에 있어 일반회계와 구분하여 별도의 회계가 운영되고 있어 논란의 중심에 서 있는 것이 특별회계와 기금이다. 특별회계는 기업특별회계와 재정투융자 특별회계를 포함한 기타 특별회계 등 두 가지로 구분된다.

기업특별회계는 주로 공기업과 관련된 특별회계이므로 국가의 기업활동과 관련되어 있으며 양곡관리, 통신사업 및 철도사업 등이 해당된다. 기타특별회계는 총 17개가 운영되고 있는데 이 중 재정투융자 특별회계가 가장 큰 비중을 차지하고 있다.

아울러 국가의 특정 재산을 교환, 양여, 대부, 출자 등의 수단으로 사용하고자 할 때에는 미리 재정경제원장관의 허가를 받아야 한다.

[문 2] 정부지출의 지속적인 증가를 가져오는 원인으로 옳지 않은 것은? (2007 세무사)

① 피콕-와이즈만의 전위효과가설
② 갈브레이드의 의존효과
③ 부캐넌의 리바이어던가설
④ 바그너의 재정환상
⑤ 보몰의 정부의 낮은 생산성

정답 ②. 첫째, 피콕과 와이즈만의 전위효과(displacement effect)에 따르면 비상시 조세부담의 허용수준이 높아져 세수확보가 용이하므로 많은 정부지출이 가능하다는 것이다. 둘째, 갈브레이드의 의존효과(dependence effect)에 따르면 공공부문 지출이 차지하는 비중은 점차 작아진다. 민간부문의 광고 및 선전 때문에 민간부문의 생산이 점차 비대해지므로 상대적으로 공공부문이 위축되어 간다는 것이다.

셋째, 리바이어던 가설에 따르면 공공부문은 지속적으로 팽창한다. 민간부문에서 정부지출의 팽창이 결국 자신들의 비용(조세부담)으로 되돌아오는데 이를 정확히 인식하지 못한다는 것이다.

넷째, 재정환상(fiscal illusion)의 논리에 따르면 경제주체들이 정부지출 팽창에 적극적으로 제동을 걸지 못한다고 주장한다.

그 이유는 간접세 및 초과누진세율의 존재 때문이다. 간접세를 납부하면 물품가격을 지불했다고 생각할 뿐 조세부담을 정확히 인식하지 못한다. 인플레이션하에 초과누진세율의 적용은 명목소득의 증가율보다 더욱 빠른 조세부담의 증가를 요구하므로 실질적 조세부담의 상승을 유발하는데 이를 정확히 인식하지 못한다는 것이다.

다섯째, 보몰의 견해에 따르면(일명 보몰효과, Baumol effect) 정부부문의 생산성은 민간부문에 비해 정체되어 있고 따라서 민간부문에 비해 많은 지출이 요구되므로 정부경비가 팽창한다는 것이다. 정부가 생산주체가 되는 서비스의 생산비용이 빠른 속도록 증가하여 경비팽창의 원인이 된다.

[문 3] 다음 중 정부지출의 증가요인이 아닌 것은? (2002 세무사)

① 빈곤율의 상승　② 경기활황 지속

③ 노령화의 진전　④ 물류비용 증대

⑤ 공공서비스 수요의 증대

정답 ②. 경기가 활황이면 실업률도 낮을 것이므로 정부개입을 통해 시장을 활성화시켜야 할 필요성이 그만큼 작다. 빈곤율 상승과 노령화의 진전은 소득의 재분배를 위한 정부지출증가 요인이다. 교통정체로 인한 물류비용의 증가는 고속도로의 건설 등 원활한 교통소통을 위해 정부개입을 요구한다. 공공서비스 수요(공공욕구)의 증대 또한 정부지출증가의 직접적 원인이 된다.

[문 4] 정부지출의 지속적 증가현상에 대한 설명으로 옳지 않은 것은? (2006 세무사)

① 사회적 변혁기에는 사람들이 용인할 수 있는 세금부담 수준이 증가한다.

② 경제발전의 중간단계에서는 민간부문의 투자에 대한 보완을 위해 정부지출이 증가한다.

③ 경제가 성장할수록 시장의 실패를 치유하기 위한 정부의 개입정도도 커진다.

④ 정부가 공급해야 하는 재화나 서비스는 가격에 대한 수요의 탄력성이 크다.

⑤ 도시화와 그로 인한 혼잡은 외부성의 문제를 일으키고 이의 해결을 위해 정부지출이 증가한다.

정답 ④. 소득수준이 높아질수록 공공서비스에 대한 수요가 증가하는데 소득 증가율보다 공공욕구 증가율이 더욱 빠르다는 것이다. 즉 공공수요의 소득탄력성이 1보다 크므로 정부경비가 팽창한다는 것이다. 공공재수요에 있어 가격에 대한 수요탄력성의 문제가 아니라 소득에 대한 수요탄력성의 문제라는 점에 유의하면 된다.

[문 5] 한국의 재정상황 및 재정운용과 관련된 내용으로 옳지 않은 것은? (2006 세무사)

① 최근 국가채무는 매년 늘고 있다.

② 국민연금 보험료 수입은 통합재정수지상 흑자로 포함된다.

③ 보증채무는 국가채무에 포함시키지 않는다.

④ 적자보전 국채발행은 국가채무에 포함시키지 않는다.

⑤ 통합재정에는 일반회계, 특별회계 그리고 기금이 포함된다.

정답 ④. 통합재정수지에는 정부의 경제활동이 총망라되어 있다. 일반회계 뿐 아니라 특별회계나 기금 그리고 정부가 개입하는 모든 경제적 거래가 다 포함된다. 재정수지를 보면 세입보다 세출이 많을 때 적자가 되며 이를 국가채무로 간주한다.

그러나 국가채무를 좀더 넓은 의미에서 해석해 보면 국가보증채무, 사회보험 및 공적자금과 관련된 잠재적 채무까지 다 포함되어야 한다.

[문 6] 공공경비의 규모와 관련한 설명 중 옳지 않은 것은? (2004 세무사)

① 피콕(A. T. Peacock)-와이즈만(J. Wiseman)은 전쟁으로 팽창하였던 정부지출이 전쟁이 끝난 이후에도 원래의 수준으로 되돌아가지 않는 소위 전위효과로 인하여 정부지출은 계속 팽창되어 왔다고 주장하였다.

② 바그너(A. Wagner)는 국민소득이 증가함에 따라 공공경비가 지속적으로 팽창한다고 주장하였다.

③ 갈브레이드(J. K. Galbraith)는 고도로 발달된 산업사회에서 민간기업들이 행하는 광고나 선전 등의 영향으로 소비자들의 선호가 공공재보다는 상대적으로 민간재에 쏠리게 된다고 주장하였다.

④ 다운즈(A. Downs)는 조세는 적게 납부하면서도 보다 많은 공공서비스를 원하는 '투표자의 무지' 때문에 공공재의 공급은 과다하게 된다고 주장하였다.

⑤ 머스그레이브(R. A. Musgrave)는 납세자는 자신이 지불하는 조세가 다시 자기에게 편익으로 환원된다는 것에 부정적인 인식을 가지고 있어 공공재 공급이 과소하게 이루어진다고 주장하였다.

정답 ④. 다운즈(Downs)는 정치가모형에서 '표극대화모형'을 구체화한 학자로서 '투표자의 무지' 논의와는 거리가 멀다. 투표자의 무지란 투표에 참여하는 유권자 개개인들이 본인의 조세부담이나 정부지출 편익의 크기를 정확하게 파악하지 못해 발생하는 문제이다. 100원의 조세부담을 하고 80원 밖에 부담하지 않은 것으로 잘못 인식하면 공공재의 공급규모는 과대해질 것이다.

제 3 장

후생경제학의 기초

1. 파레토 효율성의 의의

1-1. 정의

▸ 한 사람의 효용감소 없이 다른 한 사람의 효용증가가 불가능한 상태를 의미함

▸ 한 재화의 생산량 감소 없이 다른 한 재화의 생산량 증가가 불가능한 상태

▸ "Pareto 개선(Pareto Improvement)"이 더 이상 불가능한 상태

파레토 개선

현 상태에서 다른 상태로의 변화가 최소한 한사람의 효용만 증가시키면 사회 전체의 개선이 있는 것으로 판단할 수 있다는 기준이다. 파레토 효율성은 한 사람의 효용증가를 위해 반드시 다른 한 사람의 효용감소가 수반되어야 하므로 파레토 효율적인 상태를 "더 이상 파레토 개선이 불가능한 상태"라 하는 것이다.

1-2. 기본가정

▸ 두 요소, 두 재화, 두 소비자

▸ 생산: 두 생산요소의 결합으로 두 재화를 생산함

▸ 소비(교환): 두 생산물을 두 소비자들 사이에 배분함

2. 파레토 효율성 조건

2-1. 생산의 효율성

1) 등량선과 한계기술대체율

▸MRTS: 동일한 생산량을 전제하고 노동 한 단위가 추가로 투입될 때 감소되어야 하는 자본량의 크기를 말하므로 자본의 한계생산에 대한 노동의 한계생산의 상대적 비율

• MRTS가 크다는 것은 자본에 비해 노동의 생산성이 크다는 의미임

2) MRTS의 불일치

▸생산의 두 부문에서 MRTS가 일치하지 않는다는 것은 양 부분에서 생산요소간 생산성에 차이가 있다는 의미이므로 생산요소의 교환을 통해 두 재화 모두 생산량 증가가 가능하다는 의미임

▸생산요소의 교환을 통해 생산량 증가가 가능하다면 현재의 배분상태가 비효율적이라는 의미

3) 생산의 효율성 조건

▸두 재화생산에서 생산요소간 MRTS가 일치해야 함

▸MRTS가 일치할 때 생산요소 교환의 필요성 없어짐

4) 계약곡선과 생산가능곡선(MRT)

▸계약곡선: MRTS가 일치하는 점들만 연결한 곡선이며 따라서 계약곡선 위의 모든 점들은 파레토 효율적임

▸생산가능곡선: 계약곡선 위의 모든 점들을 생산량공간으로 옮겨 그린 곡선이며 원점에 오목한 모습이므로 기울기가 체증함

▸한계변환율(MRT): 생산가능곡선의 한 점에서 그은 '접선의 기울기'로 X재 한 단위를 추가로 생산하기 위해 감소되어야 하는 Y재 생산량의 크기를 의미

• 한계변환율의 의미: X재 생산의 기회비용

• 생산가능곡선이 원점에 오목하여 X재 생산량이 증가할 때 접선의 기울기가 체증하므로 "기회비용 체증의 법칙"이 성립됨

2-2. 소비의 효율성

1) 무차별곡선과 한계대체율

▸MRS: 동일한 효용을 얻는다는 전제하에 'X재 한 단위를 추가로 소비하기 위해 감소되어야 하는 Y재 소비량의 크기'이며 Y재 소비로부터 얻는 한계효용에 대한 X재 소비로부터 얻는 한계효용의 상대적 비율

• MRS가 크다는 것은 Y재 소비의 한계효용에 비해 X재 소비의 한계효용이 상대적으로 높다는 의미임

2) MRS의 불일치

▸소비의 두 부문에서 MRS가 일치하지 않는다는 것은 재화소비의 교환을 통해 두 소비자 모두 효용증가가 가능하다는 의미임

▸소비의 교환을 통해 두 소비자 모두 효용증가가 가능하다면 현재의 배분상태가 비효율적이라는 의미

3) 소비의 효율성 조건

▸두 재화소비에서 MRS가 일치해야 함

▸MRS 일치하면 재화소비를 교환할 필요가 없음

4) 계약곡선과 효용가능곡선

▸계약곡선: MRS가 일치하는 점들만 연결한 곡선이며 따라서 계약곡선 위의 모든 점들은 파레토 효율적인 상태를 의미함

▸효용가능곡선: 계약곡선 위의 모든 점들을 효용공간으로 옮겨 그린 곡선이며 우하향하는 모습이나 생산가능곡선과 같이 원점에 대해 오목할 필요는 없음

2-3. 생산물구성의 최적: 생산과 소비가 동시에 효율적인 상태

1) 조건

▸MRT와 MRS의 일치: MRT는 생산의 기회비용이며 MRS는 재화소비로부터 얻는 한계효용을 의미하므로 양자가 일치할 때 생산과 소비가 동시에 효율적임

▸만약 MRS가 MRT보다 크다면 X재를 추가로 생산할 때 기회비용보다 X재를 추가로 소비할 때 얻는 한계효용이 크다는 의미이므로 더 생산하는 것이 효율적임

2) 효용가능경계

▸생산가능곡선 상의 모든 점을 이용하여 생산과 소비가 동시에 효율적인 상태에 대해 설명할 수 있음

▸생산가능곡선위의 임의의 한 점을 선택하면 X재와 Y재의 생산량을 알 수 있으며 X와 Y의 생산제약이 곧 두 소비자의 소비제약이 됨

▸소비제약으로부터 소비의 효율성조건을 충족하는 점들만 연결하여 소비의 계약곡선을 그릴 수 있음

▸소비의 계약곡선을 효용공간으로 옮겨 효용가능곡선을 그릴 수 있음

▸생산가능곡선 위에 수많은 점(상태)들이 있으므로 모든 점에서 이 같은 작업을 반복할 수 있으므로 그릴 수 있는 효용가능곡선은 수없이 많이 있음

▸효용가능경계(UPF); 수많은 효용가능곡선들 중 가장 높은 효용을 주는 점들만 연결한 곡선으로 '효용가능곡선들의 포락선'임

3. 사회후생함수

3-1. 의의

▸개인의 효용과 사회후생사이의 관계를 함수형태로 표시한 것임

▸동일한 효용을 이용하여 사회후생을 판단하더라도 개인의 주관적 기치판단기준에 따라 사회후생에 대한 평가는 상이할 수 있음

▸파레토 효율성은 가치판단이 배제된 몰가치(value-free)기준인 반면 사회후생함수는 주관적 가치판단(value judgement)이 명시되어 있음

3-2. 몇 가지 유형

1) 공리주의; 총효용 극대

▸$SW = U^A + U^B$이므로 효용의 합이 극대화되는 선택이 가장 바람직함

▸소득계층간 가중치(weights)는 일체 고려되지 않으므로 저소득계층의 효용이나 고소득계층의 효용이나 사회적으로 아무런 차이가 없음

▸따라서 사회적 무차별곡선은 기울기가 -1인 선형

2) 평등주의: 저소득자에게 높은 가중치 부여함

▸$SW = \alpha U^A + \beta U^B$($\alpha$와 β는 각각 가중치)

▸저소득계층의 효용변화가 고소득계층의 효용변화에 비해 사회적으로 중요하다고 판단하는 가장 보편적인 형태의 가치관임

▸소득세의 초과누진세율, 기초생활보장법의 운용 등도 평등주의적 소산

▸사회적 무차별곡선(SIC)은 원점에 대해 볼록하며 저소득계층에 많은 가중치 부여할수록 더욱 볼록한 모습으로 나타남

3) 롤즈주의: 저소득계층에 극단적인 가중치 부여함

▸SW=min(U^A, U^B)

▸경제적으로 가장 열악한 처지에 있는 개인의 효용이 곧 사회후생임

▸가장 열악한 개인의 효용이 증가하지 않는 한 사회후생의 증가는 없음

▸평등주의의 극단적인 형태이며 사회적 무차별곡선은 'L' 자 형태

3-3. 가장 바람직한 유일한 상태

▸효용가능경계와 사회적 무차별곡선이 접하는 점

▸가치판단이 없는 효용가능경계 위의 수없이 많은 효율적인 점들 중 가치판단이 개입된 사회후생의 극대점(사회적 무차별곡선과의 접점)을 선택하려는 노력임

▸효용가능경계와 사회적 무차별곡선이 접하는 점에서 가장 바람직한 유일한(unique) 한 상태가 결정될 수 있음

3-4. 일반적 불가능성 정리

▸사회후생함수가 제대로 형성되려면 Arrow조건을 충족해야 함

▸완전성, 이행성, 독립성(서수성, 비제한성), 비독재성 등을 모두 충족해야 함

▸일반적 불가능성 정리

- 제 조건을 두루 충족하는 사회후생함수는 이 세상에 존재하지 않는다.

▸SWF 도출 불가능하면 SIC를 도출할 수 없으며 사회적 무차별곡선 없이는 효용가능경계 위의 한 점을 선택할 수 없으므로 유일한 한 상태를 찾기란 불가능함

4. 차선의 정리

4-1. 의미

▸필요한 효율성조건의 수가 n개일 때 n개 조건을 모두 충족하면 효율적이나, 그 중 하나라도 위반된다면 "몇 개의 조건이 충족되는가?"는 무의미함

▸모든 효율성조건이 다 충족될 수 없다면 단 하나의 조건도 충족되지 않는 경우가 차라리 효율적일 수 있음

4-2. 시사점

▸점진적 사회개혁이 후생증가에 기여할지 의문이라는 회의적 시각

▸현시적으로 많은 사회적 제약이 있으므로 하나씩 하나씩 개별적으로 개선해 나아가는 것이 바람직한 상태로 가는 길이라는 보장은 없다는 의미

5. 효율성 평가의 기준

5-1. 파레토 최적

▸파레토 효율성 조건(엄격함)

▸현실적으로 파레토 효율성 조건을 모두 충족하는 사회적 변화는 찾을 수 없음

5-2. 파레토 개선(파레토기준, 파레토우위)

▸효용이 감소되는 사람없이 최소한 한 사람의 효용이 증가되었다면 개선으로 판단

▸파레토최적: 파레토개선이 불가능한 상태

5-3. 보상원리(Kaldor/Hicks)

▸사회상태의 변화로 이득을 얻는 사람과 손실을 보는 사람이 공존함

▸후생증가로 인한 이득금액이 후생감소로 인한 손실금액보다 크다면 개선으로 판단

▸가장 보편적인 효율성평가 기준

▸Kaldor와 Hicks 기준의 구분

- Kaldor: 이득금액이 손실금액을 초과하면 잠재적 개선으로 판단할 수 있음

• Hicks: 손실을 입는 사람이 이득을 얻는 사람에게 '이동'에 반대하도록 매수할 수 없다면 개선으로 판단할 수 있음

▸개인간 효용비교 없이 잠재적 보상이 이루어진다는 가정 때문에 비판의 대상이 됨

5-4. Scitovsky기준

▸보상원리의 이중 적용으로 한 상태에서 다른 상태로의 변화가 보상의 관점에서 타당하다면 그 반대의 변화는 보상의 관점에서 타당성이 없어야 함

▸효용가능경계의 변화가능성을 염두에 두고 있음

6. 후생경제학의 정리

6-1. 제 1 최적정리

▸외부성이나 공공재가 없다면 완전경쟁시장에서의 배분은 파레토 효율적

▸정부개입없이 효율적 배분이 가능하다는 의미

6-2. 제 2 최적정리

▸선호의 볼록성만 전제되면 초기부존상태가 비효율적이라도 정부가 재배분하여 현재의 상대가격체계하에서 파레토 효율적 배분 가능

▸불완전한 시장에서 정부의 역할이 필요하다는 의미

7. 시장실패의 의의

7-1. 정의

▸시장의 가격기구를 통한 효율적 배분이 곤란함

7-2. 시장실패의 원인

▸불완전경쟁시장에서 가격과 한계비용의 불일치

• 자원배분비용(적은 생산량)과 소득분배비용(높은 가격)의 발생

▸비용체감산업이 존재하면 생산기술의 특성상 "규모의 경제"효과 발생

• 생산량 증가에 따라 평균비용이 체감하므로 P=MC일 때 기업의 손실

- AC 체감하면 MC곡선은 AC곡선의 하방에 위치함

▶ 공공재의 비경합성과 배제곤란성 때문에 무임승차자문제 발생

- MC=0이므로 가격을 부과하는 것이 효율적 배분에 역행

▶ 외부성의 존재로 시장에서 사회적 비용과 편익이 충분히 고려되지 못함

- 사회적 비용(편익)과 사적 비용(편익)의 불일치
- 외부경제의 경우 시장생산량이 사회적 최적 생산량에 미치지 못함
- 외부불경제의 경우 시장생산량이 사회적 최적 생산량을 초과함

▶ 불확실성(위험): 정보의 비대칭성으로 도덕적 해이와 역선택의 문제가 발생함

- 도덕적 해이: 정보가 많은 사람이 바람직스럽지 못한 행동을 하여 나타나는 문제
- 역선택: 정보가 적은 사람이 저질의 상대방과 거래하게 되어 나타나는 문제

  예) 화재보험이나 중고차시장

화재보험시장에서 비대칭성의 문제

화재보험시장에서 보험가입자는 정보가 많으며 보험회사는 정보가 적다. 정보가 적은 보험회사는 정보가 많은 보험가입자가 바람직스럽지 못한 행동(화재예방노력에 소홀함)을 하는, 즉 도덕적 해이(moral hazards)의 문제가 있을 때 손실을 입을 수밖에 없다.

보험가입자로 하여금 만약 손실이 있을 때 가입자 본인도 일부 부담(공동보험)하도록 하면 사고발생 확률은 낮아질 것이며 따라서 도덕적 해이의 문제는 어느 정도 해소될 수 있다.

중고차시장에서 비대칭성의 문제

중고차를 구입하려는 사람은 중고차에 대한 정보가 없으므로 거래 후 손실을 입을 가능성이 크다. 양질의 중고차(500만원 가치)와 저질의 중고차(200만원 가치)가 반반씩 있다고 하자. 구분이 불가능한 중고차 구입자가 확률적 기댓값 즉 350만원을 기꺼이 지불하려 한다고 가정해 보자.

양질의 중고차를 가진 사람은 350만원에 차를 팔 생각이 없을 것이며 저질의 중고차 소유자들은 350만원에 어떤 방법으로든 거래를 성사시키려 할 것이다. 정보가 부족한 상태에서 중고차를 구입하려는 자는 저질의 중고차 소유자와 거래하게 되는데 저질의 상대방과 거래하게 되는 문제를 역선택(adverse selection)의 문제라 한다.

8. 시장실패와 정부개입의 정당성

8-1. 정부개입의 정당성

▸정부개입으로 비효율적인 상태를 효율적 상태로 전환시키고자 하는 노력

8-2. 부문별 정부개입과 재정의 기능

▸공공재와 외부성의 치유: 재정의 자원배분기능

▸소득격차의 해소: 재정의 소득분배기능

▸실업이나 인플레이션의 퇴치노력: 재정의 경제안정기능

9. 정부실패

9-1. 정부실패의 의미

▸정부개입으로 비효율적인 상태가 오히려 악화되어 나타나는 문제

9-2. 정부실패의 원인

▸치유주체인 정부의 정보 부족

▸정치권이나 관료체제의 제도적 경직성

▸민간부분 반응의 통제 불가능성

• 정부가 의도했던 것과 다른 방향으로 민간부문의 반응이 나타나는 경우

9-3. 정부실패의 치유

▸관료제도의 개선 등을 통해 정부실패 치유노력

연 습 문 제

1. 파레토 효율성조건에 대한 설명으로 틀리는 것은?
   1) 교환에 있어 두 소비자의 MRS가 일치해야 한다.
   2) 생산에 있어 두 생산요소의 MRTS가 일치해야 한다.
   3) 생산물 구성에 있어 MRS와 MRT가 일치해야 한다.
   4) 생산과 소비가 동시에 효율적이려면 MRS와 MRTS가 일치해야 한다.
   5) 계약곡선 위의 한 점에서 교환과 생산이 이루어져야 한다.

   정답 4). 종합적 효율성조건은 한계대체율과 한계변환율이 일치할 때 이루어진다.

2. 파레토효율성에 대한 설명으로 올바른 것은?
   1) 소득의 공평한 분배가 기본 전제로 한다.
   2) 주관적 가치판단을 전제로 한다.
   3) 교환의 효율성조건이 충족되면 생산의 효율성조건은 자동적으로 충족된다.
   4) 주관적 가치판단에 필요없는 몰가치 기준(value-free)이다.
   5) 생산가능곡선 위의 한 점에서 배분이 이루어지면 생산과 소비가 동시에 효율적이다.

   정답 4). 가치판단이 필요없다. 소득의 공평한 분배와 무관하게 정의된다. 극단적으로 불공평한 상태에서도 파레토효율성 조건이 충족될 수 있다. 생산가능곡선 상의 한 점은 생산의 효율성 조건이 충족된 상태이다.

3. 파레토 최적과 관계된 설명으로 타당하지 못한 것은?
   1) 한 사람의 효용감소 없이 다른 한 사람의 효용증가가 가능하다면 최초의 배분상태는 파레토 최적상태가 아니다.
   2) 두 재화를 동시에 생산하는 경우 파레토 최적상태가 파레토 최적이 아닌 상태에 비해 두 재화 모두 생산량이 많다.
   3) 파레토개선이 더 이상 불가능하다면 현재의 상태는 파레토최적이다.
   4) 계약곡선 위에 놓여 있는 모든 점들은 파레토 효율성조건을 충족하는 점들이다.
   5) 두 소비자가 두 재화를 소비할 때 두 소비자의 한계대체율(MRS)이 일치할 때 파레토최적이 실현된다.

   정답 2). 생산요소의 효율적 배합이 이루어지면 그렇지 않은 경우에 비해, 같은 조건에서 재화생산량이 많아지는 것은 옳다. 그러나 두 재화의 생산량이 모두 증가하는 것은 아니다.

4. 효용가능곡선들이 주어져 있을 때 효용가능곡선의 포락선을 효용가능경계라 한다. 다음 중 효용가능경계(UPF)에 대한 설명으로 가장 올바른 것은?
   1) 소비의 효율성조건과 무관하게 정의된다.
   2) 생산의 효율성 조건이 충족되지 않아도 효용가능경계 위의 한 점에서 배분될 수 있다.
   3) 생산과 소비가 동시에 효율적인 상태를 의미한다.
   4) 사실상 생산가능곡선과 같은 개념이다.
   5) 사실상 효용가능곡선과 같은 개념이다.

정답 3). 효용가능경계는 생산과 소비가 동시에 효율적인 조건, 즉 한계대체율과 한계변환율의 일치에 관한 논의에서 시작된다.

5. 효용가능경계(UPF)에 대한 설명으로 잘못된 것은?
   1) UPF상의 한 점은 파레토 효율적 배분을 알린다.
   2) 효용가능곡선의 포락선이다.
   3) 사회적 무차별곡선과 접할 때 가장 바람직한 '유일한 한 상태'를 정의할 수 있다.
   4) 공리주의적 가치판단이 개입된 것이다.
   5) 생산과 소비의 효율성이 다 설명될 수 있다.

정답 4). 효용가능경계는 파레토 효율성의 관점에서만 그려지는 것이며 주관적 가치판단의 문제와 무관하다. 가치판단은 사회후생함수의 도출에서 중요한 역할을 한다.

6. 보상원리(compensation principle)와 무관한 것은?
   1) 개인간 효용을 직접 비교하여 개선여부를 판단한다.
   2) 잠재적으로 보상되었다고 간주하고 판단한다.
   3) 이득금액과 손실금액을 비교하여 판단한다.
   4) 스키토브스키 기준도 보상원리의 범주에 포함된다.
   5) 화폐액으로 환산할 때 '기꺼이 지불가능한 금액'을 기준으로 평가한다.

정답 1). 개인간 효용비교를 하지 않고 본인이 기꺼이 지불할 수 있는 금액을 이용하여 개선여부를 판단한다.

7. 효율성 판정을 위한 기준 중 보상원리에 대한 설명으로 타당하지 못한 것은?
   1) 파레토 최적이나 파레토개선에 비해 현실적으로 채택가능성이 있는 효율성판정기준이다.
   2) 재정상태의 변화 이후 효용증가로 인한 이득금액과 효용감소로 인한 손실금액을 비교하여 이득금액이 손실금액을 초과하면 "개선"으로 판단한다.
   3) 이득금액이 손실금액을 초과하여 개선이라 판단되어도 이득을 본 사람이 손실을 입은 사람에게 실제 보상을 요구하는 것은 아니다.

4) Kaldor와 Hicks가 각각 주장한 기준이나, 두 학자의 기준이 동일한 것은 아니다.

5) 만약 소득의 한계효용이 일정불변이라면 보상원리에 의한 판단은 불가능하다.

정답 5). 보상원리란 효율성의 변화에 대한 판정기준이며 따라서 소득의 한계효용과는 일체 관련이 없다.

8. Scitovsky기준과 가장 가까운 설명은?

1) 보상원리와 전혀 다른 개념이다.

2) 보상원리를 두 번 적용하는 것이다.

3) 파레토개선과 같은 기준이다.

4) 파레토개선이 더 이상 불가능한 상태를 말한다.

5) 보상의 기준과 파레토 개선의 기준이 혼합된 것이다.

정답 2). 한 상태에서 다른 한 상태로 이전되는 것이 보상의 관점에서 타당하고, 그 반대의 변화는 보상의 관점에서 타당성이 없다는 것을 함께 증명해야 한다. 따라서 보상원리가 두 번 적용된 것으로 생각하면 된다.

9. 사회후생함수가 SW=min(U^A, U^B)일 때 이와 가장 가까운 설명은?

1) 저소득층에 가중치가 없다.

2) 사회적 무차별곡선이 기울기가 -1인 선형이다.

3) 사회적 무차별곡선이 L자 형이다.

4) 일반적 누진세율구조가 정당화된다.

5) 가장 열악한 처지에 있는 사람과 소득이 가장 높은 사람이 함께 우대된다.

정답 3). 롤즈적 가치판단 기준에 따른 사회후생함수이다. 저소득계층을 극단적으로 배려하므로 무차별곡선도 원점에 대해 극단적으로 볼록하다.

10. 기울기가 −1인 사회적 무차별곡선에 대한 설명으로 올바른 것은?

1) 평등주의적 선호가 반영된 것이다.

2) 소득계층간 가중치가 일체 고려되지 않은 것이다.

3) 저소득계층에 대한 가중치가 고소득계층에 대한 가중치보다 크다.

4) 극단적인 평등주의를 반영한 것이다.

5) 가장 효용이 높은 사람의 선호가 곧 그 사회의 후생이다.

정답 2). 공리주의적 선호란 계층간 가중치가 일체 고려되지 않은 것이며 사회구성원들의 효용을 단순히 합계한 것이 그 사회의 후생이 된다.

11. 기울기가 −1인 사회적 무차별곡선에 대한 설명으로 잘못된 것은?

1) 모든 계층의 효용은 동일하다.

2) 소득계층간 가중치를 고려하지 않는다.
3) 개인 효용의 합이 곧 사회후생의 크기이다.
4) 두 사람이 각각 50씩 효용을 얻는 경우와 한 사람이 100 다른 한 사람은 영(0)의 효용을 얻는 경우 사회후생이 같다.
5) 원점에 볼록한 사회적 무차별곡선과 차이가 없다.

정답 5). 공리주의적 선호란 계층간 가중치가 일체 고려되지 않은 것이며 사회구성원들의 효용을 단순히 합계한 것이 그 사회의 후생이 된다. 무차별곡선이 원점에 볼록하면 소득계층간 가중치가 반영된 것으로 평등주의적 선호를 의미한다.

12. 후생경제학의 '제 1 정리'와 무관한 것은?
1) 왈라스균형인 자원배분은 파레토효율적이다.
2) 외부성이 없어야 한다.
3) 볼록성의 공리가 만족되어야 한다.
4) 모든 시장이 완전경쟁이면 시장기구에 의해 달성된 자원배분은 바람직한 배분이다.
5) 왈라스균형상태에서 생산물구성의 최적조건은 MRT=MRS이다.

정답 3). 볼록성의 공리가 전제되어야 하는 경우는 후생경제학의 제 2 정리이다. 후생경제학의 제1정리가 성립되기 위해서는 "외부성이 없다."는 가정만으로 충분하다.

13. 개인의 효용과 사회후생의 관계를 설명하고자 하는 것이 사회후생함수(SWF)이다. 다음 중 사회후생함수에 대한 설명으로 가장 타당성이 없는 것은?
1) 롤즈(J. Rawls)의 관점에서 제시된 사회후생함수는 가장 열악한 처지에 있는 개인의 효용이 최우선적으로 고려되므로, 사회적 무차별곡선(SIC)이 원점에 대해 극단적으로 볼록하여 'L자' 모양이 된다.
2) 사회후생함수가 SW=max(U^A, U^B)의 형태일 때, 이는 엘리트 사회후생함수이며 그 사회의 엘리트계층의 효용에 의해 사회후생이 결정된다.
3) 적절한 사회후생함수가 제시되지 않아도 효용가능경계 위의 한 점을 선택할 수 있다.
4) 제대로 된 사회후생함수가 제시되기 위해 필요한 Arrow의 조건에서 '이행성'이란 의사결정에 참여한 개인의 논리적 선택을 요구하는 것이다.
5) 원점에 대해 볼록성이 작은(곡률이 작은) 사회적 무차별곡선일수록 공리주의적 시각이 강한 것이다.

정답 3). 사회후생함수가 제시되지 않으면 사회적 무차별곡선을 그릴 수 없으며 사회적 무차별곡선이 없다면 효용가능경계 위의 한 점을 선택하는 것이 불가능하다.

14. 후생경제학의 '제2 최적 정리'에 대한 설명으로 가장 타당한 것은?

1) 볼록성이 전제되어야 하며 정부개입이 긍정적으로 간주된다.
2) '제1 최적 정리'가 성립되면 '제2 최적 정리'는 반드시 충족된다.
3) '제2 최적 정리'가 성립되면 '제1 최적 정리'는 반드시 충족된다.
4) 외부성만 없다면 시장배분이 효율적이라는 것이다.
5) 외부성이 없고 선호의 볼록성이 전제되면 파레토최적이 이루어진다는 것이다.

정답 1). 후생경제학의 제2 최적정리에 따르면 초기배분이 비효율적일 때 정부가 개입하여 재배분하면 시장의 가격기구를 통해 효율적 배분이 가능하다는 것이다. 단 선호의 볼록성이 전제되어야 한다.

15. "차선의 이론"이 시사하는 바를 설명한 것으로 올바른 것은?

1) 사회전반의 문제를 한꺼번에 해결하기는 불가능하다.
2) 하나씩 점진적으로 고쳐 나가는 것이 최선이다.
3) 선의의 독재를 통해서라도 모든 의사결정기구를 통합시켜야 한다.
4) 한꺼번에 개선하기 어려우면 점진적으로라도 고쳐 나가야 사회후생이 증가한다.
5) 점진적으로 이루어지는 사회개혁이 사회후생에 미치는 영향은 불분명하다.

정답 5). 차선의 정리란 개혁이 필요한 부분을 한꺼번에 고치면 사회후생의 증가가 가능하지만, 점진적으로 개혁해 나갈 때 사회후생이 증가할지는 미지수라는 것이다.

16. "차선의 이론"에 대한 설명으로 잘못된 것은?

1) 점진적으로 사회를 개혁하는 것이 어렵다는 것을 보여준다.
2) 잘못된 것을 하나씩 고쳐 나아갈 때 사회후생이 증가한다는 보장이 없다.
3) 필요한 효율성 조건이 두 개일 때 둘 중 한 조건을 충족하는 상태가 둘 다 충족되지 못하는 상황에 비해 열등할 수 있다.
4) 모든 효율성조건이 다 충족되기 곤란하다면 차라리 한 조건도 충족되지 못하는 것이 더 나을 수 있다.
5) 차선의 선택은 현실적으로 용이하게 이루어진다.

정답 5). 차선의 정리에서 최선의 선택이 불가능할 때 차선적 선택이라도 해야 하는데 그것이 용이하지 않다는 것을 보여 준다.

17. 차선의 이론과 가장 가까운 설명은?

1) 모든 효율성 조건이 다 충족될 수 없다면 차라리 한 개의 조건도 충족되지 않는 것이 더 효율적일 수 있다.
2) 필요한 효율성 조건의 수가 10개일 때 9개 조건을 충족하고 단 하나만 충족할 수 없는 경우가 차선의 선택이다.

3) 사회개혁은 점진적으로 이루어지는 것이 급격하게 진행되는 것보다 우월하다.
4) Arrow 조건을 모두 충족할 수 있는 사회후생함수는 없다.
5) 피할 수 없는 사회적 제약이 있다면 충족되는 효율성 조건의 수가 많을수록 바람직하다.

정답 1). 모든 조건이 다 충족되지 못하는 경우 충족되는 효율성 조건의 수는 아무 문제가 되지 않는다.

18. 시장실패의 원인으로 가장 거리가 먼 것은?

1) 독과점의 존재
2) 비용체감산업의 존재
3) 공공재와 외부성의 문제
4) 관료들의 사익추구
5) 불확실성

정답 4). 관료들이나 정치가의 사익 추구 결과 정부실패가 야기될 가능성이 높다.

19. 시장실패의 원인으로 타당하지 못한 것은?

1) 불완전 경쟁시장이 존재한다.
2) 규모의 경제 특성 때문에 비용체감산업이 존재한다.
3) 공공재가 존재한다.
4) 외부성의 당사자들끼리 합의하에 가해자가 피해자에게 적절한 보상을 하였다.
5) 중고차 구입자가 중고차시장에서 어떤 것이 좋은 차인가 분별할 능력이 없다.

정답 4). 외부성이 문제가 되었을 때 보상을 했다면 외부성이 내부화되었으므로 시장실패의 원인이 되지 않는다.

20. 비대칭정보의 문제와 무관한 것은?

1) 사전 신체검사를 강화하면 역선택을 줄일 수 있다.
2) 보험료 지급시 기초공제제도를 활용하면 도덕적 해이를 줄일 수 있다.
3) 도덕적 해이의 문제는 주인-대리인 문제에서 비롯된다.
4) 정보가 동등하게 주어진다면(공유된다면) 비대칭정보의 문제는 없다.
5) 공동보험제도가 도입되면 역선택은 사라진다.

정답 5). 공동보험제도 또는 기초공제제도 등은 도덕적 해이를 줄이는 방안이다.

21. 정보의 비대칭성은 시장실패의 중요한 원인 중 하나이다. 정보의 비대칭성과 관련된 설명으로 타당하지 못한 것은?

1) 정보가 많은 측과 정보가 적은 측이 거래할 때 정보가 적은 측이 저질의 상대방과 거래하게 되어 나타나는 문제를 '역선택의 문제'라 한다.
2) 정보가 적은 사람이 보았을 때 정보가 많은 사람이 바람직스럽지 않은 행동을 한다

면 이는 도덕적 해이의 문제라 할 수 있다.

3) 건강보험이 민간부문에서 공급되며 자발적으로 가입하는 조건이라면 젊고 건강한 사람들은 아무도 가입하려 들지 않을 터인데 이를 도덕적 해이의 문제라 한다.

4) 정보가 비대칭적으로 공유되면 시장실패의 원인이다.

5) 정보의 비대칭성으로 인한 시장실패를 치유하기 위해 정부가 개입하는데 정부개입의 형태는 사회보험의 제공이다.

정답 3). 건강보험에 자발적으로 가입하는 조건이라면 건강한 사람들은 이를 외면하고 병약한 사람들만 가입하려 할 것이다. 이를 역선택의 문제라 한다.

22. 보상수요곡선과 보상변화에 대한 다음의 설명 중 올바른 것은?

1) 보상수요곡선은 소득효과만을 이용하여 그린 수요곡선을 말한다.

2) 보상변화의 크기는 소득효과와 무관하게 정의된다.

3) 보상변화가 클수록 수요의 가격탄력성은 커지며 보상변화가 작을수록 수요의 가격탄력성이 작아진다.

4) 어떤 재화가 정상재라면 보상수요곡선을 이용하여 측정된 초과부담이 통상수요곡선을 이용하여 측정된 초과부담보다 작다.

5) 보상변화와 대등변화는 대체효과를 정확하게 측정하기 위한 도구이다.

정답 4). 보상수요곡선이 통상수요곡선보다 비탄력적이므로 초과부담의 크기는 작다. 그러나 보상수요곡선을 이용하여 측정된 초과부담이 정확한 것이다.

기 출 문 제

[문 1] 파레토 최적상태에 대한 다음 설명 중 가장 옳은 것은? (2005 세무사)

① 어느 한 사람의 경제상태를 변화시킴으로써 다른 한 사람의 후생상태를 개선시킬 수 있는 상태
② 분배의 공평성이 보장되는 상태
③ 배분의 효율과 분배의 공평성이 동시에 충족되는 상태
④ 타인의 후생 감소 없이는 어느 한 사람의 후생을 증가시킬 수 없는 상태
⑤ 경제적 선택의 변화를 통해 모든 사람의 후생을 개선시킬 수 있는 상태

정답 ④. 파레토 효율적인 상태란 "한 사람의 효용감소 없이 다른 한 사람의 효용증가가 불가능한 상태"를 말한다. "타인의 효용감소 없이 최소한 한 사람의 효용증가가 가능"하다면 이는 파레토 개선이다. 따라서 파레토 효율적인 상태란 더 이상 파레토 개선이 불가능한 상태를 의미한다.

[문 2] 두 명(A, B), 두 재화(옷 C, 음식 F)가 존재하는 교환경제에서, 만약 MRS_{CF}^{A} =3이고 MRS_{CF}^{B} = 1/2이라면 다음 중 A와 B의 효용이 모두 증가하는 경우는? (단, C가 횡축, F가 종축) (2002 세무사)

① B가 1벌의 옷을 A에게 주고, A가 1kg의 음식을 B에게 주는 경우
② B가 1벌의 옷을 A에게 주고, A가 1/4kg의 음식을 B에게 주는 경우
③ B가 1벌의 옷을 A에게 주고, A가 4kg의 음식을 B에게 주는 경우
④ B가 1벌의 옷을 A에게 주고, A가 3kg의 음식을 B에게 주는 경우
⑤ B가 1벌의 옷을 A에게 주고, A가 1/2kg의 음식을 B에게 주는 경우

정답 ①. A의 한계대체율이 3이므로 그는 옷 하나로부터 얻는 효용이 음식 3단위의 효용과 같다. B의 한계대체율은 1/2이므로 그는 옷 한 단위소비로부터 얻는 효용의 크기가 음식 1/2과 같다는 것이다. 이들의 한계대체율을 참조할 때 두 사람 모두의 효용을 증가시키기 위해 "옷 한 단위와 교환되는 음식의 크기"는 1/2과 3 사이이어야 한다.

[문 3] 다음 중 효용가능경계(utility possibilities frontier)에 관한 설명으로 적합하지 않은 것은? (2002 세무사)

① 이 경계 위의 한 점을 선택하더라도 사회후생을 극대화한다는 보장은 없다.
② 주어진 생산자원으로부터 얻을 수 있는 최대한의 효용의 조합을 나타낸다.
③ 이 경계 밖의 한 점을 선택하는 것은 경계가 변하지 않는 한 불가능하다.
④ 파레토 효율적 배분상태를 나타낸다.
⑤ 주어진 생산자원이 완전히 고용되면 이 경계 위의 한 점을 얻는다.

정답 ⑤. 효용가능경계위의 한 점이란 자원이 가장 효율적으로 배분된 상태를 말한다. 효율적 배분이 이루어지지 않았다면 효용가능경계 안쪽의 한 점에서 배분된다. 사회후생의 극대점은 효용가능경계 위의 한 점과 사회적 무차별곡선이 접하는 점에서 유일하게 달성된다. 효용가능경계 위의 무수히 많은 점 중 한 점(상태)이 사회후생극대조건에 부합된다는 것이다. 아울러 생산요소의 완전고용여부와 효율적 배분사이에는 아무 관련이 없다. 불완전고용상태에서도 효율적 배분이 가능하며 완전고용상태에서도 효율적 배분이 이루어지지 않을 수 있기 때문이다.

[문 4] 다음 중 시장실패에 관한 설명으로 적합하지 않은 것은? (2002 세무사)

① 시장실패가 존재하는 것은 정부개입의 충분조건을 제공한다.

② 시장실패는 자원배분의 비효율성을 초래한다.

③ 도덕적 해이(moral hazard)가 시장실패를 야기할 수 있다.

④ 외부성의 존재로 인해 시장실패가 일어날 수 있다.

⑤ 시장이 완비되지 못한 경우 시장실패가 일어날 수 있다.

정답 ①. 시장실패는 정부개입의 필요조건일 뿐 충분조건이 될 수 없다. 외부성, 공공재의 존재, 완비되지 못한 시장의 존재, 도덕적 해이 및 역선택 등이 시장실패의 원인이며 시장실패의 치유를 위해 정부개입이 정당화되나 정부개입으로 모든 시장실패가 다 치유되는 것은 아니다. 게다가 외부성의 문제해결에 있어 정부개입 없이 당사자들끼리 자발적 타협을 통해서도 효율적 배분이 가능한 경우가 있다. 외부성을 공부할 때 "코우즈(Coase)의 정리"에서 배우게 된다.

[문 5] 역선택(adverse selection)문제를 일으킬 가능성이 가장 큰 경우는? (2004 세무사)

① 모든 국민이 강제로 가입해야 하는 건강보험

② 골동품 전문가 동호회원들이 주기적으로 여는 자신들만의 골동품 매매시장

③ 단골손님을 주고객으로 가지고 있는 음식점

④ 신용정보가 투명하지 못하지만 금리는 자유화된 대출시장

⑤ 기업의 재무제표 공시 의무화

정답 ④. 역선택의 문제는 정보가 부족한 측에서 저질의 상대방과 거래하게 되어 나타나는 문제이다. 따라서 사전에 정확한 정보만 주어진다면 역선택문제는 해결될 수 있다. 모든 국민이 강제 가입해도 역선택은 해소된다. 금리가 자유화되어 이자율이 상승한다고 가정해 보자. 높은 이자율을 요구할 때 높은 수익을 기대하는 투자자들만 거래할 것이며 높은 수익을 기대하는 투자자들은 그만큼 위험도 높은 자들이다. 결국 이자율상승은 위험부담이 높은 투자자들과 거래하는 결과를 빚어 역선택에 빠지게 된다.

[문 6] 시장실패(market failure)의 원인이라고 볼 수 없는 것은? (2004 세무사)

① 자연독점 ② 소비 경합성

③ 외부효과 ④ 정보의 비대칭성

⑤ 공공재

정답 ②. 경합성은 사용재의 특성이며 사용재(private goods)의 경우 시장에서 효율적 배분이 가능하다.

[문 7] 도덕적 해이(moral hazard)에 관한 설명 중 옳지 않은 것은? (2007 세무사)

① 도덕적 해이(moral hazard)는 정보의 비대칭성 문제에서 감추어진 행동(hidden action)으로 인하여 발생하는 것이다.

② 엄격한 사전 건강검진을 실시하더라도 생명보험시장의 도덕적 해이 문제를 완전히 해결할 수는 없다.

③ 보험시장에서 기초공제(deduction)제도를 도입하는 것은 도덕적 해이 문제를 줄이기 위한 방안 중의 하나이다.

④ 효율성 임금(efficiency wage)을 도입하면 노동시장에서 도덕적 해이 문제를 줄일 수 있다.

⑤ 정보를 가진 쪽에서 정보가 없는 쪽을 위하여 완전한 정보를 제공하는 경우에도 발생하는 문제이다.

정답 ⑤. 도덕적 해이나 역선택의 문제는 정보를 공유하지 못해(비대칭성) 발생하는 것이며 완벽한 정보가 쌍방에게 제공된다면 이같은 문제는 발생하지 않는다. 중고차 매매가 이루어질 때 판매하는 측과 구입하는 측이 완벽한 정보를 공유하고 있다면 역선택은 없을 것이며 보험회사에서 보험가입자의 성향을 완벽하게 파악할 수 있다면 도덕적 해이의 문제는 일체 없을 것이다.

[문 8] 다음에서 역선택(adverse selection)에 대한 설명으로 옳지 않은 것은? (2006 세무사)

① 보험회사가 보험가입자들의 위험정도를 구분할 수 있다면 보험가입자의 위험도에 따라 다른 보험 상품을 제공할 수 있다.

② 보험회사가 보험가입자들의 위험정도를 구분할 수 없을 때 평균위험도에 따라 보험료를 책정할 수 있으나 이 경우에는 그 균형이 불안정할 수밖에 없다.

③ 보험회사가 개인들의 위험도에 따라 다른 보험 상품을 제공하고 각 소비자가 스스로 알아서 적절한 상품을 선택하도록 하면 그 결과는 비효율적일 수밖에 없다.

④ 보험청구액의 일정한 비율을 보험가입자로 하여금 지불하도록 하면 역선택의 문제가 해결된다.

⑤ 역선택 문제를 해결하기 위해서는 보험을 강제보험인 사회보험으로 해야 한다.

정답 ④. 보험청구액의 일정비율을 보험가입자에게 부담하도록 요구하면 보험가입 이후 보험가입자 스스로 사고회피노력을 강화할 것이며 이렇게 될 때 도덕적 해이의 문제는 감소될 것이다.

[문 9] 다음 중 정부실패의 발생 원인이라고 보기 어려운 것은? (2005 세무사)

① 제한된 지식과 정보

② 민간부문 반응을 통제하기 어려움

③ 정치적 과정에서의 제약

④ 관료조직에 대한 통제의 어려움

⑤ 공공재의 수요 증가

정답 ⑤. 정부실패는 시장실패의 치유를 위해 정부가 시장에 개입한 결과 자원의 효율적 배분에 기여하지 못해 발생하는 문제이다. 공공재에 대한 수요증가는 국민소득 증가와 함께 나타나는 자연스런 현상일 뿐 정부실패의 원인이 되지 않는다.

[문 10] 사회후생함수에 대한 설명 중 가장 적절한 것은?(U_A와 U_B는 각각 사회구성원 A와 B의 후생수준임) (2002 세무사)

① 롤즈(Rawls)의 사회후생함수는 개인간 후생수준의 비교가능성과 기수적 측정가능성을 가정한다.

② 버그슨-새뮤얼슨(Bergson-Samuelson) 사회후생함수는 소비의 외부효과를 반영하고 있다.

③ 애로우(Arrow)의 불가능성 정리는 개인간 후생수준의 비교가 가능하다는 것을 전제한다.

④ 효용가능경계상의 두 점에서 A와 B의 후생수준이 각각 (U_A=50, U_B=50)와 (U_A=80, U_B=30)일 때 가중치가 동일한 공리주의 사회후생함수에서는 전자의 사회후생수준을 높게 평가한다.

⑤ 사회후생함수가 max(U_A, U_B)인 경우는 극단적인 평등주의를 반영한다.

정답 ①. 롤즈의 사회후생함수에 따르면 가장 열악한 처지에 있는 사람의 효용이 곧 사회후생이므로 반드시 기수적 측정가능성이 전제되어야 한다. 사회후생함수가 max(U_A, U_B)인 경우 가장 높은 효용을 얻는 자의 효용이 곧 사회후생이므로 엘리트 우대 사회후생함수이다.

[문 11] 사회무차별곡선의 기울기가 −1인 사회후생함수에 대해 옳게 설명한 것은? (2004 세무사)

① 어떤 한 사람이 낮은 효용수준을 갖는다고 해서 그의 효용수준에 더욱 큰 가중치를 부여하지는 않는다.

② 높은 수준의 효용을 누리고 있는 사람의 효용에는 작은 가중치를 부여한다.

③ 사회에서 가장 못사는 사람의 효용수준에 의해 사회의 후생수준이 결정된다고 전제한다.

④ 소득을 공평하게 재분배해야 한다는 주장의 유력한 근거가 된다.

⑤ 극단에 이르면 롤즈(Rawls)적 사회무차별곡선과 같아진다.

정답 ①. 사회적 무차별곡선의 기울기가 -1이라는 것은 공리주의적 성향의 사회후생함수를 의미한다. 공리주의는 저소득계층에게 일체 가중치를 부여하지 않는다. 고소득층의 효용과 저소득층의 효용이 사회후생에 미치는 영향의 정도가 동일하다고 간주하는 것이다.

[문 12] 갑과 을 두 사람이 존재하는 사회를 상정하고 이들이 소비하는 유일한 상품은 사과라고 가정하자. 이 사회에는 4개의 사과만 있고 각자의 소비량에 따른 총효용은 다음과 같다. 롤즈적(Rawlsian) 사회후생함수 하에서 각자 몇 개의 사과를 소비하는 것이 가장 바람직한 배분인가? (2003 세무사)

갑		을	
소비량	총효용	소비량	총효용
0	0	0	0
1	10	1	5
2	18	2	9
3	24	3	12
4	28	4	14

① 갑 0개 - 을 4개
② 갑 1개 - 을 3개
③ 갑 2개 - 을 2개
④ 갑 3개 - 을 1개
⑤ 갑 4개 - 을 0개

정답 ②. 롤즈적 기준에 의하면 가장 낮은 효용수준이 그 사회의 후생이다.

[문 13] 다음 중 차선의 이론에 대한 설명으로 옳은 것은? (2005 세무사)

① 제도 개혁을 추진할 때 비합리성의 부분적 제거가 반드시 바람직하다는 보장은 없다.
② 최선의 해(first-best solution)를 선택하는 것보다 차선의 해(second-best solution)를 선택하는 것이 더욱 바람직하다고 말한다
③ 차선의 해는 여러 효율성의 조건 중 하나만이 위반된 상태를 지칭한다.
④ 차선의 해를 실현하기 위해서는 모든 효율성의 조건을 충족시켜야 한다.
⑤ 효율성의 기준만으로 판단이 어려울 때에는 공평성의 기준을 추가로 적용할 것을 주장한다.

정답 ①. 차선이론에 의하면 점진적 개혁이 사회후생을 증가시킨다는 보장이 없다는 것이다. 필요한 효율성 조건이 모두 다 충족될 수 없는 경우 충족되는 효율성의 수가 아무 문제가 되지 않음을 강조한다.

[문 14] 다음의 설명 중 옳은 것은? (2002 세무사)

㉠ 독점기업이 공해를 배출하고 있을 때 공해로 인한 외부효과를 당해 기업의 한계비용으로 내부화하도록 하는 경우 경제적 효율성이 제고된다.
㉡ 칼도기준(Kaldor criterion)에 따르면 어떤 변화로 인하여 이득을 보는 사람이 손해를 보는 사람에게 보상을 해주고도 남는 것이 있는 반면, 그 반대의 변화는 그렇지 않는 것으로 판명되는 경우를 개선이라 평가한다.
㉢ 칼도의 보상원칙에서의 보상은 손해를 보는 사람에게 실제 이루어지는 보상을 의미한다.
㉣ 램지규칙(Ramsey rule)이나 역탄력성의 규칙 등은 초과부담을 야기하지 않는 최선의 조세를 찾으려는 노력이다.
㉤ 하나 이상의 효율성 조건이 충족되지 않은 경우에 일부 효율성 조건을 회복하는 것이 이전의 상태에 비해서 반드시 경제적 효율성을 증가시키는 것은 아니다.

① ㉠, ㉡ ② ㉠, ㉣
③ ㉡, ㉢ ④ ㉣, ㉤
⑤ ㉤

정답 ⑤. 첫째, 최적 공해세 문제에서 최적세액의 결정은 완전경쟁시장을 전제로 한다. 둘째, 한 상태에서 다른 상태로 가는 것이 보상의 관점에서 타당할 때 "개선"으로 평가하는 것이 칼도어기준이다. 그 반대의 변화가 개선이 아니라는 것까지 함께 요구한다면(즉, 보상원리를 두 번 적용함) 이는 스키토브스키(Scitovsky)기준이다.

셋째, 칼도 보상에서 보상이란 잠재적 보상을 말하는 것일 뿐 실제 보상을 요구하는 것은 아니다. 넷째, 램지규칙은 초과부담이 '최소화'되는 상품세율구조를 찾는 것이지 초과부담이 '없는' 세율구조를 찾는 것은 아니다.

다섯째, 모든 효율성 조건이 다 충족될 수 없을 때 하나씩 고쳐 나가는 것이 사회후생의 증가에 기여할지는 미지수라는 것이 바로 차선의 정리이다. 차선의 정리는 점진적 사회개혁의 문제점을 적시(摘示)하는 것이다.

[문 15] 다음 설명 중 옳지 않은 것은? (2007 세무사)

① 차선이론은 시장문제에 정부가 개입할 것을 주장하는 이론이다.
② Pareto효율성 조건은 소득분배문제를 다루지 못한다.
③ 보이지 않는 손의 원리에 배치되는 예가 '죄수들의 딜레마'이다.
④ 사실상 모든 조건을 만족시키는 사회후생함수를 만드는 것은 불가능하다.
⑤ 보상의 원칙(compensation principle)에 의하면 직접적인 개인간 효용비교를 하지 않고서도 사회적 변화의 개선여부를 평가할 수 있다.

정답 ①. 차선이론(theory of the second best)이란 파레토 최적배분을 가로막는 현실적 제약 때문에 차선의 결과라도 얻도록 노력해야 하는데 이 또한 간단하지 않다는 것을 보여주는 이론이다. 따라서 시장에 대한 정부개입 여부와 관련이 있는 것은 아니다.

[문 16] 사회후생함수에 관한 설명으로 옳지 않은 것은? (2006 세무사)

① 공리주의 사회후생함수는 Jeremy Bentham에 의해 도출되었다.

② 공리주의 사회후생함수로부터 도출되는 사회무차별곡선은 직선 형태이다.

③ 어떤 사람의 효용수준이 높을수록 더 작은 가중치를 적용하여 도출되는 사회무차별곡선은 원점에 대하여 볼록한 형태를 띤다.

④ Rawlsian 사회후생함수는 최소한의 혜택을 받는 개인에 대해 초점을 맞추고 있다.

⑤ 우리사회 구성원들의 소득을 완전히 평등하게 분배할 때에만 Rawlsian 사회후생이 극대화된다.

정답 ⑤. 공리주의자들의 사회후생함수에 따라 사회적 무차별곡선을 그리면 기울기가 -1인 선형인 반면 평등주의자들의 사회후생함수를 무차별곡선으로 그려보면 원점에 대해 볼록한 모습으로 나타난다. 평등주의적 성향이 극단적으로 그려진 것이 롤즈의 것이며 Rawls의 무차별곡선은 극단적 형태인 L자이다.

사회후생을 극대화하기 위한 조건은 효용가능경계(UPF)와 사회적 무차별곡선(SIC)이 접하는 점에서 결정되므로 완전 균등분배 상태에서 후생극대가 이루어지는 것은 아니다.

제4장

공 공 재

1. 공공재의 의의

1-1. 정의

▸누가 공급하든 일단 공급되면 모든 사람이 소비편익을 공유할 수 있는 재화나 서비스

▸공급주체는 중요하지 않고 공동소비(collective consumption)가 가능한 재화나 서비스임

1-2. 특성

▸비경합성: 공공재의 특성인 공동소비에서 연유되는 것이며 한 사람의 소비행위가 다른 사람의 소비행위에 영향을 미치지 않음

- 추가적 소비에 따른 한계비용이 영(0)
- 공동소비 가능하므로 사용자 수가 많아져도 혼잡비용(또는 정체비용)이 없음
- 동일한 량을 공동으로 소비하므로 개별적인 수요를 수직으로 합계해야 사회전체의 공공재수요를 구할 수 있음

▸비배제성(배제불가능성): 가격을 지불하지 않은 사람도 재화소비에서 배제시킬 수 있는 마땅한 방법이 없음

- 가격을 지불하지 않고서도 재화소비에 참여할 수 있는 것이므로 무임승차의 직접적 원인이며 현실적으로 시장에서 공공재가 공급될 수 없는 가장 주된 이유
- 케이블 TV의 경우 경합성은 없으나 배제가 가능하므로 시장에서 공급 가능

2. 재화의 구분

2-1. 순수공공재

▸비경합성과 비배제성을 완전하게 갖춘 재화나 서비스로서 국방서비스가 예가 됨

▸현실의 대부분 공공재는 순수공공재가 아님

2-2. 비순수공공재

▸사용자수가 일정 수까지는 혼잡의 문제가 없으나 일정 수를 초과할 때 사용자수 증가에 따라 혼잡(정체)이 나타나는 공공재

▸현실의 대부분의 공공재가 여기에 해당됨

2-3. 클럽재

▸Buchanan의 정의이며 클럽재란 '공동소비의 범위가 작은' 재화나 서비스

▸클럽재의 최적배분: 사용자수가 추가될 때 한계편익의 감소와 일인당 한계비용의 감소를 비교하여 최적 규모 찾을 수 있음

- 한계편익의 감소가 일인당 한계비용의 감소보다 크다면 사용자수 감소되어야 함
- 한계편익의 감소보다 일인당 한계비용의 감소가 크다면 사용자수 증가되어야 함

▸따라서 양자가 일치할 때, 즉 일인당 한계비용이 한계정체비용(한계편익의 감소규모에 사용자수를 곱한 값)과 일치할 때 최적배분

▸클럽재는 공공재의 특성(공동소비)과 사적재의 성격(가격을 지불해야 효율적 배분)을 고루 갖추고 있음

2-4. 파라미터를 이용한 판단

▸총생산량 Q, 일인당 소비량 Y, 사용자수 N, 파라미터를 a라 하고 다음의 식을 이용함

$$Y = Q/N^{a}$$

▸a가 영(0)이면 생산량과 일인당 소비량이 일치하므로 순수 공공재

▸a가 영(0)에서 1 사이의 값을 가지면 비순수 공공재; 혼잡가능공공재

예) 일반도로, 공원

▸a가 1이면 순수한 사적재

3. 공공재의 효율적 규모

3-1. 보웬의 접근

▸공공재에 대한 개별적인 선호(수요)를 기준으로 접근함

▸균형상태에서 최적공급량과 개별적인 세액을 판단할 수 있음

3-2. 린달의 접근

▸개인의 공공재 선호가 일치하는 상태에서 최적 공급량 결정

▸최적공급수준과 조세부담비율을 동시에 알 수 있음

▸의사수요곡선(가상수요곡선)을 통한 준시장적 해결책을 제시함

▸조세와 공공서비스의 자발적 교환

3-3. 새뮤얼슨의 접근

▸일반균형적 접근법; 공공재뿐 아니라 사적재까지 분석대상에 포함됨

▸공공재와 사적재의 한계대체율(MRS); 공공재 소비의 한계편익(MB)을 의미

▸공공재와 사적재의 한계변환율(MRT); 공공재 생산의 한계비용(MC)을 의미

▸"한계대체율의 합이 한계변환율과 일치"할 때 최적배분이 이루어짐

3-4. 공공재 이론에서 주의할 점

▸"공급주체가 누구인가?"는 중요하지 않음

▸공동으로 동량을 소비해도 개별적 편익이 일치하는 것은 아님

▸소비집단의 크기가 아무리 작아도 무임승차문제가 없는 것은 아님

4. 무임승차자 문제

4-1. 무임승차의 의미

▸비용부담을 회피하기 위해 본인은 공공재를 선호하지 않는다고 말한 뒤 다른 사람의 선호에 따라 공공재가 공급되면 이에 편승하여 소비하고자 하는 사람

▸가격기구를 무력화시키는 직접적 원인

4-2. 무임승차유인

▸소비집단이 아무리 작아도 무임승차로 인한 이득을 기대할 수 있으므로 무임승차의 유인은 항상 존재함

4-3. 무임승차 문제를 해결하기 위한 노력(수요표출 장치, 유인제도)

▸기꺼이 지불할 수 있는 금액을 열거: 공공재에 대한 개별적인 선호

▸각 안건별로 선호를 합계하여 가장 높은 선호를 가진 공공재 공급

▸개별적인 조세부담의 배분(Clarke Tax)

- Clarke Tax; 본인 선택 때문에 야기된 사회후생상실(잉여상실)의 크기
- 본인의 부담이 본인 선호와 무관하게 결정된다는 것이 핵심적인 사항
- 본인이 공공재에 대해 과다 또는 과소한 선호를 표명해도 본인의 부담에 미치는 영향이 없으므로 진정한 선호를 표출하는 것이 최선임
- 무임승차문제의 해결가능성 제시

▸그러나 담합하여 선호를 표출하면 유인제도 자체가 성립될 수 없음

4-4. 강제적 결정

▸무임승차문제 해결 못하므로 자발적 배분은 불가능

▸따라서 공공재공급과 관련된 결정에 개별적 선호 대신 강제성 발휘됨

5. 중립성의 정리

5-1. 의미

▸공공부분에서 공공재 생산/공급을 증가시키면 민간부문의 공공재 생산량이 그 크기만큼 감소된다는 것

▸공공부문의 공공재 생산이 민간부문의 그것을 완벽하게 구축(crowding-out)한다는 것

5-2. 현실

▸공공부문과 민간부분이 상호 보완적인 경우도 있으므로 반드시 성립되는 것은 아님

▸ 실증분석 결과 정부의 공공재 공급량이 100단위 증가할 때 민간부문의 그것이 5단위~28단위 감소하므로 구축효과가 약하게 나타난다고 할 수 있음

6. 가치재

6-1. 가치재의 정의

▸ 시장에서 배분이 이루어지나 정부가 판단할 때 생산량이 충분하지 못함

▸ 소비를 권장할 필요가 있다고 생각되어 정부가 정부예산으로 공급에 참여하는 재화나 서비스를 의미하며 의무교육, 의료, 주택, 기본적 식품소비 등이 가치재임

▸ 소비권장의 필요성에 대한 판단을 정부가 하므로 소비자주권이 제약됨

6-2. 근거

▸ 온정주의(paternalism)

6-3. 가치재와 공공재

▸ 가치재는 사적재의 성격과 오히려 가까움

▸ 공공재와는 분명하게 구분되어야 함

▸ 경합성과 배제성을 기준으로 판단할 수 있음

6-4. 정부개입의 정당성

▸ 온정적 측면에서 가치재 공급에 참여하나 효율성과 공평성의 증진에도 기여함

연 습 문 제

1. 다음 중 공공재(公共財)를 가장 올바르게 정의한 것은?
   1) 공급주체가 정부 또는 공공기관인 재화나 서비스를 말한다.
   2) 정부가 주로 공급하며 민간부문도 공급에 참여하는 재화나 서비스를 말한다.
   3) 공동으로 소비(collective consumption)하는 재화나 서비스를 의미한다.
   4) 국민의 세금(조세수입)을 재원으로 공급된 재화나 서비스이다.
   5) 배제는 곤란하나 소비에 경합성이 있는 재화나 서비스를 의미한다.

   정답 3). 공공재는 공급주체와 무관하게 정의되며, 누구에 의해서든 일단 공급되면 공동으로 소비할 수 있는 재화나 서비스를 말한다.

2. 공공재의 의미와 관련된 설명으로 타당하지 못한 것은?
   1) 누가 공급하는가, 즉 공급주체는 중요하지 않다.
   2) 일단 공급되면 모든 사람이 소비편익을 공유한다.
   3) 국방서비스와 경찰서비스가 가장 전형적인 공공재의 예이다.
   4) 주택서비스나 수돗물 등은 공공재이며 공급주체도 정부이다.
   5) 정부가 생산 공급하는 재화나 서비스에는 공공재의 성격이 강한 것들이 많이 포함되어 있다.

   정답 4). 주택이나 수돗물 등은 사용재(私用財)의 성격이 있으나 정부가 공급에 참여하는 것이다. 이같은 재화나 서비스를 가치재(merit goods)로 구분한다.

3. 공평한 소득분배를 공공재로 규정하는 근거로 가장 올바른 것은?
   1) 소득분배가 공평하면 사회적 위화감이 없기 때문이다.
   2) 공평한 분배가 주는 혜택을 사회구성원 모두가 공동으로 소비할 수 있기 때문이다.
   3) 소득분배가 불공평하면 총효용이 극대화되지 않기 때문이다.
   4) 완전 균등 분배상태에서 총효용이 극대화되기 때문이다.
   5) 공평한 소득분배상태에서 배제불가능성이 완전해지기 때문이다.

   정답 2). 공공재의 가장 주된 특징은 소비편익을 공유하는, 즉 공동소비에 있다. 공평한 분배로부터 나오는 혜택을 사회구성원 모두가 공유할 수 있다면 이는 공공재이다.

4. 다음을 올바르게 설명하는 것은?

강감찬과 홍길동 앞에 호떡 5개가 있다. 홍길동이 2개를 먹어 버리면 강감찬이 먹을 호떡의 수는 줄어든다. 그러나 국방서비스의 경우 홍길동이 국방의 혜택을 본다 해도 강감찬이 얻는 혜택에 아무 지장을 주지 않는다.

1) 호떡은 경합성이 있으며 국방서비스는 경합성이 없다.
2) 호떡은 배제가 가능하나 국방서비스는 배제가 일체 불가능하다.
3) 호떡은 경합성이 있으나 국방서비스는 배제성이 있다.
4) 호떡은 배제가 가능하나 국방서비스는 경합이 가능하다.
5) 호떡과 국방서비스 모두 시장에서 효율적으로 거래될 수 있다.

정답 1). 한 사람의 소비 때문에 다른 사람의 소비가능성이 줄어든다면 경합성이 있는 것이다. 반면 한 사람의 소비 때문에 다른 사람의 소비기회에 지장이 없다면 경합하는 성격이 없는 것이다.

5. 공공재의 배제불가능성과 관련된 설명으로 가장 올바른 것은?

1) 동일한 수량을 많은 사람들이 동시에 소비한다.
2) 가격을 지불하면 편리하게 소비할 수 있고 가격을 지불하지 않으면 소비에 있어 불편을 감수해야만 한다.
3) 정당한 가격을 지불한 경우 모든 재화의 소비가 가능하지만 무임승차하여 적은 가격을 지불한 경우 소비에 참여하기가 곤란하다.
4) 대가를 지불한 사람과 그렇지 않은 사람을 구분하기 힘들어 많은 사람들이 공공재 소비에 대한 대가를 지불하려 들지 않는다.
5) 가격을 설정하기가 곤란하여 모든 사람이 대가를 지불하고자 해도 정당한 가격이 설정될 수 없다.

정답 4). 가격을 지불하지 않고 소비에 참여하여 나타나는 문제이다. 또는 가격을 지불하지 않은 사람을 재화소비에서 배제시키려 해도 그것이 곤란한 경우를 말한다.

6. 다음 중 공공재의 특징을 올바르게 묶은 것은?

가. 한 사람이 재화소비에 참여해도 다른 사람의 소비에 지장이 없다. 나. 가격을 지불하지 않은 사람을 재화소비에서 배제시키기 곤란하다. 다. 모든 개인이 공동으로 소비에 참여하며 따라서 개인의 소비편익도 동일하다. 라. 비경합성 때문에 추가공급에 따른 한계비용은 영(0)이다. 마. 배제곤란성 때문에 공공재에 대한 사회전체의 수요는 개별수요를 수직으로 합계한다.

1) 가 나 라 마
2) 가 나 라
3) 가 나 마
4) 나 라 마
5) 가 나 다 라 마

정답 2). 가)는 비경합성에 대한 설명이며 나)는 비배제성에 대한 설명이다. 다)의 경우 비경합성에 대한 설명인데, 공공재의 경우 공동소비하나 개별적으로 얻는 소비편익이 같은 것은 아니다. 라)의 경우 비경합성 때문에 공공재의 한계비용은 영이 되며 마)의 경우 개별 수요를 수직으로 합계해야 사회 전체의 수요가 되는 이유는 공공재의 비경합성 때문이다.

7. 만약 공공재에 대해 양(+)의 가격을 부과하려 해도 부과할 수 없다면 공공재의 어떤 성격 때문인가?

1) 비경합성　　2) 배제불가능성　　3) 순수성
4) 비순수성　　5) 배제가능성

정답 2). 가격을 지불하지 않은 경우 철저히 소비에서 배제되는 것은 사용재의 성격이며 공공재의 경우 국방서비스와 같은 공공재의 경우 가격(조세부담)을 지불하지 않고 소비에 참여하는 사람을 재화소비에서 배제시키는 것이 현실적으로 거의 불가능하다.

8. 공공재에 대해 양(+)의 가격을 부과할 수 있어도 그렇게 하는 것이 '바람직하지 않다.'는 주장은 공공재의 어떤 성격 때문에 정당한가?

1) 비경합성　　2) 배제불가능성　　3) 순수성
4) 비순수성　　5) 배제가능성

정답 1). 재화소비에 경합하는 성격이 없다는 것은 혼잡의 문제가 없다는 것이며 혼잡이 없다면 추가적 소비에 따른 한계비용이 영(0)이란 의미이다. 가격과 한계비용(MC)이 일치할 때 효율적 배분이 되므로 효율적 배분을 위한 공공재의 가격은 영(0)이어야 한다.

9. 클럽의 이론에 대한 설명으로 타당하지 않은 것은?

1) 비경합성이 완전하지 않아 혼잡의 문제가 있는 재화나 서비스를 대상으로 한다.
2) 회원 수가 작을 때에는 혼잡의 문제가 없으나 회원 수가 점차 많아짐에 따라 혼잡의 문제가 발생하는 재화나 서비스를 대상으로 한다.
3) 최적 회원의 수와 클럽의 최적규모에 관심을 갖는다.
4) 회원 수 증가에 따른 회원 일인당 비용과 편익의 변화를 기준으로 최적규모를 도출하고자 한다.
5) 최적 상태에서 일인당 한계비용은 영(0)이다.

정답 5). 클럽의 최적규모는 일인당 비용이 한계정체비용과 일치할 때이다. 한계정체비용이란 회원 수 증가에 따른 한계편익의 감소분에 기존 회원의 수를 곱한 값이다.

10. 공공재가 "순수하지 않다."는 의미는 무엇인가?

1) 민간부문에서 공급하는 경우이다.
2) 정부 또는 국가 공공기관에서 공급하는 경우이다.

3) 사용자수가 증가할 때 혼잡의 문제가 있는 경우이다.
4) 정체의 문제가 있으나 사용자수의 증가에 따라 정체비용이 사라지는 경우를 말한다.
5) 경합성은 없으나 배제가능성이 있는 경우를 의미한다.

정답 3). 비순수공공재의 경우 사용자수의 증가에 따라 혼잡의 문제가 발생한다. 경합성의 문제 때문에 혼잡비용이 발생한다.

11. 민간재가 효율적으로 공급되려면 한계대체율이 한계변환율과 같아야 하는데 공공재가 효율적으로 공급되려면 한계대체율의 합이 한계변환율과 같아야 한다. 공공재의 최적배분조건에서 한계대체율(MRS)을 합계해야 하는 이유로 올바른 설명은?
1) 공공재의 비경합성 때문에 합계하는 것이다.
2) 공공재의 비배제성 때문에 합계하는 것이다.
3) 공공재의 무임승차문제 때문에 합계하는 것이다.
4) 민간재, 즉 사용재의 경우 공동소비가 이루어지므로 합계하는 것이다.
5) 공공재의 경우 모든 개인의 소비편익이 일치하므로 합계하는 것이다.

정답 1). 공공재의 "비경합성" 때문에 개별소비자들의 한계대체율을 합계하는 것이다. 사회전체의 수요를 계산할 때 개인의 수요를 수직으로 합계하는 이유도 똑같은 근거이다.

12. 공공재와 사적재의 한계대체율을 MRS 공공재와 사적재간 한계생산변환율을 MPT라 할 때 "Samuelson 모형의 해(解)"로서 올바른 것은?
1) MRS = ΣMPT　　2) ΣMRS = MPT
3) ΣMRS = ΣMPT　　4) MRS = MPT
5) MRS-MPT = MPT

정답 2). 한계대체율의 합이 한계변환율과 일치할 때 최적배분이 된다. 한계대체율은 공공재소비의 한계편익, 한계생산변환율은 공공재 생산의 한계비용과 같은 개념이다.

13. 린달(Lindahl)의 자발적 교환모형에 대한 설명으로 타당하지 않은 것은?
1) 준시장적(quasi-market) 해결책이라 불리운다.
2) 린달균형상태란 공공재 생산량과 비용부담비율에 대해 두 사람이 합의한 결과이다.
3) 모든 개인이 공공재에 대한 진정한 선호를 표출하지 않아도 최적 배분이 가능하다.
4) 어떤 개인의 공공재에 대한 수요가 많아질수록 그의 비용부담비율은 높아진다.
5) 최적배분의 결과는 새뮤얼슨의 해와 동일하다.

정답 3). 모든 개인이 공공재에 대한 진정한 선호를 표출하지 않는 경우 효율적 배분에 대한 설명은 불가능하다. 진정한 선호를 표출한다는 비현실적인 가정조건 하에서만 모형이 성립될 수 있다.

14. 무임승차자 문제에 대한 설명으로 타당하지 않은 것은?

1) 다른 사람에 의해 공공재가 공급되면 이에 편승하고자 하는 사람을 말한다.
2) 무임승차유인은 비용부담의 회피에서 찾을 수 있다.
3) 무임승차 문제해결의 방법이 강제력(coercive power)의 동원이다.
4) 무임승차문제는 나타날 가능성이 있다는 가설일 뿐 사실(fact) 그 자체는 아니다.
5) 대부분의 사람들이 무임승차한다면 실제 공공재 공급량이 새뮤얼슨 모형에서 제시된 규모보다 훨씬 많아진다.

정답 5). 무임승차문제란 스스로 선호를 표명하지 않아 발생하는 문제이므로 실제 공공재 공급량은 최적상태보다 과소하게 된다.

15. 갑돌이와 갑순이의 공공재 수요가 다음과 같다. 갑돌이의 수요는 P=10−Q이며 공공재에 대한 갑순이의 수요는 P=14−Q이다. 공공재 공급을 위한 총비용(TC)이 "10Q+4"이라면 최적 공공재 공급량은 얼마인가?

1) 7
2) 8
3) 9
4) 10
5) 15

정답 1). 공공재소비로부터 얻는 한계편익(MB)의 합은 24-2Q이며 한계비용(MC)이 10원이므로 24-2Q=10을 충족하는 생산량 Q는 7이다.

16. 무임승차문제를 제거하기 위한 유인제도(수요표출 메커니즘)의 내용을 설명한 것으로 틀리는 것은?

1) 자신이 기꺼이 지불할 수 있는 금액을 표출한다.
2) 자신이 실제 지불하는 금액과 기꺼이 지불할 수 있는 금액이 일치하는 것은 아니다.
3) 의사결정에 참여한 개인의 수가 많으면 본인이 실제 부담하는 금액을 계산할 수 없다.
4) 자신의 부담이 타인의 선호에 의해 결정되므로 만약 자신이 거짓 선호를 표명하면 자신에게 손실로 돌아온다. 따라서 모든 개인은 진실한 선호를 표명한다는 것이다.
5) 개인간 담합을 통해 거짓선호를 표명하는 경우 이에 대한 대응이 마땅치 않다는 점이 수요표출 메커니즘의 한계이다.

정답 3). 자신의 선택이 다른 사람의 소비자잉여를 얼마나 감소시켰는가를 통해 클라크세를 계산할 수 있다. 따라서 참여한 사람의 수가 많기 때문에 실제 부담금액을 계산할 수 없는 것은 아니다.

17. 클라크 세(Clarke Tax)의 의미와 가장 가까운 것은?

1) 균형예산을 추구하는 조세이다.
2) 공공서비스 소비편익에 비례하는 조세이다.

3) 자발적으로 결정되는 조세이며 본인의 선호와 일치한다.
4) 본인의 선호와 무관하며 본인 선택의 결과 순잉여가 상실된 크기와 일치한다.
5) 무임승차자가 많을수록 클라크세가 작아진다.

정답 4). 수요표출제도에서 본인의 부담을 "클라크 세"라 하며 본인선호와 무관하게 결정된다는 것이 핵심적이다.

18. 수요표출기구의 가장 핵심적인 내용에 해당하는 것은?
1) 본인의 부담이 본인의 선호와 무관하게 결정된다.
2) 담합하여 선호를 표명해야 본인 부담이 작아진다.
3) 무임승차자가 많을수록 본인에게는 이득이다.
4) 한 개인의 조세부담액은 본인의 공공재에 대한 산호와 정확히 일치한다.
5) 개인의 선호에 따라 조세부담이 이루어지면 균형예산이 된다.

정답 1). 수요표출장치가 무임승차문제의 해결을 위해 고안된 것임을 잊지 말아야 한다. 본인 선호와 본인 부담이 일치한다면 스스로 진정한 선호를 표출하지 않을 것이나. 본인의 선호와 본인의 부담이 일치하지 않으므로 거짓선호를 제시할 필요가 없다는 것이다.

19. 공공재이론에서 중립성 정리(neutrality theorem)와 가장 가까운 것은?
1) 공공재에 대한 선호와 조세부담이 일치하면 파레토 효율적 배분이 가능하다.
2) 본인의 공공재 선호와 조세부담이 일치하지 않아 효율적 배분이 가능하다.
3) 정부에 의한 공공재 공급의 증가가 민간부문의 공공재 공급을 100% 구축한다.
4) 정부가 공공재 공급에 참여하면 민간재(사용재)의 생산량이 감소한다.
5) 정부가 공공재 생산량을 증가시켜도 민간부문의 공공재 생산량에 아무 영향을 미치지 않는다.

정답 3). 정부가 공공재 생산량을 증가시키면 민간부문의 공공재 생산량이 정확히 그만큼 감소하게 된다는 이론이다. 정부가 민간부문의 공공재 생산량을 100% 구축시킨다는 것이다.

20. 가치재(merit goods)가 공급되는 이론적 근거로 올바른 것은?
1) 온정적 간섭주의
2) 소비자 주권
3) 공리주의
4) 평등주의
5) 개인 자유주의

정답 1). 추가적 소비가 필요하다고 판단하는 주체가 정부이므로 정부의 가치판단이 국민에게 강요되는 셈이다. 따라서 소비자주권을 침해되나 온정적 간섭이라는 측면에서 정당성을 갖는다.

21. 다음 중 가치재(merit goods)와 무관한 설명은?
1) 공공재이다.

2) 소비권장의 필요성이 있는 재화이다.
3) 소비권장여부는 정부의 판단이므로 소비자주권과 직결되는 것은 아니다.
4) 온정주의적 차원에서 정당화된다.
5) 정부예산으로 공급된다.

정답 1). 가치재는 가치욕구(merit wants)를 충족하는 재화나 서비스이므로 공공재와는 무관하다. 오히려 경합성과 배제성을 특징으로 하는 사적재의 성격에 가깝다.

22. 다음의 내용을 가장 잘 설명하는 것은?

특정 재화가 사적재임에도 불구하고 긍정적 외부성을 가져와 소비를 권장할 필요성이 있다고 판단되면 정부는 이를 권장하기 위한 지원을 한다. 학교급식비를 보조하는 경우 무상으로 의무교육을 실시하는 경우 등이 좋은 예가 된다.

1) 지역공공재에 해당되는 설명이다.
2) 온정적 측면에서 소비자주권을 제약할 수 있다는 특징이 있다.
3) 재화소비의 비경합성과 비재제성을 특징으로 한다.
4) 비순수공공재이며 공용자원으로서의 특징이 있으므로 민간부문에서 공급하는 것보다 공공부문에서 공급을 담당하는 것이 효율적이다.
5) 재화소비의 대가를 지불하지 않은 소비들을 그 소비혜택으로부터 배제하기가 곤란하다.

정답 2). 가치재에 대한 설명이므로 소비자주권이 제약되며 소비자주권을 제약하는 이유는 온정적 측면에서 정당화될 수 있다. 가치재의 경우 소비량이 추가될 필요가 있다는 것에 대한 판단은 정부가 한다.

기 출 문 제

[문 1] 순수공공재(pure public good)에 가장 가까운 것은? (2004 세무사)

① 의료서비스 ② 유치원 교육
③ 새마을호(철도) ④ 도로 표지판
⑤ 퍼블릭 골프장

정답 ④. 공동소비의 가능성이 가장 큰 것을 찾으면 된다. 공공재가 순수하다는 것은 소비에 참여하는 사람의 수가 많아져도 혼잡(congestion)의 문제가 없다는 의미이다.

[문 2] 소비의 특성을 기준으로 아래 표와 같이 재화를 분류할 때 제Ⅱ군에 가장 가까운 재화는? (2007세무사)

	배제성	비배제성
경합성	Ⅰ	Ⅱ
비경합성	Ⅲ	Ⅳ

① 정체되고 있는 국도 ② 케이블 TV
③ 유료인터넷 정보 ④ 기상예보
⑤ 인기프로를 상영하고 있는 극장

정답 ①. 경합한다는 것은 혼잡비용이 있다는 것이며(예를 들면 교통의 체증) 비배제성이란 대가를 지불하지 않은 사람을 재화소비에서 배제시키기가 곤란(예를 들면 누구나 사용가능한 도로)하다는 의미이다.

[문 3] 다음 중 가장 옳지 않은 것은? (2003 세무사)

① 구매자와 판매자간에 정보의 비대칭성이 존재하면 시장실패가 일어난다.
② 두 사람이 두 가지 재화를 소비하는 경우 파레토최적은 두 재화간의 한계대체율이 두 사람간에 같을 때 이루어진다.
③ 양의 외부성이 존재하는 경우 보조금을 부과하면 파레토 최적상태를 달성할 수 있다.
④ 소비의 비경합성 때문에 무임승차자 문제(free rider problem)가 발생한다.
⑤ 어족자원 고갈은 공용지의 비극(tragedy of the commons)의 한 예가 된다.

정답 ④. 무임승차문제란 대가를 지불하지 않고서도 소비에 참여하는 문제이다. 따라서 배제만 가능하다면 무임승차문제는 없을 것이다. 순수공공재의 특징이 '배제가 곤란하다.'는 점을 생각해 보면 된다.

[문 4] 공공재의 적정 공급수준을 도출하는 과정에 대한 다음 설명 중 옳지 않은 것은?

(2006 세무사)

① 공공재에 대하여 개별 수요자의 진정한 수요가 표출되지 않기 때문에 가상수요곡선의 개념을 사용한다.

② 공공재에 대한 시장수요곡선은 개별 소비자의 수요곡선을 수직으로 합한 것이다.

③ 적정배분의 조건은 공공재의 마지막 단위에서 얻는 한계편익의 사회적 합이 공공재 생산의 한계비용과 같아지는 것이다.

④ Samuelson에 의하면 적정공급은 한계기술대체율의 합이 한계생산변환율과 일치하는 수준에서 결정된다.

⑤ 적정 공급수준에서는 수요자로 하여금 자신이 얻는 한계편익과 일치하는 가격을 지불하도록 하면 공공재 공급의 재원조달문제가 해결가능하다.

정답 ④. 공공재의 효율적 공급에 관한 논의는 공공재에 대한 개인의 가상수요곡선(의사수요곡선)을 그 출발점으로 한다. 공공재의 비경합성 때문에 공공재에 대한 사회전체의 수요는 개별적인 수요를 수직으로 합계하며, Samuelson이 제시한 공공재의 효율적 공급조건은 "한계대체율(MRS)의 합이 한계변환율(MRT)과 일치"할 때이다.

[문 5] 공공재를 수요하는 세 명의 소비자가 있다. 이들 각각의 수요함수는 다음과 같으며 공공재 총생산비용은 $TC=180Q$이다.

소비자1 : $Q=60-P_1$ 소비자2 : $Q=100-P_2$ 소비자3 : $Q=140-P_3$이고,

Q와 P는 각각 공공재의 양과 가격이다. 무임승차문제로 인하여 공공재 Q가 제공되지 못한 상황이 발생한 경우 경제적 손실(자중손실)의 크기는? (2007세무사)

① 0 ② 1,200

③ 2,400 ④ 4,800

⑤ 7,200

정답 ③. 공공재가 효율적으로 공급되었을 때 얻게 되는 후생상의 잉여, 즉 소비자잉여의 크기를 구하면 된다. 소비에 참여하는 모든 소비자들의 수요를 집계하면 P=300-3Q이며 한계비용은 총비용함수를 일차 미분한 값 180원이므로 균형소비량은 40이다. 소비에 참여하는 자들이 단위당 180원을 지불하고 그들이 얻게 되는 순잉여의 총계는 120×40×1/2=2,400원이 된다.

[문 6] 두 명의 소비자 A, B와 사용재 X, 공공재 Z가 존재하는 경제가 있다. 이 경제에서 공공재 1단위는 사용재 1단위를 투입하여 생산할 수 있다고 하자. 소비자 A와 B의 효용함수는 각각 다음과 같다고 하자.

$$U^A=X+2Z-\frac{1}{2}Z^2 \quad U^B=X+2Z-\frac{1}{6}Z^2$$

공공재의 효율적인 공급수준은 얼마인가? (2005 세무사)

① 1 ② 9/4
③ 3/2 ④ 9
⑤ 3

정답 ②. A의 한계효용은 2-Z이며 B의 한계효용은 2-1/3Z이므로 이를 합계하면 사회전체의 한계효용은 4-4/3Z이 된다. 이것이 한계비용 1과 일치할 때 최적 공공재 공급량이 결정된다. 4/3Z=3을 충족하는 Z은 9/4이다. 한계비용이 1이 되는 이유는 공공재 한 단위 생산을 위해 사적재 생산이 한 단위 포기되어야 하기 때문이다.

[문 7] 어떤 마을에 민간재와 공공재 두 재화만을 소비하는 총 200명의 주민이 살고 있다. 이 사람들은 모두 동일한 효용함수를 가지고 있으며, 그 효용함수는 다음과 같다.

$$U(X_i, Y) = X_i + Y^{\frac{1}{2}} \qquad (\text{단, } i = 1,2,\ldots,200)$$

민간재 생산의 한계비용은 1원이고 공공재 생산의 한계비용은 10원이라고 할 때 Pareto 최적의 공공재 공급량은? (2004 세무사)

① 1/400 ② 1/2
③ 10 ④ 100
⑤ 200

정답 ④. 공공재(Y)소비로부터 얻는 사회전체의 한계효용은 다음과 같이 구하면 된다. 우선 효용함수를 공공재 Y로 일차 미분하여 $1/2Y^{-1/2}$를 얻는다. 둘째, 200명이 동시에 소비하므로 $1/2Y^{-1/2}$에 200을 곱하여 사회전체의 한계효용을 구한다. 사회 전체의 한계효용이 공공재 생산의 한계비용(MC) 10원과 일치하는 공공재규모를 찾으면 된다.

[문 8] 어느 공공재에 대한 갑과 을 두 사람의 수요곡선이 아래와 같이 표현된다.

Z = 100 − 1/2 P (갑)

Z = 50 − 1/3 P (을) 〔Z는 수량, P는 가격(원)〕

이 공공재 생산의 한계비용은 150원으로 일정하다고 가정할 때 이 공공재의 적정공급량은 얼마인가? (2004 세무사)

① 30 ② 40
③ 50 ④ 75
⑤ 100

정답 ②. 갑과 을의 수요함수를 가격 P에 대해 정리(수요곡선을 수직으로 합계해야 한다는 점을 생각하면 된다.)한 뒤 이를 더하면 사회 전체의 수요함수 P=350-5Z을 구할 수 있다. 이것이 한계비용 150과 일치는 Z값은 40이다.

[문 9] 「우리빌라」 단지에는 20가구의 주민이 입주해 있다. 단지 내에 가로등을 설치하는 데 소요되는 총비용과 가로등 수에 따른 가구당 한계이득(한계효용)이 아래 표에 표시되어 있다. 이 빌라에는 가로등을 몇 개나 설치하는 것이 가장 효율적인가? (단, 가로등에 대한 모든 가구의 선호체계는 동일하다고 가정한다.) (2003 세무사)

가로등 수	설치 총비용	가구당 한계이득
1개	100만원	100만원
2개	200만원	50만원
3개	300만원	25만원
4개	400만원	10만원
5개	500만원	5만원

① 1개
② 2개
③ 3개
④ 4개
⑤ 5개

정답 ⑤. 공공재의 효율적 공급은 한계효용의 합이 한계비용과 일치할 때 이루어진다. 가로등의 수가 추가될 때 한계비용은 100만원이다. 20가구의 주민이 동시에 소비하므로 한계효용(이득)의 합이 100만원이 되려면 가구당 한계이득이 5만원이어야 한다. 5만원×20=100만원이기 때문이다.

[문 10] 공공재 x단위 소비로부터 갑의 한계편익 $MB^{갑}$은 10−x이고 을의 한계편익 $MB^{을}$은 6−x이다. 공공재의 한계비용 MC는 4라고 할 때, 공공재의 최적 공급량은?

(2002 세무사)

① 2
② 4
③ 6
④ 8
⑤ 10

정답 ③. 한계편익의 합은 16-2X이며 한계비용은 4원이므로 이들이 일치하는 공공재의 최적규모는 X=6이다.

[문 11] 린달모형(Lindahl model)에 대한 설명 중 적합하지 않은 것은? (2002 세무사)

① 공공재에 관한 진정한 선호를 표출하지 않아도 무방하다고 본다.
② 공공재의 공급량과 비용부담 비율을 동시에 풀어낼 수 있다.
③ 자발적 교환을 통해 공공재의 공급문제를 다루고 있다.
④ 공공재에 관한 準시장적 해결책이라고 할 수 있다.
⑤ 근본적으로는 새뮤얼슨모형과 동일한 성격을 갖는다.

정답 ①. 공공재의 효율적 공급과 관련하여 준시장적 해결책을 제시하는 린달균형은 새뮤얼슨의 모형과 마찬가지로 무임승차자가 있다면 성립될 수 없다. 공공재에 대한 진정한 선호를 표출하지 않는 사람이 있을 때 최적의 실현은 불가능하다.

[문 12] 공유자원(common resources)에 관한 설명 중 옳지 않은 것은? (2007세무사)

① 초원, 바다의 물고기, 혼잡한 무료도로 등은 공유자원의 대표적인 예이다.

② 경합성은 있지만 배제성은 없는 재화이다.

③ 공유자원의 비극은 외부효과 때문에 발생한다.

④ 공유자원의 한계비용은 0이다.

⑤ 공유자원의 사용에 가격이 부과되지 않기 때문에 사람들은 공유자원을 과다하게 사용하는데 이는 공유자원을 사용하는데서 얻는 사적 가치가 사회적 가치보다 크기 때문이다.

정답 ④. 공유자원이란 소비가능량은 한정되어 있으나 사용하는데 제한이 없어 누구나 접근이 가능한 자원이므로 재화소비에 경합하는 성격이 있고 배제는 이루어지지 않는다. 즉 공유자원은 경합성과 비배제성을 특징으로 한다. 재화소비에서 경합한다는 것은 혼잡비용이 있다는 의미이며 혼잡비용의 존재 때문에 한계비용은 영(0)보다 크다.

[문 13] 공공재에 대한 진정한 선호를 표출하도록 유도하는 수요표출 메커니즘(demand revelation mechanism)에 대해 바르게 설명한 것은? (2004 세무사)

① 이 방법으로 공공재 공급비용을 조달할 경우 균형예산이 보장된다.

② 선호를 표출하지 않는 전략적 행동이 있을 경우에도 사회적 최적수준이 도출될 수 있다는 것을 보여준다.

③ 각자의 조세부담은 자신이 표출한 선호에 의해 결정된다.

④ 공공재로부터 발생하는 총편익이 극대화되는 공공재 공급량을 구하고자 한다.

⑤ 만약 선호를 거짓으로 표출할 경우 이득을 볼 수는 없다는 것을 보여준다.

정답 ⑤. 구성원들끼리 담합을 하지 않는다고 전제하면 각자 자신의 부담액이 자신의 선호와 무관하게 결정된다는 것이 문제의 핵심이다. 따라서 거짓선호를 표명하여 자신이 원하는 것을 얻는다 해도 개인적으로 손해가 된다. 진실한 선호를 표명하는 것이 자신에게 유리하다. 그러나 담합을 하여 선호를 표명하게 되면 이와 같은 논리는 무너져 버린다.

[문 14] 클라크(Clarke) 조세에 대한 설명으로 옳지 않은 것은? (2002 세무사)

① 개인들의 공공재에 대한 선호를 자발적으로 표시하도록 유인하는 수요표출 메커니즘의 일종이다.

② 한 개인이 자신의 수요를 축소하여 시현하는 경우 자신의 진실된 수요수준에 비해서 더 많은 공공재가 공급된다.

③ 한 개인에게 부과되는 조세의 크기는 그가 시현한 수요와는 무관하게 결정된다.

④ 한 개인에게 부과되는 조세의 크기는 그의 공공재 추가소비가 다른 모든 사람들에게 미치는 소비자잉여의 순손실과 동일하다.

⑤ 자신의 진정한 선호를 표출하는 것이 최선의 전략이다.

정답 ②. 자신의 선호를 축소하여 시현하면 자신이 원하는 수준의 공공재를 공급받지 못할 가능성이 크다. 수요표출장치는 공공재 소비로 부터 얻는 편익의 합계에서 생산비용의 합계를 차감한, 즉 순편익을 극대화하는 공공재 규모를 찾자는 것이다. 따라서 정직한 선호를 표명할 때에만 최적규모의 공공재가 생산될 수 있다.

[문 15] 가치재(merit goods)에 대한 설명 중 적합하지 않는 것은? (2002 세무사)

① 정부가 무료급식을 실시하는 것과 관련을 갖고 있다.

② 소비자주권의 원칙과 충돌할 수 있다.

③ 어떤 재화나 서비스가 가치재이면 공공재의 성격을 갖는다.

④ 정부가 가치재를 제공하더라도 반드시 그 소비수준이 증가하는 것은 아니다.

⑤ 정부의 가치판단이 중요한 역할을 한다.

정답 ③. 공공재는 비경합성과 배제불가능성을 특징으로 하는 재화 및 서비스이다. 한편 가치재란 시장에서 배분되지만 추가로 생산/소비되는 것이 바람직하다고 판단되어 정부가 공급에 참여하는 재화나 서비스를 의미한다. 가치재는 재화의 성격상 오히려 사용재에 가깝다.

제 5 장

공공선택 이론

1. 공공선택의 의의

1-1. 공공선택의 의미

▸공적 선택(군인의 수, 경찰의 수 결정 등)을 위한 정치적 의사결정과정에 대한 연구

▸사적인 선택(수요와 공급논리)과 차이

1-2. 공공선택을 위한 참여집단

▸개인: 사익을 추구하며 재정환상에 빠져 있어 조세 또는 공공재소비이 편익에 대한 정확한 판단 불가

▸정치가: 사익을 추구하며 "득표극대화"에만 관심

▸관료: 사익을 추구하며 "예산규모극대화"에만 관심

▸이익집단: 자신 소속집단의 이익만 추구(사익추구)함

1-3. 공공선택의 결과

▸모든 집단이 사익을 추구한 결과 사회 선택의 결과가 효율적일 가능성 없음

2. 투표행위와 공공선택

2-1. 투표와 자원배분

▸만장일치의 결과: 투표에 참여한 전원이 합의해야 함

- 파레토 효율성 조건을 충족하나 현실성 없음

▸ 과반수다수결 또는 단순다수결

- 파레토 효율적이지는 않으나 만장일치에 비해 거래비용은 적음

▸ Buchanan과 Tullock의 최적 다수결제도

- 최적다수결이란 의사결정비용을 최소화하는 지지율을 의미
- "과반수의 지지 = 의사결정비용의 최소화"라는 보장이 없음
- 의사결정을 위한 총비용에는 결정비용과 외부비용이 함께 있으며 이들의 합이 최소화되는 의사결정비율을 후에 찾으려 함
  - 결정비용: 타인의 지지를 도출하기 위해 토론 및 설득을 위한 시간비용이며 지지율의 증가함수
  - 외부비용: 반대한 사람들이 지불해야 하는 효용상실에 따른 비용으로 지지율(찬성률)의 감소함수이며 '결과승복에 따른 비용'임

2-2. 중위투표자 정리

▸ 과반수 다수결에 의한 의사결정의 결과 중위투표자(median voter)의 선호가 사회선호로 표출되어 나타남

2-3. 투표의 역설(투표의 모순 또는 순환적 다수결)

▸ 중위투표자의 선호가 항상 사회선호가 되어 나타나는 것은 아님

▸ 의사결정이 순환되어 사회적 선택이 불가능한 경우(X〉Y〉Z〉X〉Y〉Z----), 즉 투표의 모순이 발생할 수 있음

▸ 투표의 모순이 나타나면 "의제의 조작" 가능. 즉 표결의 순서를 바꾸어 의장이 지지하는 안건이 사회적으로 채택되도록 조작할 수 있음

2-4. 투표의 모순이 발생하는 원인

▸ 단봉선호와 다봉선호로 구분할 때 다봉선호를 가진 유권자 때문에 투표의 모순 발생

▸ 다봉선호를 단봉선호로 제한하면 '중위투표자 정리'가 성립됨

▸ 다봉선호를 가진 사람이 있을 때 항상 투표의 모순에 빠지며 단봉선호를 가진 유권자들만 있으면 항상 모순없이 정치적 균형이 이루어지는 것은 아님

▸ 다봉선호를 가진 유권자가 있어도 정치적 균형이 이루어지는 경우도 있음

- 선택대상안건이 복합적인 경우 모든 사람이 단봉선호를 가져도 투표의 모순이 발생할 수 있음

▸결국 다봉선호를 가진 유권자가 있을 때 투표의 모순이 발생할 가능성이 있다는 정도임

2-5. 점수투표방식

▸안건별로 점수 부여하여 최다득점 안건을 사회적으로 선택

▸선호강도 부여되어 강점이 있으나 전략의 대상이 되어 협상의 문제가 있음

- 투표의 거래: 선호강도 노출되어 개인간 투표의 거래가 가능
- 제휴: 소수 정당에서 선호강도 높은 안건들만 결합하여 자신 정당의 정강으로 제시하면 선거에서 승리할 수 있음

3. 정치가의 선택

3-1. 속성

▸정치가는 득표극대화(사익)를 추구하며 따라서 사회후생을 극대화하는 선택과 무관

3-2. 예상결과: 공공재의 과소배분

▸득표를 위해 "조세부담 감소"를 공약으로 제시한 뒤 당선이 되면 "조세부담의 감축"을 추진하게 됨

▸조세수입의 부족으로 충분한 공공재 공급은 곤란함

3-3. Hotelling의 법칙

▸초기 출범 당시 양 정당의 정강이 판이하게 다르나 선거철이 되면 유권자들로부터 표를 얻기 위해 중위투표자들이 선호하는 방향으로 정당의 정강이 변화됨

▸결국 정치가 선택의 결과도 '중위투표자의 선호'가 반영된다는 의미

▸선거철이 되면 두 정당간 격차가 최소화된다는 의미에서 "최소격차의 원칙"이라고도 함

4. 관료의 선택

4-1. 속성

▶ 관료는 예산규모의 극대화(사익)에만 관심이 있으므로 그들의 선택 결과 사회후생이 극대화된다는 보장은 없음

▶ 관료들은 '직책상 특권'으로부터 얻는 효용이 있어 공공재에 대한 선호가 비관료에 비해 높게 나타남

4-2. 각종 모형

▶ 니스캐난(Niskanen)의 모형이 관료선택의 비효율성에 대한 대표적 모형임

• 관료는 사회전체의 잉여를 극대화하는 공공재를 원하지 않으므로 추가공급을 추진하며 이들이 선택하는 공공재규모는 사회적 순잉여가 영(0)이 되는 규모임

• 비관료가 얻을 수 있는 순잉여를 관료가 착취하는 것과 같음

• 독점시장에서 독점기업이 '일급차별가격'을 적용하여 소비자들의 잉여를 착취하는 것과 같은 이치

▶ 미그-빌레인져 모형

• 관료는 공공재 규모에 따른 예산상의 잉여곡선을 자신의 예산제약으로 간주

• 예산제약하에 효용을 극대화하는 무차별곡선 상의 한 점을 선택함

• 니스캐난의 공공재 규모보다는 작으나 순잉여를 극대화하는 최적 예산규모보다는 많은 규모임

▶ 로머-로젠탈(Romar & Rosenthal) 모형

• 관료들의 경우 자신이 원하는 과다한 공공재 규모가 채택되지 않을 경우

• 비관료에게 "아주 과소한 규모의 공공재"와 자신이 원하는 "과다한 규모의 공공재" 중 하나를 선택하라고 제시

• 비관료는 과소한 것보다는 차라리 과다한 규모의 공공재를 선호함

• 이런 과정을 거쳐 관료들이 선호하는 과다한 공공재를 공급함

5. 공공선택이론의 정책적 함축성

5-1. 공공선택의 결과: 일반적 불가능성정리

▸Arrow의 제 조건을 충족하는 사회선택은 불가능

▸중위투표자정리: 중위투표자는 한 사람이므로 독재(비독재성 위반)

▸투표의 모순: 순환성의 문제가 나타남(이행성 위반)

▸다봉선호를 단봉선호로 제약(비제한성, 즉 독립성 위반)

▸점수로 선호강도를 표시함(서수적 선호, 즉 독립성을 위반)

5-2. 정치적 민주주의와 경제적 효율성

▸정치적으로 민주적인 절차와 방식을 선택하는 것이 경제적 효율성을 달성하는 것과 유관할 것으로 생각되나 사실은 아무 상관관계가 없음

▸민주적인 절차, 즉 투표방식의 도입으로 경제적 효율성 제고할 수 없음

연 습 문 제

1. 만장일치, 즉 전원합의제(unanimity)에 대한 설명으로 타당하지 않은 것은?
   1) 모든 사람들을 만족시키기 위해 너무 많은 시간이 소요된다.
   2) 전략적 반대로 시간을 끌거나 의사진행을 비효율적인 방향으로 이끌어갈 수 있다.
   3) 현재 상태가 다른 상태에 비해 우월할 가능성이 매우 높다.
   4) 새로운 변화가 필요한 경우 전원합의제를 통해 의사결정 하는 것이 좋다.
   5) 의사결정에 참여하는 사람이 극히 소수인 경우 도입할 수 있다.

   정답 4). 만장일치는 100%의 지지를 필요로 하는 것이므로 현 상태에서 다른 상태로의 변화는 현실적으로 불가능하다. 아주 중요한 안건이며 의사결정에 참여하는 사람이 극소수인 경우 도입을 고려할 수 있을 것이다.

2. 최적다수결(optimal majority)이란 무엇인가?
   1) 의사결정에 따른 총비용이 최소화되는 찬성비율을 말한다.
   2) 외부비용이 최소화되는 지지율을 의미한다.
   3) 의사결정비용과 외부비용이 모두 최소화되는 지지율을 의미한다.
   4) 의사결정비용은 극대, 외부비용은 극소가 되는 지지율이다.
   5) 파레토 효율적인 지지율을 의미한다.

   정답 1). 의사결정비용과 외부비용을 합계하여 의사결정에 따른 총비용을 구한 뒤 총비용이 최소화되는 지지율, 즉 최적다수결을 찾는 것이 목적이다.

3. 최적다수결에 대한 설명으로 틀리는 것은?
   1) 의사결정비용은 찬성비율이 높을수록 커진다.
   2) 전원합의제가 채택되는 경우 의사결정비용은 더욱 커질 가능성이 크다.
   3) 어떤 안건이 통과되었을 때 그에 반대한 사람들이 지불해야 하는 사회적 비용도 총비용에 포함된다.
   4) 외부비용은 찬성비율이 높을수록 커진다.
   5) 총비용은 의사결정비용과 외부비용의 합이며 총비용이 최소화되는 지지율을 찾는 것이 최적다수결제의 요구이다.

   정답 4). '의사결정비용'은 지지율의 증가함수이며 '외부비용'은 반대한 사람들이 지불하는 사회적 비용이므로 지지율의 증가에 따라 감소한다. 외부비용은 반대한 사람들이 궁여지책으로 지불해야 하는 비용이란 의미에서 '결과승복비용'이라고도 한다.

4. 점수투표제(point voting)에 대한 설명으로 잘못된 것은?

1) 개인에게 부여된 점수를 자신의 선호강도에 따라 각 안건에 배분한다.
2) 선호강도가 제대로 반영되어 합리적 의사결정이 가능하다는 장점이 있다.
3) 투표자의 전략적 행동(voting strategy)을 상호 견제할 수 있어 효율적 의사진행에 도움이 된다.
4) 가장 많은 점수를 얻는 안건이 채택된다.
5) 투표자들이 정직하게 투표하지 않는 경우 최선의 대안이 선택되지 않을 수도 있다.

정답 3). 제대로 된 선호강도가 반영되면 효율적인 결과를 낳을 수 있으나 전략적 행동을 통해 정직하지 못한 선호가 표출되면 최선의 대안이 선택되지 못할 가능성이 크다. 점수투표제의 가장 큰 문제가 바로 전략적 행위에 취약하다는 점이다.

5. 보다방식(Borda count)으로 투표할 때 나타나는 내용을 설명한 것으로 틀리는 것은?

1) 선택대상 안건이 3개일 때 가장 선호하는 안건에 3점, 그 다음 선호하는 안건에 2점, 가장 선호하지 않는 안건에 1점을 부여한다.
2) 획득한 점수가 가장 높은 안건이 채택된다.
3) 점수투표제와 같이 선호강도를 어느 정도 반영할 수 있다.
4) 전략적 행위에 취약하다는 점에서는 점수투표제와 마찬가지이다.
5) 선택대상안건이 5개이면 가장 높은 선호를 갖는 안건에 5점이 부여된다.

정답 4). 보다점수는 안건이 3개일 때 점수가 3, 2, 1로 부여되므로 단지 순서에 의해서만 선호강도가 부여된다. 따라서 점수투표제와 같이 의도적으로 10점 또는 0점을 부여하여 문제가 되는 소위 '전략의 문제'에는 노출되지 않는다.

6. 투표에 참여하는 개인 X, Y, Z이 있고 선택대상안건은 A, B, C이라 하자. A는 대규모 예산, B는 중간규모의 예산, C는 작은 규모의 예산이다. 투표자들의 선호가 다음과 같을 때 이에 대한 설명으로 틀리는 것은?

X: A 〉 B 〉 C

Y: C 〉 B 〉 A

Z: B 〉 C 〉 A

1) Z은 중위투표자(median voter)이다.
2) 모든 유권자의 선호는 단봉(single-peaked)선호이다.
3) 사회적으로 안건 B가 최종적으로 선택된다.
4) 중위투표자정리가 성립되는 것은 아니다.
5) C가 선택대상에 없어도 A와 B의 우선순위가 바뀌는 것은 아니다.

정답 4). 둘씩 짝지어 우선순위를 비교하면 최종승자가 B가 된다. 이는 중위투표자인 Z의 선호와 같다.

중위투표자의 선호가 사회선호로 나타나는 것이 '중위투표자 정리'이므로 위의 경우 중위투표자 정리가 성립된다.

7. 선택대상안건이 여럿일 때 안건을 둘씩 짝지어 우서순위를 비교해 나가면 최종승자를 찾을 수 있다. 이와 같은 방식을 무엇이라 하는가?

1) Borda 방식　　2) Condorcet 방식
3) Buchanan 방식　　4) Tullock 방식
5) 점진조정방식

정답 2). 안건을 둘씩 짝지어 살아남은 의안을 최종 승자로 채택하는 방식을 콩도세방식이라 한다.

8. 열린 우리당에서는 진보만을 표방하고 있고 한나라당에서는 보수에 초점을 맞추고 있다. 국민들은 어느 정당에도 귀 기울이지 않고 자신의 삶에만 여념이 없다고 가정하자. 그런데 선거에 앞서 열린 우리당은 군 장성 출신의 대표적 보수인사를 당원으로 영입하려 하고 한나라당에서는 모 대학교의 총학생회장 출신인 대표적 진보인사를 당원으로 영입하려 하고 있다. 이와 같은 행태를 가장 잘 설명할 수 있는 이론은?

1) 전위효과 가설　　2) 중위투표자 정리
3) 최대 격차 가설　　4) 중심극한 정리
5) 투표의 모순

정답 2). 호텔링(Hotelling)이 제시한 최소격차의 원칙이며 양 당 사이의 격차가 감소된다는 것은 중위투표자들의 선호와 사회선호가 일치되어 가는 과정으로 이해할 수 있다. 극단적인 진보나 극단적 보수를 표방하는 경우 유권자들로부터 많은 표를 얻을 수 없기 때문이다.

9. 다음의 선호를 기반으로 할 때 잘못된 설명은 어느 것인가?(단, X, Y, Z은 투표자이며 선택대상 안건인 A, B, C는 각각 대규모 예산, 중간규모의 예산 그리고 소규모의 예산을 의미한다.)

X: A 〉 B 〉 C
Y: C 〉 A 〉 B
Z: B 〉 C 〉 A

1) 중위투표자정리가 성립되지 않는다.
2) 어떤 안건이 가장 선호되는지 알 수 없는 '투표의 모순(voting paradox)'이 발생한다.
3) 비교순서가 달라지면 표결결과도 달라지게 된다.
4) 투표자 Y는 다봉선호를 가진 유권자이다.
5) Y의 선호가 바뀌어도 중위투표자정리가 성립될 수 없다.

정답 5). Y의 선호가 다봉(C>A>B)에서 단봉(C>B>A)으로 변화하면 중위투표자가 가장 선호하는 안건

B가 채택될 수 있다. 즉 중위투표자정리가 성립된다.

10. 다음의 내용과 가장 가까운 것은?

의사일정을 결정할 때 의장의 입김이 강력하게 작용하게 되고 의장이 누구냐에 따라 의사일정 또는 최종 결과도 달라진다. 다수의 의사가 아니라 의장 개인의 뜻에 따라 의사일정이나 최종 결과가 달라질 가능성이 있다.

1) 투표의 역설이 발생한 것이다.
2) 선호의 강도가 반영된 것이다.
3) 의사일정에 관한 합의가 제대로 이루어지지 않은, 즉 비민주적으로 결정된 안건들이다.
4) 투표의 역설이 나타나지 않는다.
5) 모든 유권자들은 단봉선호를 가진다.

정답 1). 의사진행조작 또는 의제의 조작문제(agenda manipulation)를 설명한 것이다. 의사진행조작이 가능한 이유는 투표의 모순(역설) 때문이다. 순환적 다수결의 문제가 있다는 것이다.

11. 다운즈(Downs, A.)의 표-극대화모형에 대한 설명으로 틀리는 것은?

1) 정치가가 추구하는 이익의 방향이 선거구민의 의사와 일치하는 것은 아니다.
2) 정치가가 득표를 극대화하려면 중위투표자의 지지를 얻는 방향으로 가는 것이 좋다.
3) 정치가가 중위투표자의 지지를 얻는 방향으로 간다면 직접민주제를 대의민주제로 전환해도 결과가 달라지지 않는 것이다.
4) 정치가는 자신이 원하는 공직을 얻기 위해 최대한 많은 표를 얻으려 한다.
5) 투표자는 자신의 이익을 잘 대변할 수 있는 사람에게 표를 던질 것이다.

정답 1). 득표 극대화모형의 주요내용이 개인의 선호가 집단의사로 반영된다는 것인데, 자신의 이익을 추구하는 정치가라면 마땅히 선거구민의 의사를 충실하게 반영해야만 할 것이다. 득표극대화의 방향은 중위투표자의 지지를 얻는 방향이 될 것이다.

12. 개인의 선호가 점수(point)로 주어져 있을 때 개인 또는 정치가들이 이를 이용하여 표의 교환을 할 수 있다. 다양하게 이루어질 수 있는 표의 교환에 대한 설명으로 타당하지 않은 것은?

1) 많은 사람들의 희생을 바탕으로 특정 집단의 사람들에게만 이익이 돌아갈 수 있는 방향으로 의사결정이 이루어질 수 있다.
2) 표의 교환행위가 정치시장에서 효율적 배분의 길을 열어줄 수 있다는 의미에서 긍정적 평가도 있다.
3) 투표자들이 직접 연합을 결성하여 표를 주고받았다면 정치적 결탁(logrolling)이라 할 수 있다.
4) 대의민주제 아래에서 정치가들이 적절한 정강(platforms)을 제시하며 실질적인 투표

자 연합을 만들어낼 수 있다.

5) 투표자 개인끼리 연합(coalition)을 형성하는 경우 표결결과에 영향을 미치지 않는다.

정답 5). 특정 투표자가 다른 투표자에게 자신이 선호하는 안건에 상대방이 표를 던진다면 자신도 다른 투표자가 선호하는 안건에 표를 던지기로 합의할 수 있다. 이렇게 되면 투표자 연합을 통해 표결의 결과에 영향을 미친다.

13. 공공재에 대한 수요곡선이 선형이며 공공재 생산의 한계비용곡선이 수평선이라고 가정하자. 이때 관료에 의해 예산이 배분될 때 나타나는 문제와 관련된 설명으로 가장 타당하지 않은 것은?

1) 사회적 최적규모는 한계편익과 한계비용이 일치할 때 이루어진다.

2) 관료들이 최적수준을 초과하는 예산규모를 선호하는 이유는 그들이 얻을 수 있는 '직책상의 특권' 때문이다.

3) 니스캐난 모형에 따르면 관료가 선호하는 공공재 공급수준이 사회적 최적수준을 초과하나, 미그-빌레인져 모형에 의하면 관료가 선호하는 예산규모가 사회적 최적수준과 일치한다.

4) 관료의 경우 그들이 직면하는 공공재의 상대가격이 저렴하므로 비관료에 비해 많은 공공재를 선호한다고 볼 수 있다.

5) 니스캐난 모형에 따르면 관료는 소비자잉여를 갈취하는 '제1급 차별적 독점자'와 같은 역할을 한다.

정답 3). 미그-빌레인져 모형이나 니스캐난의 모형 모두 관료에 의해 공급되는 예산규모는 적정수준을 초과한다. 순잉여가 영(0)이 되는 상태를 지지하는 니스캐난 모형에 비해 미그- 빌레인져 모형이 제시하는 공공재 규모가 작다.

14. 공공재 공급에 관료가 참여하면 공공재공급규모는 적정 수준을 초과할 가능성이 크다고 하는데 그 이유로 타당한 것은?

1) 관료는 공공재를 무료로 소비하기 때문이다.

2) 관료는 특별법에 의해 조세부담을 일체 하지 않기 때문이다.

3) 비관료인 민간부문에 비해 높은 질의 공공재를 선택할 수 있기 때문이다.

4) 직책상의 특권으로부터 얻는 편익 때문에 비관료에 비해 공공재의 상대가격이 저렴하기 때문이다.

5) 관료가 직면하는 한계비용은 일정한 반면 비관료는 우상향하는 한계비용곡선에 직면하기 때문이다.

정답 4). 직책상 특권으로부터 얻는 편익 때문에 관료가 직면하는 공공재의 상대가격이 민간 비관료에 비해 저렴하기 때문이다.

15. 관료모형 중 로마-로젠탈(Romar & Rosenthal)모형에 대한 설명으로 타당한 것은?

1) 관료는 항상 최적수준의 예산규모를 선호한다.
2) 자신이 원하는 과다한 예산을 관철시키기 위해 과소한 규모의 공공재와 과다한 규모의 공공재 중 택일하도록 강요하여 비관료 스스로 관료가 원하는 과다한 공공재를 선택하도록 유도한다.
3) 정치가들에게 적절한 정강을 형성하도록 하여 자신들이 원하는 과다한 예산규모를 관철시킨다.
4) 관료는 정치가 및 특수 이익집단과 소위 '철의 삼각형'을 만들어 과다한 예산규모를 관철시키려 한다.
5) 특수 이해집단이라는 로비그룹을 통해 각계각층에 영향을 미치게 한 뒤 의회에서 표결시 자신이 주장하는 과다한 예산규모를 관철시킨다.

정답 2). 비관료가 원하는 최적규모 대신 과소한 규모와 과다한 규모 중 하나를 택일하도록 만들어 과다한 예산규모를 관철시킨다는 것이 로머-로젠탈 모형의 핵심이다.

기 출 문 제

[문 1] 시민자치회에서는 의사결정방식으로 부캐넌-털록(Buchanan & Tullock)이 제시한 '최적 다수결제(optimal majority)'모형을 도입하기로 하였다. 가결률 'n'($0 \leq n \leq 1$)에 따른 의사결정비용(decision making cost) 및 외부비용(external cost)이 다음과 같이 표시된다고 할 때 최적의 가결률은 얼마인가? (2003 세무사)

• 의사결정비용	:	$CD = 4n^2 + 3$
• 외부비용	:	$CE = -6n + 10$

① $n \fallingdotseq 0$ ② $n = 1/2$
③ $n = 2/3$ ④ $n = 3/4$
⑤ $n = 1$

정답 ④. 의사결정비용과 외부비용의 합이 최소화되는 가결률을 찾는 것이 최적다수결의 목적이다. 의사결정비용과 외부비용을 합계하면 $4n^2-6n+13$이며 이를 일차 미분하면 $8n-6$이다. 이 값을 영(0)으로 만드는 최적 n은 3/4이다.

[문 2] 투표의 역설과 가장 관계가 깊은 것은? (2004 세무사)

① 대의민주주의 ② 투표거래(logrolling)
③ 사전선거운동 ④ 표 극대화 모형
⑤ 의사진행순서 조작(agenda manipulation)

정답 ⑤. 투표의 모순이 발생하면 의장은 표결순서만 바꾸어 자신이 선호하는 안건이 채택되도록 조작할 수 있다.

[문 3] 다음 중 투표자의 전략적 행동에 가장 큰 취약성을 갖는 표결제도는? (2002 세무사)

① 전원합의제 ② 점수투표제
③ 꽁도세(Condorcet)방식 ④ 보다(Borda)방식
⑤ 단순다수결제

정답 ②. 투표자의 전략적 행동이 문제가 되는 투표방식은 기수적인 점수가 부여된 점수투표제이다. 애로우 원칙에서 서수적 선호표명(독립성의 원칙 중 일부)을 요구하는 이유가 기수적으로 선호를 표명할 때 나타나는 전략의 문제 때문이다.

[문 4] 관료들의 예산결정 행태와 관련한 니스카넨(Niskanen)의 모형에 대한 설명으로 옳지 않는 것은? (2004 세무사)

① 관료들이 원하는 예산수준이 기각되었을 때 대안이 되는 예산수준을 사회적 잉여가

매우 낮은 수준에서 설정한다.

② 관료의 최적예산수준은 총편익곡선이 총비용곡선과 교차할 때 달성된다.

③ 관료적 최적수준에서는 사회적 잉여가 완전히 소멸되어 사회적 순편익이 0이 된다.

④ 니스카넨은 관료의 비능률은 공공재 산출의 비용측면이 아니라 과도한 산출수준에 있다고 주장한다.

⑤ 정치가들은 사회후생의 극대화를 추구하는 반면 관료들은 예산의 극대화를 추구하는 것으로 가정한다.

정답 ①. 니스캐난 모형에 의하면 관료가 공공재 규모를 선택할 때 적정 수준을 초과한다. 그런데 자신이 원하는 것이 기각될 우려가 있을 때 그 대안(代案)으로 과소한 공공재 규모를 제시하여, 결국 자신들이 원하는 과다한 공공재를 공급하려 한다는 것은 "로마-로젠탈 모형"에서 제시된 것이다.

[문 5] 예산규모(x=큰 규모, y=중간 규모, z=작은 규모)에 대한 A, B, C의 선호가 다음과 같다. 꽁도세(Condorcet) 방식의 과반수제 투표에 의하면 어떤 안이 선택될까?

(2005 세무사)

A: x > y > z

B: y > z > x

C: z > x > y

① 투표의 순환이 발생한다. ② x

③ y ④ z

⑤ x, y

정답 ①. 안건을 둘씩 짝지어 최종승자를 결정하면 되는데 위의 경우 최종 승자가 없는 즉 순환성의 문제가 발생한다. x가 y보다 선호되며 y는 z보다 선호된다. 그런데 x보다 z이 선호되기 때문에 투표의 역설이 나타난다.

[문 6] 김(K), 이(L), 박(P) 세 사람이 서울을 떠나 함께 여행하기로 하였다. 여행 거리와 숙박비에 관한 세 사람의 선호체계가 그림과 같이 동심원 모양의 무차별곡선 으로 표시된다고 한다. 원의 중심점(C_K(김), C_L(이), C_P(박))은 효용극대점이며 중심에서 멀어질수록 효용수준은 감소한다. 현재 이 세 사람이 선택할 수 있는 여행지-숙소 패키지는 X(대전-장급여관), Y(제주-관광호텔), Z(부산-특급호텔) 중 하나라고 한다. 세 사람이 꽁도세 방식(Condorcet rule ; 각 대안을 둘씩 짝지어 비교하는 방식)에 따라 다수결로 X, Y, Z 중 한 가지를 선택한다고 할 때 다음 설명 중 타당한 것은? (2003 세무사)

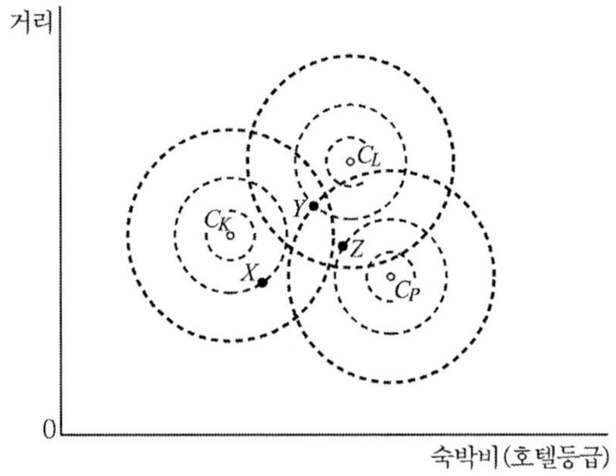

① 세 사람 가운데 선호체계가 단봉형(single-peaked)이 아닌 사람이 있다.

② 투표의 역설이 발생하여 X, Y, Z 중 어느 안도 선택되지 못할 것이다.

③ 투표 결과 X안이 선택될 것이다.

④ 투표 결과 Y안이 선택될 것이다.

⑤ 투표 결과 Z안이 선택될 것이다.

정답 ④. 모든 사람의 선호는 단봉선호이다. 우선 김씨의 선호는 X, Y, Z 이씨의 선호는 Y, Z, X 박씨의 선호는 Z, Y, X이다. 콩도르세 방식으로 최종승자를 결정해 보면 Y가 Z보다 선호되고 Z는 X보다 선호되며 Y가 X보다 선호되므로 우선순위는 Y>Z>X가 된다. 따라서 최종승자는 Y이다.

[문 7] 다음 중 어떤 선호가 투표의 역설(voting paradox)을 일으킬 것인가? (2002 세무사)

구 분	순위	갑	을	병
선호 1	1	쇼핑	파티	영화
	2	영화	영화	파티
	3	파티	쇼핑	쇼핑
선호 2	1	쇼핑	파티	영화
	2	영화	쇼핑	파티
	3	파티	영화	쇼핑
선호 3	1	파티	영화	쇼핑
	2	영화	파티	영화
	3	쇼핑	쇼핑	파티

① 선호 1 ② 선호 2

③ 선호 3 ④ 선호 1과 선호 2 모두

⑤ 선호 2와 선호 3 모두

정답 ②. 선호의 경우를 검토해 보자. 쇼핑은 영화보다 선호된다. 영화는 파티보다 선호된다. 그런데 파티가 쇼핑보다 선호되므로 우선순위를 결정하는 것이 불가능하다.

[문 8] 다음 중 관료제와 관련된 니스카넨(Niskanen) 모형에 대한 설명으로 옳은 것은?

(2005 세무사)

① 관료는 득표수극대화를 추구한다는 기본가정을 채택하고 있다.

② 관료는 필요한 업무라도 소극적인 태도로 임하게 된다는 점을 설명하고 있다.

③ 관료는 총편익과 총비용이 일치하는 수준까지 예산을 확대한다고 설명하고 있다.

④ 관료는 기본적으로 부패에 물들기 쉽다는 점을 강조하고 있다.

⑤ 관료의 예산극대화는 공공재의 과소공급을 초래한다고 주장하고 있다.

정답 ③. 니스캐난 모형은 관료의 예산규모 극대화 성향을 설명하려는 모형이다. 사회적 최적은 한계편익과 한계비용이 일치하는 상태에서 결정된다. 그러나 관료의 경우 잉여극대화에 관심이 있는 것이 아니라 예산규모의 극대화에 관심이 있으므로 순잉여가 영(0)이 될 때(총편익=총비용)까지 예산규모를 확대하려 들 것이다.

[문 9] 공공선택이 안정적이고 합리적이기 위한 애로우(Arrow)의 조건에 관한 설명 중 옳지 않은 것은? (2007 세무사)

① 무관한 대안으로부터의 독립성의 조건은 기수적 선호체계를 의미한다.

② 개개인의 선호 뿐 아니라 사회적 선호의 형태도 이행성의 원칙을 만족해야 한다.

③ 어느 특정한 개인의 선호가 사회적 선호가 되어서는 안 된다.

④ 개개인의 모든 선호를 공공선택에 반영한다는 것은 다봉선호 체계도 포함되어야 하는 것을 의미한다.

⑤ 애로우의 조건이 모두 충족되는 공공선택은 불가능하다.

정답 ① 독립성이란 타인의 선호를 제한하지 않는 것, 서수적 선호를 표현하여 타인으로부터 전략이 대상이 되지 않는 것 등을 포함한다. 비제한성과 서수적 선호표명이 독립성의 핵심이라 생각하면 된다.

[문 10] 공공선택에 관한 다음 설명 중에서 가장 옳지 않은 것은? (2003 세무사)

① 전원합의제 하에서 내려진 결정은 파레토 최적이다.

② 중위투표자이론에 따르면 과반수제하에서는 중위투표자가 가장 선호하는 의안이 채택된다.

③ 사회적 의사결정과정에 대한 애로우(Arrow)정리에서 독립성 조건은 선호강도가 반영될 때 만족된다.

④ 투표거래는 선호의 강도를 반영할 수 있는 방법이 될 수 있다.

⑤ 점수투표제는 전략적 행위에 취약하다는 문제점이 있다.

정답 ③. 선호강도가 반영되면 타인으로부터 전략의 대상이 된다. 전략 대상이 된다는 것은 의사결정에서 독립성이 상실된다는 의미이다.

[문 11] 시장실패를 보완하기 위한 정부의 개입은 정치적 의사결정과정을 거쳐 이루어지고 이 과정에서 가능한 개인의 선호를 잘 반영할 수 있는 의사결정제도를 찾는 것이 공공선택이론이다. 공공선택에 대한 다음 설명 중 옳지 않은 것은? (2006 세무사)

① 투표의 역설이란 정책비교의 순서가 달라짐에 따라 동일한 정책에 대한 표결의 결과가 달라지는 현상을 의미한다.

② 최적다수결제도란 과반수제도 하에서 의사결정비용과 결과승복비용이 일치하는 수준을 찬성비율로 결정하는 제도이다.

③ 점수투표제도란 투표자들의 선호의 강도를 반영하기 위하여 일정 점수를 정책대안들 사이에 배분토록 하는 제도이다.

④ 중위투표자이론이란 과반수제하에서는 중위투표자가 선호하는 정책이 선택된다는 것을 보여준다.

⑤ 모든 사람이 단봉선호를 가지고 있는 경우에도 과반수제하에 투표의 역설현상이 나타날 수 있다.

정답 ②. 최적 다수결이란 의사결정에 따른 총비용이 최소화되는 점이다. 총비용은 의사결정비용과 외부비용(결과승복비용)의 합이다. 한편 총비용이 최소화되는 점은 의사결정비용과 결과승복비용이 일치하는 점이 아니라 한계 의사결정비용과 한계 승복비용이 일치하는 상태이다.

[문 12] 다음의 설명 중 옳은 것은? (2002 세무사)

> ㉠ 한 이슈에 대한 개개인의 선호가 단일정점형(single-peaked)인 경우 과반수 다수결투표에서는 중위투표자의 선호가 채택된다.
> ㉡ 이슈가 복합적인 경우에는 개개인의 선호가 단일정점형이더라도 과반수다수결투표에서는 투표의 순환이 발생할 수 있다.
> ㉢ 어떤 공공재의 공급규모에 관련한 대안이 100단위, 200단위, 300단위 세 가지 존재할 때, 단일정점형 선호란 공급규모에 대한 선호도가 100단위〉200단위〉300단위 또는 100단위〈200단위〈300단위의 순으로 설정되는 것만을 의미한다.
> ㉣ 다수결투표에 의하여 중위투표자의 선호가 채택되는 경우 그 공공재의 공급량은 새뮤얼슨 조건을 충족한다.
> ㉤ 각 이슈에 따른 개인들의 순편익이 알려져 있을 때 투표거래(logrolling)를 인정한다면 인정하지 않는 경우에 비해서 항상 사회전체의 총편익이 높아진다.

① ㉠, ㉡ ② ㉠, ㉢

③ ㉡, ㉢ ④ ㉢, ㉣

⑤ ㉣, ㉤

정답 ①. 모든 유권자가 단봉형 선호를 갖는 경우 중위투표자 정리가 성립할 가능성은 높다. 그러나 선택대상이 복합적인 경우 모든 유권자의 선호가 단봉형이라도 투표의 모순이 발생할 수 있다.

제 6 장

외 부 성

1. 외부성의 의의

1-1. 정의

▸ 한 경제주체가 다른 경제주체에게 이득이나 손실을 주었음에도 이에 대한 적절한 보상이 이루어지지 않은 상태

▸ 의도하지 않은 이득이나 손실이라는 점에 유의

1-2 구분

▸ 외부경제: 뜻하지 않은 이득이 발생한 경우이며 사적 편익보다 사회적 편익이 큼

▸ 외부불경제: 뜻하지 않은 손실이 발생한 경우이며 사적 비용보다 사회적 비용이 큼

2. 외부성과 자원배분

2-1. 외부경제

▸ 외부성이 긍정적인 경우이며 시장생산량이 적정생산량보다 작음

▸ 보조금 지급으로 생산량이 증가할 때 사회후생이 증가

2-2. 외부불경제

▸ 외부성이 부정적인 경우이며 시장생산량이 적정생산량을 초과함

▸ 조세를 부과하여 생산량이 감소되어야 후생이 증가함

3. 공해세(피구세, Pigouvian Tax) 부과의 문제

3-1. 최적 공해세액

▸사회적 최적 상태에서 한계피해비용(MDC)만큼 조세 부과

▸사회적 최적량: 사회적 한계비용과 수요곡선이 일치할 때

▸한계피해비용: 사회적 한계비용과 사적 한계비용의 차

3-2. 공해세 부과의 의의

▸과세 이후 생산량을 적정 수준으로 감소시키는 것이 목적임

▸과세 이후 오염 방출량을 영(0)으로 만드는 것이 아님

▸과세 이후 사회후생이 증가하므로 공해세는 교정적 조세(corrective taxation)

3-3. 공해세를 대체할 수 있는 기타의 방법

▸행정적 규제로 직접규제방식; 용도제한(지정), 배출허용수준의 제한

▸간접규제방식으로 쓰레기종량제, 예치환불제, 오염배출권거래제 등이 있음

▸특히 오염배출권거래제도는 공해세보다 효율적인 결과를 가져올 것으로 예상됨

- 오염배출권이 시장에서 자발적으로 거래되므로 행정비용이 없음
- 기업간 오염정화에 따른 한계비용에 차이가 있으면 배출권 교환을 통해 비용절약 가능함
- 특정 기업이 오염허가서를 다 구입하면 독점의 문제가 야기된다는 단점이 있음

4. 외부성과 소유권 문제

4-1. 소유권의 중요성

▸소유권이 결여된 경우: 누구든 아껴 쓸 유인조차 없으므로 효율적 배분은 불가

▸공용지의 비극: 소유권 결여된 상태에서 누구나 접근 가능하면 배분의 결과는 황폐화

- 공용지; 배제성은 없으나 경합성이 있으므로 누구나 접근가능할 때, 일정수를 초과하여 접근하면 외부성문제가 야기되며 결국 고갈문제에 직면할 수밖에 없음

4-2. 코우즈(Coase)의 정리

▸거래당사자의 수가 작아 거래비용이 최소화되고

▸소유권이 설정되어 있다면 "소유권의 귀속주체와 무관"하게

▸당사자들 사이의 "자발적 협상"을 통해 효율적 배분이 가능함

4-3. 코우즈 정리의 의의

▸정부의 개입 없이도 외부성 문제를 해결할 수 있다는 가능성

▸외부성은 정부개입의 필요조건일 뿐 충분조건은 아님

5. 환경의 경제적 가치 측정

5-1. 여행비용모형

▸깨끗한 환경(예. 설악산)은 소비자들이 기꺼이 비용을 지불하고도 찾으려 함

▸여행비용과 방문횟수 사이의 관계를 이용하여 수요함수를 추정할 수 있음

▸수요가격이 기꺼이 지불할 수 있는 비용이므로 이를 기준으로 환경가치를 측정함

5-2. 해도닉 가격

▸헤도닉 가격(hedonic price)이란 패키지 형태로 구성된 재화의 가치(가격)를 의미함

▸주택가격의 결정요인은 주택의 구조, 주택의 주변특성, 교육여건, 환경요소 등임

▸환경요소를 제외한 모든 요인이 동일한데 주택가격에 차이가 있다는 이는 환경의 격차로 인한 가격차이임

▸따라서 그 격차를 환경의 가치로 평가할 수 있음

5-3. 회피행위모형

▸환경이 오염되어 오염의 피해를 줄이기 위해 행동하는데 소요되는 비용을 기준으로 환경 가치를 측정할 수 있다는 것임

▸예를 들어 정수기 설치비용, 방음벽 설치 비용, 공기청정기 구입비용 등

6. 국제환경문제

6-1. 지구온난화와 기후변화협약

▸이산화탄소 배출량의 증가로 지표면의 온도가 높아지는 현상이 발생함

▸이를 지구온난화(global warming)라 함

▸기후변화협약은 1992년 브라질의 리우정상회담에서 지구온난화에 대처하게 위해 채택된 국제환경협약임

▸환경과 성장의 공존, 지속가능한 개발(sustainable development)이라는 용어 탄생

6-2. 오존층파괴와 몬트리올 의정서

▸1985년 남극 오존층 파괴를 우려하며 비엔나 협약을 체결함

▸1987년 몬트리올협약은 비엔나 협약을 구체화하는 것으로 오존층 보호를 위한 염화불화탄소(CFC)의 배출량을 감축시키는 것이 목적임

6-3. 교토협약

▸2000년 이후 온실가스 배출량을 줄이기 위한 구체적 실천방안을 제시하고 있음

연 습 문 제

1. 외부성의 의미와 관련된 설명으로 옳지 않은 것은?

1) 어떤 행위가 제3자에게 의도하지 않은 혜택이나 손실을 줄 때 나타난다.
2) 혜택이나 손실이 있을 때 이에 대한 대가가 정당하게 지불되었어도 외부성문제는 있다.
3) 의도하지 않은 혜택이 있을 때 외부경제가 발생했다고 한다.
4) 의도하지 않은 손실이 있을 때 외부불경제가 발생했다고 한다.
5) 외부성이 내부화(internalization)되었다면 외부성문제는 없는 것이다.

정답 2). 의도하지 않은 혜택이나 손실이 있을 때 그에 대한 대가가 오가지 않아야 외부성문제가 있는 것이다. 어떠한 계약관계에 의해 대가가 오갔다면 '외부성이 내부화된 것'이며 따라서 외부성문제는 없다.

2. 다음 설명과 관련된 내용으로 가장 올바른 것은?

충북 영동의 어떤 과수원에 벌통을 두자 과수원의 수확량이 증가하였다. 이에 과수원 주인은 양봉업자인 강 씨가 벌통 10개를 매달아 두도록 했고 그 대가로 강 씨에게 일정한 대가를 지불하고 있었다.

1) 긍정적 외부성이 있다.
2) 부정적 외부성이 있다.
3) 긍정적 외부성이 있었으나 외부성이 내부화되었다.
4) 부정적 외부성이 있었으나 외부성이 내부화되었다.
5) 과수원과 양봉업자의 적절한 관계가 시장 테두리 안에서 맺어진 것은 아니다.

정답 3). 양봉업자가 과수원에 좋은 의미의 외부성을 야기했다. 그런데 긍정적 외부성의 대가가 지불되었다면 외부성이 내부화(internalization)된 것이다.

3. 다음을 가장 옳게 설명하는 것은?

웅지 건설(주)이 경기도 파주 인근에 들어서는 대형 레저시설 건립을 위한 대규모 토목공사를 실시한 결과 건축자재가격이 폭등하고 건설현장 인부들의 임금도 폭등하였다.

1) 웅지건설은 근로자들에게 실질적 외부성을 주었다.
2) 웅지건설은 건축자재상인들에게 실질적 외부성을 주었다.
3) 웅지건설은 근로자와 건축자재상인들에게 모두 긍정적 외부성을 주었으므로 토목공사의 외부성을 평가할 때 반드시 포함되어야 한다.
4) 웅지건설의 토목공사가 금전적(pecuniary) 외부성을 야기했으며 이는 외부성으로 간

주할 필요 없다.

5) 건축자재상인과 근로자의 금전적 이득은 외부경제로 금전적 손실을 입은 사람의 손실액은 부정적 외부성으로 각각 평가되어야 한다.

정답 4). 외부성은 실질적인 것과 금전적인 것으로 나눌 수 있다. 의도하지 않은 이득이나 손실은 효용함수나 생산함수에 직접 영향을 주어 자원의 효율적 배분에 문제를 야기한다. 이를 실질적 외부성이라 한다.

그러나 상기 문제의 예처럼 상대가격구조의 변화인 경우 한 주체에서 다른 주체로 금전적 이동에 불과하므로 외부성으로 간주할 필요가 없다. 건축업자가 이득을 보았다면 그에게 토목공사를 맡긴 사람은 건설업자의 이득금액과 동일한 금액의 손실을 보게 된다. 이같은 것을 금적적 외부성이라 한다.

4. 외부성이 존재할 때 자원의 효율적 배분을 위한 등식으로 올바른 것은?

1) SMB = P
2) PMB = PMC
3) PMB = SMC
4) SMB = PMC
5) SMB = SMC

정답 5). 외부성문제가 없는 완전경쟁시장이라면 MB=MC일 때 효율적 배분이 된다. 그런데 외부성이 존재한다면 비용이나 편익은 사회적 관점에서 평가되어야 하며 따라서 최적 배분의 조건은 SMB=SMC로 수정되어야 한다.

5. 다음 설명 중 잘못된 것은?

1) 소비과정에 해로운 외부성이 발생하면 사회적 한계편익보다 사적 한계편익이 크다.
2) 생산과정에 해로운 외부성이 발생하면 사회적 한계비용이 사적 한계비용보다 크다.
3) 완전경쟁이 이루어진다 해도 외부성이 있으면 자원이 효율적으로 배분되지 못한다.
4) 어떤 기업이 오염을 방출하는 경우 "P=PMC〈SMC"의 관계가 된다.
5) 정원을 잘 가꾸어 지나가는 행인에게 즐거움을 주고 있다면 "PMB〉SMB"가 된다.

정답 5). 정원을 가꾸어 행인에게 즐거움을 준다면 이는 긍정적 외부성이 있는 경우이므로 사적 한계편익(PMB)보다 사회적 한계편익(SMB)이 커야 한다.

6. 나쁜 의미의 외부성이 존재할 때 현재 시장생산량을 사회적 최적 생산량 수준으로 감소시킬 때 나타나는 문제에 대한 설명으로 타당하지 않은 것은?

1) 생산량이 감소하면 오염배출량도 감소한다.
2) 오염배출량이 감소하면 사회적 피해의 크기가 줄어든다.
3) 생산량 감소로 생산자 잉여와 소비자잉여가 감소하여 사회후생의 크기 또한 감소한다.
4) 사회적 피해의 감소에 다른 후생증가효과가 후생감소효과를 초과하므로 사회후생은 결국 증가한다.
5) 나쁜 외부성을 방치할 때 시장가격(P)은 사회적 한계비용(SMC)을 초과한다.

정답 5). 현재 생산량을 최적 수준으로 감소시키면 잉여의 감축에 따른 편익감소에 비해 사회적 피해비용의 감소로 인한 후생증가효과가 크다. 따라서 생산량 감소는 순후생 증가에 기여한다. 부정적 외부성이 문제가 될 때 시장가격은 사회적 한계비용에 미치지 못한다.

7. 피구세(Pigouvian tax)의 크기로 가장 올바른 것은?

1) 현재상태에서 평균피해비용
2) 현재상태에서 한계피해비용
3) 최적상태에서 평균피해비용
4) 최적상태에서 한계피해비용
5) 사회적 최적수준에서 계산된 총 피해비용

정답 4). 사회적 최적상태에서 오염물질 방출에 따른 한계피해비용이 최적 공해세액이 된다.

8. 공해세를 부과하면 공해세 부과 이전에 비해 어떤 변화가 발생하는 것인가?

1) 효율적이며 공평한 결과가 발생한다.
2) 비효율적인 상태에서 효율적인 상태로 전환되나 시장가격은 불변이다.
3) 공평한 상태로 전환되나 시장가격은 불변이다.
4) 비효율적인 상태에서 효율적인 상태로 전환되나 시장가격은 상승한다.
5) 효율적이며 공평한 상태로 전환되며 시장가격은 상승한다.

정답 4). 시장가격이 사회적 한계비용(SMC)과 일치하므로 공해세 부과 이후 시장가격은 상승한다. 그러나 P=SMC>PMC이므로 과세 이후 효율성은 증진된다. 이런 근거에서 공해세를 "교정적 조세"라고 한다.

9. 환경세, 즉 공해세 부과의 난점(難點)과 관련된 내용으로 틀리는 설명은?

1) 현실의 배분상태가 최적이 아니므로 현재 한계피해비용은 최적세액이 될 수 없다.
2) 공해세 논의는 완전경쟁시장을 전제로 하지만 현실의 시장은 불완전하다.
3) 오염방출에 따른 후생상 손실을 정확하게 파악하는 것은 매우 곤란하므로 누구에게 어떤 방식으로 얼마나 조세가 부과되어야 하는지 파악이 곤란하다.
4) 행정당국 몰래 오염물질을 내다 버린다면 환경세 자체가 무의미하므로 적절한 감시의 문제도 배제할 수 없다.
5) 모든 조건이 완전하게 구비되어도 환경세 부과로 생산량을 감소시키면 기업의 이윤극대 생산량과 일치하지 않으므로 기업이 이를 받아들이지 않을 것이다.

정답 5). 완전경쟁의 조건만 구비된다면 공해세 부과로 사적 한계비용이 상승하므로 이윤극대를 추구하는 기업은 자발적으로 최적 생산량을 선택할 것이다. 문제는 피구(Pigou)가 요구하는 '완전한 조건'의 구비가 현실적으로 곤란하다는 데 있다.

10. 생산과정에서 오염물질을 방출하는 기업에게 조세를 부과하려고 한다. 이와 관련된 설명으로 타당하지 못한 것은?

1) 오염방출기업이 오염방출을 무료로 하고 있어 비효율적 배분이 이루어지고 있다.
2) 정부가 조세를 부과하여 비효율을 시정할 때 해당 조세수입으로 반드시 오염물질의 방출로 인한 피해자에게 금전적 보상을 해야만 효율성이 증진된다.
3) 조세부과를 통해 현재의 산출량을 감소시키는 것이 목적이며 생산량을 영(0)으로 만드는 정책은 효율적인 것이 아니다.
4) 조세부과 이후 재화의 가격이 사회적 한계비용과 일치하면 효율적 배분에 기여한다.
5) 오염배출권의 거래를 통해서도 조세부과와 동일한 효과를 얻을 수 있다.

정답 2). 사회적 최적상태에서 한계피해비용을 계산하여 과세하면 효율적이며 해당 조세수입을 '어떻게 처분하는가?'와는 관계가 없다.

11. 어떤 기업의 생산비용함수가 $C(Q)=Q^2+5Q$이며 생산과정에서 방출되는 오염물질 때문에 야기되는 총피해비용함수가 $TDC(Q)=Q^2-3Q+2$라고 하자. 생산물시장은 완전경쟁이며 시장가격은 22원이라 가정하자. 이때 오염방출기업에게 공해세(pigouvian tax)를 부과하여 효율적 배분을 시도하려 한다면 최적 공해세액은 얼마가 되어야 하는가?

1) 5원
2) 6원
3) 7원
4) 9원
5) 14원

정답 3). 사적 한계비용은 2Q+5이며 한계피해비용은 2Q-3이므로 사회적 한계비용은 4Q+2이다. 한계수입, 즉 시장가격(22원)과 사회적 한계비용이 일치하는 사회적 최적생산량은 5개이다. 최적 공해세액은 최적상태에서 사회적 한계비용과 사적 한계비용의 차이이므로 단위당 7원의 조세가 부과되면 효율적 배분이 된다. 완전경쟁시장이므로 시장가격이 평균수입이요 한계수입이 된다는 점에 유의하면 된다.

12. (주)웅지사료는 사료생산활동의 결과 뜻하지 않게 오염물질을 방출하고 있다. 다음 중 효율적 자원배분을 위한 방안을 열거한 것 중 잘못된 것은?

1) 오염정화장치의 부착이 불가능하다면 사료생산을 중단하는 것이 가장 경제적이다.
2) 최적생산량 수준에서 생산의 한계피해비용만큼 조세를 부과하면 된다.
3) 현재 생산량은 적정 생산량을 초과한다.
4) 시장에서 오염배출권이 거래되는 경우와 정부가 조세정책을 사용하는 경우 동일한 결과가 나타날 수 있다.
5) 현재 생산량 수준에서 사적 한계비용(PMC)보다 사회적 한계비용(SMC)이 높다.

정답 1). 부정적 외부성의 문제를 해결할 때 재화생산을 '근절'시킨다는 것은 올바른 대답이 될 수 없다. 공해세의 문제에 있어 오염방출기업에 조세를 부과하는 목적이 오염방출량의 감소에 있다는 점에 유의하면 된다.

13. 오염물질을 방출하는 생산자에게 조세를 부과하여 비효율을 시정할 수 있다. 이와 관련된 설명으로 틀리는 것은?

1) 이같은 조세를 교정적 조세라 한다.
2) 이같은 조세를 피구세라 한다.
3) 최적 상태에서 한계피해비용만큼 조세를 부과하면 된다.
4) 현재 상태에서 한계피해비용만큼 조세를 부과하면 오염방출량이 영(0)이 되어 파레토 최적배분이 이루어진다.
5) 적절하게 조세가 부과된다면 과세 이후 시장가격은 사회적 한계비용(SMC)과 일치한다.

정답 4). 사회적 최적상태를 기준으로 조세(한계피해비용)가 부과되며 과세 이후 오염방출량을 영(0)으로 만드는 것이 목적이 아니다.

14. 오염물질을 방출하는 기업이 있어 정부가 개입하여 공해세로 다스리려 한다고 가정할 때 다음 중 가장 부적절한 설명은?

1) 정부가 방치하면 시장 생산량이 사회적 최적량을 초과한다.
2) 공해세를 부과하면 시장가격은 상승하고 거래량이 감소하나 공정한 결과를 낳게 된다.
3) 공해세 부과로 생산량이 감소해도 사회적 비용의 감소규모가 편익의 감소규모를 초과하여 후생측면에서 이득(welfare gains)이 있다.
4) 최적 공해세액은 사회적 최적수준에서 한계피해비용(MDC 또는 SMD)과 일치하면 된다.
5) 공해세 부과의 결과 오염방출에 따른 총피해비용과 총정화비용이 각각 극소화된다.

정답 5). 공해세 부과는 최적생산량을 유지하는 것이 목적이며 최적생산량이란 오염방출에 따른 총비용이 최소화되는 수준이다. 즉 정화비용과 피해비용의 합이 최소화되는 생산량이 최적이다.

15. 외부성 문제의 시정을 위한 오염허가서 발급과 관련된 설명으로 틀리는 것은?

1) 오염허가서 발행규모는 최적 오염배출수준과 무관하다.
2) 시장에서 자유롭게 교환되므로 환경에 대한 진정한 선호표출의 효과가 있다.
3) 오염허가서의 거래로 환경보존 관련비용을 절약할 수 있다.
4) 환경세(공해세)에 비해 경제적 여건 변화에 따른 신축성이 크다.
5) 특정 기업이 오염허가서를 모두 사 버리는 경우 경쟁질서를 훼손할 우려가 있다.

정답 1). 오염허가서 거래에 앞서 정부가 해야 할 가장 중요한 일은 사회적 관점에서 최적수준의 오염방출량을 결정하는 것이다. 최적 방출량을 미리 정해두고 그 범위 안에서 오염허가서 발행량을 통제하면 나머지 문제는 시장에 맡겨 두면 된다.

16. 자원배분에서 '소유권'이 중요한 이유로 가장 적당한 것은?
   1) 소유권이 없으면 누구이든 '아껴 쓸 유인'이 없기 때문이다.
   2) 소유권이 없으면 상호 교환이 불가능하기 때문이다.
   3) 소유권이 없으면 오염물질의 방출이 일체 불가능하기 때문이다.
   4) 소유권이 없으면 상호 타협에 의해서만 자원배분이 가능하기 때문이다.
   5) 소유권이 없으면 미래의 편익에 대한 평가가 불가능하기 때문이다.

   정답 1). 소유권이 없으면 아껴 쓸 유인이 없고 그렇다면 효율적인 사용 자체가 불가능한 것이다. 모든 부문에 소유권이 제대로 설정되어 있어야만 효율적 배분, 협상을 통한 배분이 가능한 것이다.

17. 강원도 횡성의 산언저리에 소를 키우는 목축업자 최목축씨와 고랭지 배추를 일구어 사는 강고랭씨가 있다. 최목축씨가 소 울타리를 늘 점검하고 있음에도 그의 소가 강고랭씨의 배추밭으로 넘어와 배추를 뜯어 먹기 일쑤이다. 외부성의 관점에서 두 사람의 관계에 대한 설명으로 잘못된 것은?
   1) 최목축씨는 외부성의 가해자이며 강고랭씨는 외부성의 피해자이다.
   2) 최목축씨가 강고랭씨의 배추밭을 통째로 인수하면 외부성문제가 해결된다.
   3) 가해자인 최목축씨에게 협상권이 있으면 협상의 결과 자원배분은 더욱 비효율적일 것이나 피해자인 강고랭씨에게 협상권이 부여되면 정부개입 없이 효율적 배분이 가능하다.
   4) 최목축씨가 강고랭씨에게 피해보상을 하면 효율적 배분이 가능하다.
   5) 최목축씨가 강고랭씨에게 의도하지 않은 손실을 입히고 있으므로 자원배분이 효율적으로 이루어지지 않는다.

   정답 3). 소유권이 명확하므로 누가 협상권을 가지든 효율적 배분이 가능하다.

18. 자원배분에서 소유권 문제와 관련된 설명으로 타당하지 않은 것은?
   1) 소유권이 명확하지 않으면 자원이 낭비될 가능성이 크다.
   2) 소유권이 통합된 상황에서도 오염물질의 배출은 외부성의 원인이다.
   3) 외부성 문제 해결의 방법 중 하나로 당사자들간 협상이 제시될 수 있다.
   4) 우리나라 서해바다에서 무분별한 남획(濫獲)으로 인한 어족자원의 고갈은 '공유지의 비극(tragedy of the commons)'으로 볼 수 있다.
   5) '공유지의 비극문제'에서 만약 외부성의 가해자가 일정한 요금을 납부했다면 '비극'의 문제는 없었을 것이다.

   정답 2). 소유권이 통합되면 한 경제주체와 다른 경제주체가 하나의 생산과정으로 합쳐지는 것이다. 따라서 통합 이후 한 경제주체의 오염방출이 외부성의 원인이 되지 않는다.

19. 외부성 문제에서 "코우즈 정리(Coase theorem)"를 올바로 설명하는 것은?

1) 자발적 협상이 외부성문제를 해결하기 위한 가장 좋은 방법이다.
2) 가해자에게 조세를 부과하는 것이 가해자 스스로 생산량을 감소시키는 방법이다.
3) 피해자에게 보조금을 지급하는 것이 외부성 문제의 해결을 위해 바람직하다.
4) 소유권이 분명할 때 자발적 협상을 통한 문제해결의 가능성을 제시한다.
5) 소유권만 분명하다면 현실의 외부성문제는 충분히 해결 가능하다.

정답 4). 코우즈의 정리란 여러 가지 제약(거래비용의 최소화, 소유권의 확립 등)하에 당사자들간 자발적 협상을 통한 외부성문제 해결의 가능성을 제시하는 것이다. 현실의 외부성문제를 보면 가해자 및 피해자 수가 워낙 많아 자발적 협상의 가능성은 거의 없다.

20. 외부성과 관련된 설명으로 올바른 것은?

1) 자식에게 과외를 시켜 성적을 향상되었다면 이는 좋은 의미의 외부성이다.
2) 현재 생산량을 기준으로 한계피해비용만큼 조세를 부과하면 최적배분이 된다.
3) 거래비용이 작은 경우 소유권만 분명하면 소유권의 귀속주체와 무관하게 코우즈 정리가 성립될 수 있다.
4) 두 기업간 오염물질의 정화에 따른 한계비용에 차이가 있는 경우 시장에서 오염허가서가 거래될 수 없다.
5) 평소 원한이 있던 집에 돌을 던져 유리창을 깼다면 이는 부정적 외부성이다.

정답 3). 코우즈 정리에서 소유권의 귀속주체, 즉 누구에게 소유권이 있는가는 문제가 되지 않는다. 외부성을 정의할 때 고의성이 없고 보상 또한 이루어지지 않아야 한다. 따라서 의도적인 행위의 결과 빚어진 일은 외부성으로 간주할 수 없다.

기출문제

[문 1] 다음 설명 중에서 사회적 적정수급량이 시장수급량을 반드시 초과하는 경우는 어느 것인가? (2003 세무사)

① 생산에서 긍정적 외부효과, 소비에서 부정적 외부효과가 존재하는 경우
② 생산에서 긍정적 외부효과, 소비에서 긍정적 외부효과가 존재하는 경우
③ 생산에서 부정적 외부효과, 소비에서 부정적 외부효과가 존재하는 경우
④ 생산에서 부정적 외부효과, 소비에서 긍정적 외부효과가 존재하는 경우
⑤ 생산과 소비 모두에서 외부효과가 존재하지 않는 경우

정답 ②. 사회적 생산량이 시장 생산량을 초과한다면 현재 긍정적 외부성이 존재한다는 의미이다. 생산측면이나 소비측면이나 모두 마찬가지이다.

[문 2] 다음의 여러 등식관계 중 어떤 하나가 부등식관계로 바뀌었다고 한다. 다음 중 어느 것에 이런 변화가 생겼을 때 소비과정에 해로운 외부성이 발생했음을 알 수 있을까? (2005 세무사)

① 가격 = 한계비용
② 한계비용 = 한계편익
③ 사적 한계비용 = 사회적 한계비용
④ 사적 한계편익 = 사회적 한계편익
⑤ 한계요소비용 = 한계생산가치

정답 ④. 소비과정에 해로운 외부성이 발생한다면 사회적 관점에서 평가한 편익이 감소하게 된다. 따라서 사적 편익이 사회적 편익보다 커진다.

[문 3] A는 X재를 소비하고 B는 Y재를 소비하며, 각각의 효용함수는 다음과 같다.

$$U_A(X) = 3X^2 + 2X, \quad U_B(Y; X) = 3Y^2 + 15Y + 5X$$

다음 보기 중 옳은 것은? (2006 세무사)

① 이 경우 정부는 X재 소비자인 A에게 Pigouvian Tax를 부과해야 한다.
② 이 경우 정부는 X재 소비자인 A에게 Pigouvian Subsidy를 지급해야 한다.
③ 이 경우 정부는 Y재 소비자인 B에게 Pigouvian Tax를 부과해야 한다.
④ 이 경우 정부는 Y재 소비자인 B에게 Pigouvian Subsidy를 지급해야 한다.
⑤ 이 경우 정부가 개입하면 안 된다.

정답 ②. 효용함수를 보면 소비자 A는 자신의 X재 소비에 의해서만 효용이 결정된다. 소비자 B는 소비자 A의 X재 소비량에 의해 영향을 받는다. 즉 A의 X재 소비량이 증가하면 소비자 B의 효용이 증가하므로(긍정적 외부성의 발생) 정부가 X재 소비자인 A에게 보조금을 지급해야 외부성

이 내부화될 수 있다.

[문 4] 아래 설명 중에서 옳은 것은? (2006 세무사)

① 시장이 효율적으로 작동되어 자원이 효율적으로 배분되는 경우에는 정부가 시장에 개입할 필요가 없다.

② 세금이나 보조금 모두 외부성을 조정하기 위해 그리고 효율적 생산량을 유도하기 위해 사용된다.

③ 공해(pollution)를 완전히 제거하는 것이 사회적으로 바람직하지 않을 수도 있다.

④ 공공재에 포함되는 재화는 법적, 기술적 조건에 의해서도 달라질 수 없다.

⑤ 개인의 선호를 사회적 선호로 바꾸는 사회후생함수는 어떠한 경우에도 존재할 수 없다.

정답 ③. 첫째, 경쟁시장에서 정부가 개입할 필요가 없다는 것은 후생경제학의 1정리로 설명할 수 있다. 둘째, 조세나 보조금은 (Pigou방식대로) 효율적 배분목적으로 사용할 수 있으며 소득의 공평한 분배목적으로도 사용할 수 있다.

셋째, 공해문제가 있을 때 효율적 배분을 위한 제안(피구세)은 생산량을 감소시키자는 것이지 완전히 제거하자는 것은 아니다. 넷째, 법적 제한이나 기술적 제약 때문에 공공재의 성격을 갖는 경우도 있다. 다섯째, 바람직한 조건을 두루 갖춘 사회후생함수가 존재할 수 없음은 Arrow의 "불가능성 정리"를 통해 알 수 있다.

[문 5] 외부효과의 내부화(internalization)를 위한 다음 설명 중 옳지 않는 것은? (2002 세무사)

① 공해를 줄이는 기업에 대해 절감된 공해단위당 일정금액의 보조금을 지급하는 경우 단기적으로는 배출단위당 같은 금액의 공해세를 부과하는 경우와 같은 규모의 공해저감효과를 유도한다.

② 배출권거래시장이 형성되기 위해서는 허용된 배출량까지 공해를 저감하는 데 있어서 공해유발자들의 한계비용에 차이가 없어야 한다.

③ 코즈정리(Coase Theorem)는 외부효과의 조정이 당사자간의 자발적인 협상에 의해서 이루어질 수 있다는 것이다.

④ 여러 공해유발자들에 대하여 동일한 규모의 배출한도를 설정하는 것은 비효율성을 초래할 수 있다.

⑤ 외부효과 조정을 위한 교정적 조세를 피구조세라 한다.

정답 ②. 공해유발자들 사이에 오염감축에 대한 한계비용에 차이가 없다면 오염배출권의 거래가 이루어질 수 없다. 오염저감을 위한 한계비용이 비싼 기업이 저감에 따른 한계비용이 저렴한 기업으로부터 오염배출권을 구입하는 것이기 때문이다. 오염저감에 따른 한계비용이 동일하다면 기업들 사이에 거래가 성립될 수 없다.

[문 6] 외부성을 내부화하기 위한 예라고 볼 수 없는 것은? (2004 세무사)

① 폐수를 배출하는 기업에 배출부담금을 부과하였다.
② 과수원 주인과 양봉업자가 서로 외부효과를 주고받고 있었는데 양봉업자가 과수원을 매입하였다.
③ 소음을 발생하는 업소를 이웃 주민들이 이전비를 부담하는 조건으로 외딴 곳으로 이전시켰다.
④ 우범지역의 주민들이 자율방범단을 조직하여 순찰을 돌면서 방범활동을 하고 있다.
⑤ 육림사업을 하는 회사에 정부가 장려금을 지급하였다.

정답 ④. 외부성의 판정기준은 고의성 여부 그리고 보상여부가 되어야 한다. 자율방범단의 조직은 스스로 의도된 행동이므로 외부성의 예로 적절치 못하다. 외부성이란 뜻하지 않게 타인에게 이득이나 손실을 준 경우이기 때문이다.

[문 7] 상품 x를 생산하는 기업 A의 비용함수는 $c_A(x) = x^2 + 20$으로 표시되고 상품 y를 생산하는 기업 B의 비용함수는 $c_B(y) = y^2 + x$로 표시된다. 그러므로 기업 A가 생산하면 할수록 기업 B의 비용은 증가하게 된다. 두 기업 모두 완전경쟁시장에 직면하고 있으며 x재의 완전경쟁가격은 20이고, y재의 완전경쟁가격은 40이다. 새로운 기업의 진입은 없는 상태로 기존 두 기업만 활동하고 있다. 상품 x에 대한 효율적인 피구세는 얼마인가? (2007 세무사)

① 0
② 1
③ 2
④ 3
⑤ 4

정답 ②. 피구세액은 사회적 최적상태에서 한계피해비용과 일치한다. 두 제품 모두 완전경쟁시장에서 생산되므로 시장가격이 곧 수요곡선이 되어 P=AR=MR이 된다. 문제는 X재 생산이 Y생산에 부정적으로 작용하고 있으며 한계피해비용은(B기업의 비용함수를 보면) 1이다.

[문 8] 기업들의 오염물질 배출에 대한 해결방안은 여러 가지가 있을 수 있다. 다음 설명 중 옳은 것은? (2005 세무사)

① 공해세 부과방식은 오염물질 배출로 인한 환경 파괴를 완전히 해결할 수 있다.
② 오염물질 배출 단위당 공해세를 부과하는 방식과 오염물질 절감 단위당 공해세와 같은 금액의 보조금을 지급하는 방식은 오염물질 배출량에 동일한 영향을 미친다.
③ 오염배출권 거래제도는 사람들로 하여금 자신의 환경보존에 관한 진정한 선호를 표출하게 할 수 없다는 단점이 있다
④ 오염물질 배출량을 0(零)으로 줄이는 것이 항상 파레토 효율적이다.

⑤ 오염물질 배출기업에 대한 감시의 문제는 직접적 통제방식에서만 발생하고, 나머지 해결방안에서는 발생하지 않는다.

정답 ②. 오염문제의 경제적 해결을 위한 방안은 공해세를 부과하는 방법(채찍전략) 그리고 기업 스스로 오염방출량을 줄일 때 보조금을 지급하는 방법(당근전략) 등이 있다. 정부가 조세를 부과하는 경우나 보조금을 지급하는 경우 또는 시장에서 오염배출권이 거래되는 경우 모두 경제적 효율성의 달성이 가능하다.

[문 9] 생선의 경쟁적인 가격은 kg당 3만원이다. 화학공장은 어업회사가 이용하는 호수에 오염물질을 방류하는데, 화학생산품은 이 어업회사 어획량을 톤당 20kg씩 감소시킨다. 거래비용이 없다고 가정하고 화학공장은 호수에 오염물질을 방류하는 법적인 권한을 가지고 있다고 가정할 때 옳은 것은? (2002 세무사)

① 화학물질 생산량을 줄이는 조건으로 화학공장은 어업회사에 최소한 톤당 60만원 이상 요구해야 한다.

② 화학물질 생산량을 줄이는 조건으로 어업회사가 화학공장에 최대 톤당 60만원까지 지불할 용의가 있다.

③ 화학공장은 오염물질 방류가 가져오는 해악을 생산비용에 반영한다.

④ 효율성을 달성하기 위해 정부개입이 필수적이다.

⑤ 화학공장이 조업을 중단하는 것이 경제적으로 바람직하다.

정답 ②. 화학회사가 본의 아니게 호수를 오염시키므로 외부성 문제가 있다. 화학회사의 생산품이 어획량 감소에 영향을 미치고 있으며 kg당 3만원이다. 따라서 자발적 거래를 한다고 가정하면 어업회사가 지불할 용의가 있는 최대한의 금액은 60만원(3×20kg)이 된다.

[문 10] 강 상류에서 갑과 을 두 기업이 동일한 공해물질을 각각 1,000톤과 500톤 배출하고 있다. 정부는 공해물질 배출총량을 1,200톤까지 줄이기로 하고 배출하는 공해물질 단위당 일정금액의 공해세를 부과하기로 하였다. 공해물질의 저감량을 Q톤이라 할 때 갑과 을 기업의 공해물질 저감에 소요되는 한계비용은 각각 2Q만원과 Q만원으로 나타난다. 배출하는 공해물질 톤당 공해세액은 얼마로 설정하여야 하는가? (2002 세무사)

① 100만원 ② 120만원

③ 150만원 ④ 200만원

⑤ 250만원

정답 ④. 현 상태에서 300톤을 줄어야 하며 기업의 공해저감에 따른 한계비용함수가 각각 2Q 및 Q 만원으로 주어져 있다. 하나씩 대입을 해보면 공해세액이 200만원일 때 갑 기업의 경우 2Q=200이므로 스스로 저감가능한 생산량은 Q=100이 된다. 한편 을 기업의 경우 Q=200이므로 스스로 저감가능금액은 Q=200이 되어 총합이 300만큼 저감된다.

[문 11] 정부가 오염을 발생시키는 두 공장(석유화학공장, 철강공장)의 오염물질 배출량을 500톤 이내로 감소시키도록 규제를 가했다고 하자. 이때 석유화학공장과 철강공장이 협의하여, 석유화학공장이 오염물질 배출량을 100톤 늘리는 대신 철강공장의 오염물질 배출량을 100톤 줄이고 그 대가로 석유화학공장이 철강공장에게 10억원을 지불하는 방안을 마련하였다. 만약 정부가 두 공장의 오염배출권 거래를 허용할 경우 예상되는 경제적 변화에 대한 설명으로 가장 적절하지 못한 것은? (2004 세무사)

① 두 공장의 오염배출권 거래는 두 공장 모두에게 이득이 될 수 있다.
② 이러한 오염배출권 거래는 추가적인 사회적 부담을 발생시키지 않는다.
③ 오염배출권의 거래가 자유롭게 이루어진다면 초기 오염배출권의 배분상태와는 무관하게 오염배출권의 최종 배분상태는 효율적으로 된다.
④ 오염물질을 감소시키는 비용이 낮은 기업은 오염배출권을 다른 기업에게 팔려고 하는 유인을 가지게 된다.
⑤ 오염배출권 거래는 피구세 방식에 비하여 더 많은 정보를 필요로 한다.

정답 ⑤. '정부가 직접 개입하는가?' 아니면 '시장에 맡겨두는가?' 하는 점에서만 차이가 있을 뿐 공해세 부과방식과 오염배출권의 시장거래방식 사이에 필요한 정보의 차이는 없다.

[문 12] 어떤 재화를 생산하는 데 공해가 발생한 경우 다음 설명 중 가장 옳은 것은? (2007세무사)

① 생산을 즉각 중단하여 공해발생을 막아야 한다.
② 정부가 기업에 보조금을 지급하면 수요함수가 좌측으로 이동하므로 공해가 줄어든다.
③ 기업에게 세금을 부과하여 사회적 비용과 사적비용을 일치시키면 효율적이다.
④ 세금의 부과는 가격기구를 효율적으로 작용시키지 못하므로 바람직하지 않다.
⑤ 충분한 자원이 그 재화 생산에 사용되지 못하고 있다.

정답 3. 공해발생이 있을 때 적절한 조세부과를 통해 시장가격을 사회적 한계비용과 일치시키는 것(사적비용=사회적 비용)이 가장 효율적이다. 오염방출이 문제가 되는 것은 현 상태에서 적정수준 이상의 자원이 그 재화생산에 사용되고 있다(과다생산의 문제)는 것이다. 따라서 조세부과를 통한 생산량의 감소가 필요한 것이지 생산을 중단하라는 의미는 아니다.

[문 13] 경쟁시장에서 거래되고 있는 X재의 생산과정에서 그 생산량에 비례하는 공해가 배출된다. 이 공해가 사회에 미치는 피해는 배출량에 비례한다. 정부가 이 공해 문제를 파레토 효율적으로 처리했을 때 정상적으로 기대할 수 있는 결과가 아닌 것은? (2004 세무사)

① X재의 생산량이 줄어든다.
② X재의 시장 가격이 상승한다.

③ 이 재화로부터의 공해가 완전히 사라진다.

④ 이 재화의 사회적 후생손실은 0이 된다.

⑤ 이 재화의 경제적 이윤은 장기적으로 변하지 않는다.

정답 ③. 비용최소화라는 경제적 관점에서 최적 오염방출량은 영(0)이 아니다.

[문 14] 자동차에 대한 수요곡선은 P = 200 − Q, 사적한계비용(private marginal cost)은 PMC = Q + 70, 그리고 자동차생산으로 유발되는 공해로 인한 사회적 한계피해액(social marginal damage)는 SMD = 2Q + 10으로 표시된다. 이 경우 사회적으로 최적인 자동차 생산량은 얼마이고 이를 달성하기 위해 필요한 종량세의 크기는 얼마인가? (2003 세무사)

① 최적생산량 : 30, 종량세 : 70　　② 최적생산량 : 30, 종량세 : 90

③ 최적생산량 : 40, 종량세 : 70　　④ 최적생산량 : 40, 종량세 : 90

⑤ 주어진 정보로는 알 수 없다.

정답 ①. 사회적 한계비용은 PMC와 SMD를 합계한 것이므로 3Q+80이며 수요함수가 200-Q이므로 최적생산량은 이들이 일치할 때 결정되며 Q=30이다. Q=30일 때 한계피해비용(SMD)은 70원임을 알 수 있다.

[문 15] 하천의 상류와 하류에 두 기업이 존재한다. 상류기업은 폐수를 유발시키고 하류기업은 그 하천의 물을 사용하여 생산활동을 한다. 상류기업은 자신이 유발한 폐수의 사회적 비용을 고려하지 않는다. 이 경우 외부효과의 발생이유와 결과에 대한 다음 설명 중 옳은 것은? (2006 세무사)

① 폐수를 감안한 경우 사회적인 한계비용은 사적인 한계비용보다 높으므로 상류기업은 사회적으로 적정한 생산량보다 더 적은 양을 생산하게 된다.

② 상류기업과 하류기업간의 인수 · 합병으로 외부효과를 없앨 수 있다.

③ 하류기업이 하천의 소유권을 가지고 하천오염권을 구입하면 외부효과를 없앨 수 있다.

④ 상류기업이 하천의 소유권을 가지게 되는 경우에는 외부효과를 없앨 수 없다.

⑤ 재산권이 명확히 규정된다면 거래비용에 관계없이 자발적인 협상으로 외부효과의 방지가 가능하다.

정답 ②. 부정적 외부성의 문제이므로 사회적으로 적정한 수량보다 시장생산량이 많아 발생하는 문제이며 이 같은 외부성 문제를 해결하는 방법을 열거하면 다음과 같다.

첫째, 원인제공자인 상류기업에 과세하는 방법(피구세) 둘째, 하천 오염권을 시장에서 거래하는 방법(이때 상류기업이 오염권을 구입하여 오염을 방출해야 함), 셋째, 거래비용이 작을 경우 자발적으로 협상하는 방법(코우즈의 정리), 넷째, 상류기업과 하류기업을 하나의 생산과정으로 통합(합병)하는 방법 등이 있다.

[문 16] 어느 조용한 동네에 옥수수 튀기는 아저씨가 있다. 이 아저씨는 kg당 200원씩 주고 옥수수를 사다가 튀겨서 kg당 450원씩에 판다. 튀기기 전과 후의 무게는 변함이 없다. 옥수수를 튀기는데 드는 한계비용은 $150-10X+X^2$원으로 나타낼 수 있다. 여기서 X는 옥수수의 수량(kg)을 나타낸다. 한편 마을 주민들은 옥수수 튀기는 소리를 싫어해서 옥수수 튀기는 소리를 없애 준다면 총 $5X^2$원까지의 돈을 지불할 용의가 있다고 한다. 사회적으로 가장 바람직한 튀긴 옥수수 생산량은? (2004 세무사)

① $\sqrt{10}$ kg ② 10kg
③ $10\sqrt{3}$ kg ④ 25kg
⑤ 45kg

정답 ②. 한계수입은 250원(450-200)이며 사적 한계비용은 $150-10X+X^2$이며 한계피해비용은 10X($5X^2$의 미분값)이다. 사회적 한계비용은 사적 한계비용과 한계피해비용의 합이므로 X^2+150이다. 이것이 한계수입 250과 일치할 때 최적생산량이 결정된다. 따라서 최적생산량은 X=100이다.

[문 17] 공용목초지의 사용으로부터 마을 주민 개개인이 얻는 편익은 $B=20Q-Q^2$이라고 하자. 이 목초지를 무료로 사용할 때와 목초지 사용량에 따라 C=10Q의 요금을 지불해야 할 때 사용량은 각각 얼마인가? 단, Q는 목초지의 사용량을 의미한다. (2005 세무사)

① (5, 5) ② (10, 0)
③ (10, 5) ④ (10, 10)
⑤ (15, 10)

정답 ③. 편익함수를 일차 미분한 한계편익함수가 20-2Q이다. 무료사용이란 한계비용 영(0)을 의미하므로 최적생산량은 10(20-2Q=0)이다. 한편 한계비용 10을 요구한다면 최적생산량은 5(20-2Q=10)이다.

[문 18] 외부불경제(external diseconomy)와 관련한 '코즈 정리(Coase theorem)'의 설명으로 가장 적합하지 않은 것은? (2003 세무사)

① 가해자와 피해자의 수가 많지 않아야 한다.
② 외부성을 내부화하기 위한 정부의 직접적 개입을 필요로 하지 않는다.
③ 가해자와 피해자간의 협상비용(거래비용)이 많이 들지 않아야 한다.
④ 재산권 혹은 소유권이 피해자에게 명확하게 설정되어 있어야 한다.
⑤ 피해내용이 정확하게 측정될 수 있어야 한다.

정답 ④. 코우즈 정리에 따르면 소유권이 있고 거래비용이 많지 않을 때 "소유권의 귀속주체와 무관하게" 당사자들 사이의 자발적 협상에 의한 효율적 배분이 가능하다.

제 7 장

비용편익분석

1. 비용편익분석의 의의와 순서

1-1. 의의와 이론적 근거

▸ 의의: 한정된 예산을 효율적으로 집행하기 위해 정부지출의 우선순위를 선정하는 것

▸ 이론적 근거: Kaldor의 보상원리

1-2. 순서

▸ 모든 편익과 비용을 열거하고 화폐액으로 평가한 뒤

▸ 적정 할인율을 이용하여 우선순위를 선정함

2. 총편익과 총비용의 열거

2-1. 실질적 편익과 비용, 금전적 편익과 비용

▸ 실질적 편익은 공공투자의 결과 수혜자들이 실질적 편익을 얻어 혜택이 증가되는 경우

▸ 금전적 편익은 시장의 상대가격변화를 반영한 것이므로 한 쪽의 금전적 이득이 다른 한 쪽의 금전적 손실로 상쇄되어 사회 전체의 편익은 없음

▸ 따라서 금전적 편익은 비용편익분석에서 고려할 필요 없음

예) 대규모 건설공사로 자재가격 폭등하여 자재상인의 수입증가

2-2. 직접적 편익과 비용, 간접적 편익과 비용

▸직접적 편익은 공공투자의 일차적 목적으로부터 얻는 편익을 의미

▸간접적 편익은 공공투자의 결과 부수적으로 얻을 것으로 기대되는 편익을 의미

2-3. 유형적 편익과 비용, 무형적 편익과 비용

▸유형적 편익은 눈에 보이는 편익임

예) 고속도로 건설로 교통소통이 원활해짐

▸무형적 편익은 눈에 보이지 않는 편익으로 시장평가 곤란함

예) 깔끔한 월드컵유치 및 진행으로 대한민국의 국위선양

▸시장평가 곤란해도 무형적 편익은 반드시 계산되어야 함

3. 총비용과 총편익에 대한 화폐적 평가

3-1. 잠재가격 근사치(조정된 시장가격)의 계산

▸생산물시장에서 조정된 시장가격

- 정부개입으로 생산물 수요가 증가하면 시장가격과 거래량이 상승하므로 사회적 비용이 발생함
- 가격상승으로 기존소비자들의 소비량 감소에 따른 비용(시장가격으로 평가)
- 총생산량 증가로 재화생산비용의 상승(한계비용으로 평가)
- 잠재가격의 근사치는 시장가격과 한계비용의 가중평균

▸노동시장에서 조정된 시장가격

- 실업상태에서 취업한 것인가 아니면 다른 직장에서 이동한 것인가에 따라 달라짐
- 대규모의 자발적 실업상태가 아니라면 보통 현재 임금을 기준으로 평가함

▸외환시장에서 조정된 환율

- 수출보조금과 수입규제가 외환시장에 미치는 효과를 중시
- 수출기업에 혜택을 주면 수출증가(외환공급증가)효과 있으며 수입에 각종 규제하면 수입수요(외환수요감소)의 감소효과 있음
- 따라서 시장환율은 잠재환율에 낮게 나타나며 원화가 과대평가되어 있음

4. 현재가치화 작업: 적정한 할인율의 선정

4-1. 사회적 할인율이 바람직한 이유

▸시장이자율은 현재소비를 과대평가한 결과

▸공공투자의 경우 낮은 사회적 할인율로 평가하면 공공투자를 우대하는 문제 있음

4-2. 공공투자의 사회적 기회비용

▸공동투자 재원을 어떻게 조달했는가에 따라 기회비용 다름

▸민간의 소비를 희생(조세수입)하고 공공투자재원으로 사용되었다면 세후 투자수익률을 기준으로 평가함

▸민간의 투자를 희생하고 공공투자재원으로 사용되었다면 세전 투자수익률을 기준으로 평가함

▸양자를 가중평균하여 사회적 할인율로 사용할 수 있음

4-3. 할인율과 공공투자의 관계

▸할인율이 낮을수록 미래의 편익이 높게 평가됨

▸내구기간이 길수록 미래에 발생하는 편익이 많으므로 낮은 할인율이 유리함

5. 우선순위의 선정방식

5-1. 현재가치법

▸순할인 현재가치(PV)값이 영(0)이상이면 공공투자는 타당성 있음

▸할인율과 공공투자의 타당성은 상호 역의 관계 있음

- 할인율이 높을수록 현재가치 작아짐

5-2. 내부수익률법

▸내부수익률: 순할인 현재가치의 값을 영(0)으로 만드는 할인율

▸내부수익률이 이자율(할인율)보다 커야 공공투자의 타당성 있음

▸문제점: 내구기간이 여러 해인 경우 내부수익률이 두 개일 수 있음

5-3. 편익-비용비율법

▸편익비용비율은 편익의 현재가치를 비용의 현재가치로 나눈 값

▸편익비용비율이 1보다 커야 공공투자의 타당성이 있음

▸일관성 결여의 문제: 편익의 증가와 비용의 감소 또는 편익의 감소와 비용의 증가를 구분하기 곤란함

6. 기타 문제

6-1. 무형적 편익의 경우

▸평가하는 사람의 주관적 판단에 따라 평가함

▸주관적인 판단이 곤란한 경우 비용효율성분석을 활용할 수 있음

▸비용효율성분석은 무형적 편익에 대한 우회적인 평가방법으로 특정 목적 달성을 할 수 있는 대안을 열거한 뒤 각 대안의 비용을 산출하여 최소의 비용을 편익으로 간주함

6-2. 위험성의 문제

▸공공투자도 민간투자와 같이 위험비용을 고려해야 한다는 입장

- 위험비용을 고려하면 공공투자의 현재가치는 낮아짐

▸Arrow-Lind 정리: 공공투자는 위험비용을 고려할 필요가 없다는 입장

연 습 문 제

1. 비용편익분석의 이론적 근거로 올바른 것은?

1) 파레토 최적
2) 파레토 개선
3) 보상원리
4) 파레토 기준
5) 롤즈주의(Rawlsianism)

정답 3). 비용을 초과하는 편익이 있을 때 공공사업의 타당성을 인정하는 것이므로 증가된 편익으로 잃어버린 비용을 보상하고도 남음이 있으면 개선으로 간주한다는 것이다. 따라서 비용편익분석의 이론적 근거는 보상원리라 할 수 있다.

2. 현재가치법에 대한 설명으로 틀리는 것은?

1) 미래 예상되는 비용과 편익을 적절히 할인한 현재가치값을 기준으로 평가한다.
2) 투자계획의 채택가능성은 순편익의 현재가치값 1을 기준으로 평가한다.
3) 순편익의 현개가치가 높은 순서로 채택하면 된다.
4) 순편익의 현재가치값이 음(-)인 사업은 기각되어야 한다.
5) 현재가치화를 위한 할인율은 투자자금의 기간당 기회비용과 일치하면 된다.

정답 2). 순할인된 편익의 현재가치값이 양(+)이면 할인된 편익이 비용을 초과하므로 채택가능성이 있다. 따라서 채택가능성은 현재가치값 양(+)을 기준으로 하면 된다.

3. 내부수익률법에 대한 설명으로 틀리는 것은?

1) 내부수익률이 할인율보다 높으면 공공투자사업은 채택된다.
2) 내부수익률이란 어떤 투자계획이 의미하는 기간당 수익률이다.
3) 할인율이란 투자계획에 필요한 자금의 기회비용이다.
4) 내부수익률이 둘 이상인 경우 작은 수익률을 할인율과 비교하여 평가한다.
5) 여러 투자계획을 비교할 때 내부수익률이 높을수록 높은 우선순위를 받는다.

정답 4). 할인율과 내부수익률을 비교하여 내부수익률이 할인율을 초과할 때 공공투자의 타당성이 있는 것으로 평가한다. 문제는 내부수익률이 n차 방정식의 해를 구하는 것이므로 해가 둘 이상인 경우 판단이 곤란하다.

4. 편익/비용비율법에 대한 설명으로 타당하지 못한 것은?

1) 편익의 현재가치와 비용의 현재가치를 비교하여 전자가 후자보다 크면 타당성이 있다.
2) 편익비용비율이 1보다 크면 공공투자는 타당성이 있는 것으로 평가된다.
3) 사업의 채택가능성에 관한 판단에서 현재가치법과 큰 차이가 없다.

4) 다양한 투자계획이 있을 때 이들에 대한 우선순위의 판정에 가장 효과적이다.
5) 편익의 증가와 비용의 감소, 편익의 감소와 비용의 증가를 어떻게 정의하는가에 따라 편익/비용비율 값이 달라질 수 있다.

정답 4). 편익비용비율은 다양한 투자계획들의 우선순위를 비교하기 위한 도구로 부족하다. 비용의 증가(감소)와 편익의 감소(증가)를 어떻게 정의하는가에 따라 편익비용비율이 달라지므로 일관성 있는 평가가 곤란하기 때문이다.

5. 어떤 공공투자계획을 '실행에 옮길 것인가?'를 결정하기 위한 각종 평가기준에 대한 설명으로 잘못된 것은?
1) 현재가치법에 의하면 순편익의 현재가치가 1보다 커야 투자의 타당성이 있다.
2) 내부수익률법에 의하면 내부수익률이 할인율보다 클 때 투자의 타당성이 있다.
3) 편익비용비율법에 따르면 편익비용비율이 1보다 클 때 투자의 타당성이 있다.
4) 공공투자의 내구기간이 길 때 내부수익률이 둘 이상일 수 있어 문제가 있다.
5) 편익의 증가와 비용의 감소를 구분하기 어려울 때 편익비용비율법을 사용하면 일관성 있는 평가가 곤란하다.

정답 1). 순편익의 할인된 현재가치값이 영(0)보다 클 때 공공투자의 타당성이 있다. 1을 기준으로 평가하는 것은 편익비용비율법이다. 내부수익률은 값이 2개일 수 있어 문제가 되며 편익비용비율법은 편익의 증가(감소)와 비용의 감소(증가)를 구분하기 힘들어 같은 변화에 대한 평가도 달라질 수 있다.

6. 다음 중 금전적 편익에 대한 설명으로 가장 올바른 것은?
1) 공공사업의 주체인 정부가 얻는 화폐적 편익이다.
2) 공공사업의 수혜자인 일반 국민이 얻는 화폐적 편익이다.
3) 공공사업으로 상대가격이 변화한 결과 특정인이 얻는 금전상의 이득이다.
4) 공공사업의 수혜자인 일반 국민이 얻는 실질적인 혜택이다.
5) 무형적 편익과 같은 의미이다.

정답 3). 금전적 편익은 비용편익분석에서 별도로 계상할 필요가 없다. 공공사업의 결과 상대가격이 변화하면 어떤 사람이 금전적인 이득을 얻어가는데 동일한 금액 만큼 손해보는 사람이 있으므로 사회 전체적으로 이득이 없기 때문이다.

7. 다음 중 금전적 편익을 계상해야 하는 경우로 가장 올바른 것은?
1) 시간의 가치를 계산하는 경우
2) 인명(목숨)의 가치를 계산하는 경우
3) 시간절약의 가치를 계산하는 경우
4) 소득재분배를 반영하는 경우

5) 할인율이 높은 경우

정답 4). 금전적 편익이 필요한 경우는 공공사업이 소득재분배 목표를 지향하고 있을 때이다. 다른 경우에는 실질적 편익만 반영하면 된다.

8. 편익에 대한 다음 설명 중 가장 잘못된 것은?

1) 유형적 편익은 말 그대로 눈에 보이는 편익이며 도로건설로 인한 교통소통의 원활화 등이 좋은 예이다.
2) 공공사업으로부터 직접 기대할 수 있는 편익이 직접적 편익이다.
3) 간접적 편익이란 공공사업의 부산물로서의 성격을 갖는 편익이다.
4) 여수 박람회 및 대구 세계 육상 선수권 대회 유치 등으로 국위가 선양되었다면 유형적 편익의 증가로 평가되어야 한다.
5) 실질적 편익이란 공공사업의 수혜자가 얻는 실질적 혜택이며 실질적 편익이 있다면 사회복지 증진에 기여한 것이다.

정답 4). 눈에 보이지 않는 국위선양으로 인한 자부심 등은 무형적 편익에 해당된다.

9. 공공투자사업(고속도로의 건설)을 한 결과 주변 환경의 정화, 시간의 절약, 부상의 감소 등이 편익으로 나타났다. 이때 편익 "시간의 절약"에 대한 설명으로 잘못된 것은?

1) 공공투자사업의 직접적 편익이다.
2) 공공투자사업의 유형적 편익이다.
3) 시장평가가 곤란하나 반드시 계상되어야 한다.
4) 시간절약의 가치를 '시간당 임금률'을 이용하여 평가할 수 있다.
5) 공공투자사업의 간접적이며 무형적 편익이다.

정답 5). 시간절약은 고속도로 건설의 직접적이며 유형적 편익이다.

10. 경부고속전철의 완공으로 기대할 수 있는 편익에 대한 설명으로 잘못된 것은?

1) 시간절약의 편익이 기대되며 시간절약은 유형적이며 직접적 편익이다.
2) 고속전철의 건설로 인한 "주변 경관의 개선"은 편익에 포함되어야 한다.
3) 고속전철공사를 하던 중 새로운 철로 건설공법을 개발하여 비용을 절감할 수 있었다면 이는 편익에 포함되어야 한다.
4) 고속전철공사 때문에 근로자의 임금이 상승하여 근로자들의 소득이 증대되었다면 반드시 편익에 포함되어야 한다.
5) 무형적 편익은 평가자의 주관적 방법을 동원하거나 아니면 비용-효율성분석을 통해 측정할 수 있다.

정답 4). 시간절약은 고속도로 또는 고속전철의 건설로부터 기대되는 직접적 편익이다. 임금상승이나 자재가격 상승과 같은 금전적 편익은 비용편익분석의 대상에서 제외되어야 한다. 시장의 수요변동과 상대가격의 변동으로 설명되는 것이기 때문이다.

11. 잠재가격(shadow prices)에 대한 설명으로 올바른 것은?

1) 시장가격이다.
2) 시장가격보다 높다.
3) 자원의 사회적 기회비용을 정확하게 반영하는 가격이다.
4) 잠재가격을 사용하면 편익과 비용을 정확히 평가할 수 없다.
5) 잠재가격의 산출을 위해 별도의 정보가 필요한 것은 아니다.

정답 3). 잠재가격은 자원의 사회적 기회비용을 정확히 반영하는 가격이므로 비용과 편익의 평가에 잠재가격을 사용하면 정확한 평가가 가능하다. 그러나 불완전한 시장에서 잠재가격을 계산하는 것 자체가 엄청난 정보를 필요로 하기에 현실적으로 잠재가격의 사용에 많은 어려움이 있다.

12. 잠재가격의 평가가 곤란하면 잠재가격의 근사치로 조정된 시장가격을 사용할 수 있다. 조정된 시장가격(adjusted market prices)에 대한 설명으로 타당하지 못한 것은?

1) 독점기업에서 원자재를 구입한 경우 시장가격을 기준으로 평가한다.
2) 정부가 구입한 수량이 30개인데 시장 생산량도 정확히 30개 증가했다면 한계비용을 기준으로 평가한다.
3) 정부가 구입한 수량이 30개일 때 시장생산량 증가분이 20개이라면 시장가격과 한계비용의 가중평균으로 평가한다.
4) 심각한 실업의 문제가 아니라면 현재의 임금을 노동의 기회비용으로 간주한다.
5) 정부가 구입한 수량이 30개인데 시장생산량에 일체 변화가 없다면 시장가격을 기준으로 평가한다.

정답 1). 공공부문이 독과점시장에서 원자재를 구입한 경우 시장수요가 증가하여 가격과 생산량이 동시에 증가한다. 보통 정부 구입량이 시장생산량 증가분 보다 큰 것이 보통인데 그 이유는 정부개입으로 시장수요가 증가하고 소비자가격이 상승하여 기존 소비자의 소비량이 줄어들기 때문이다. 소비자의 수요량 감소분은 시장가격으로 평가하고 추가적인 생산량 증가분은 한계비용으로 각각 평가하면 된다. 양자가 동시에 발생하는 일반적인 경우 시장가격과 한계비용의 가중평균으로 잠재가격의 근사치를 계산하면 된다.

13. 물품세가 부과된 상품이 공공사업에 사용될 때 조정된 시장가격으로 올바른 것은?

1) 조세가 포함된 현재의 시장가격을 이용한다.
2) 조세를 차감한 세후 시장가격을 이용한다.
3) 공공사업에 투입된 수량만큼 생산량이 증가했다면 생산자가격으로 평가한다.
4) 공공사업에 투입된 이후 생산량에 일체 변화가 없다면 생산자가격으로 평가한다.

5) 물품세 부과 여부와 무관하게 사회적 기회비용을 기준으로 평가한다.

정답 3). 물품세가 포함된 경우 시장생산량이 구입량만큼 증가하면 생산자가격을 기준으로 하고 시장생산량에 일체 변화가 없으면 소비자가격을 기준으로 평가한다. 공공사업에 투입한 수량보다 생산량이 적은 경우 생산자가격과 소비자가격의 가중평균을 이용하면 된다.

14. 공공투자사업을 위해 1,000명의 근로자들을 추가로 채용하여 매월 100만원씩의 임금을 지급하고 있다. 1,000명 중 600명은 타 기업에 다니다 직장을 옮겼으며 나머지 400명은 실업상태에 있다가 새롭게 취업을 하였다. 잠재임금에 대한 설명으로 올바른 것은?

1) 100만원으로 계산하면 된다.
2) 직장을 이동한 사람들의 경우 100만원, 실업상태에 있다 직장을 새로 구한 사람들의 경우 0원으로 계산하면 된다.
3) 직장을 옮긴 사람들의 경우 100만원으로 새로 취업한 사람들의 경우 50만원으로 계산하면 된다.
4) 잠재임금은 100만원보다 작게 나타날 것이다.
5) 잠재임금은 영(0)으로 나타날 것이다.

정답 4). 다른 직장을 다니다 직장을 이동한 사람의 경우 100만원, 실업상태에서 새로 취업한 사람의 경우 여가의 기회비용만을 노동의 기회비용으로 반영하면 되므로 100만원보다는 작다. 따라서 잠재임금이 100만원보다는 작을 것이다. 그러나 대규모의 실업이 아닌 경우 현재 시장임금을 잠재임금으로 사용하면 된다.

15. 한국 무역정책이 수출에 대해서는 세제 또는 금융상의 지원을 하고 수입은 규제하는 것이라 가정하자. 이런 여건 하에서 시장 환율과 잠재 환율에 대한 설명으로 올바른 것은?

1) 시장 환율과 잠재 환율은 일치한다.
2) 원화의 환율이 과대평가되어 잠재 환율은 시장 환율에 비해 인상 조정되어야 한다.
3) 원화의 환율이 과대평가되어 잠재 환율은 시장 환율에 비해 인하 조정되어야 한다.
4) 원화의 환율이 과소평가되어 잠재 환율은 시장 환율에 비해 인상 조정되어야 한다.
5) 원화의 환율이 과소평가되어 잠재 환율은 시장 환율에 비해 인하 조정되어야 한다.

정답 2). 수출지원을 하면 외환공급은 증가하며 수입에 규제하면 외환수요는 감소하게 된다. 이때 환율은 적정수준보다 낮아지므로, 즉 원화가 과대평가되므로 적정 환율은 시장 환율에 비해 높아야 한다.

16. 다음 중 잠재가격(shadow price)에 대한 설명으로 잘못된 것은?

1) 시장가격의 불완전성을 보완하기 위해 필요하다.
2) 수입원자재의 가격을 제대로 평가하려면 시장 환율 대신 잠재 환율을 이용해야 한다.
3) 비자발적 실업이 차지하는 비중이 엄청나게 큰 경우 잠재임금은 시장임금보다 높아

진다.

4) 정부가 불완전한 시장에서 원자재를 구입하였다면 원자재의 잠재가격은 한계비용과 시장 가격을 가중 평균하여 평가한다.

5) 완전경쟁시장이라면 완전경쟁시장가격이 곧 잠재가격의 역할을 할 수 있다.

정답 3). 실업이 차지하는 비중이 클수록 잠재임금은 낮아진다. 다른 직장을 다니다 공공투자부문으로 직장을 변경한 사람의 경우 현재의 임금을 노동의 기회비용으로 간주할 수 있으나, 실업상태에서 새로 취업한 경우 현재의 임금 전체를 노동의 기회비용으로 간주할 필요가 없기 때문이다. 그러나 대규모의 실업이 존재하지 않는 한 현재의 임금을 노동의 기회비용으로 삼아도 무방하다.

17. 고속도로 공사 때문에 공공부문에서 독점기업으로부터 자갈 100톤을 구입한 결과 자갈시장의 거래량(생산량)이 60톤 증가하였다. 나머지 40톤은 기존소비자들의 소비량감소로 충당된 것이다. 이 때 자갈의 잠재가격(근사치)으로 가장 적합한 것은? (단, 시장가격의 평균은 100원이며 한계비용의 평균이 60원이다.)

1) 60원　　2) 76원

3) 86원　　4) 96원

5) 10원

정답 2). 100중 60은 생산량 추가비용이므로 한계비용으로 평가하고 40은 기존 소비자들의 소비량 감소에 따른 비용이므로 시장가격으로 평가되어야 한다. 따라서 잠재가격의 근사치는 다음과 같다.
60/100(60원) + 40/100(100원) = 76원

18. 사회적 할인율이 시장이자율보다 낮아야 한다는 주장의 근거로 올바르지 못한 것은?

1) 공공부문의 생산성이 민간부문의 생산성보다 낮기 때문이다.

2) 공공사업은 미래세대에 미칠 영향까지 고려되어야 하기 때문이다.

3) 개인의 근시안적 태도 때문에 민간 할인율이 지나치게 높기 때문이다.

4) 공공사업은 긍정적 의미의 외부성을 창출하기 때문이다.

5) 공공사업이 미래세대의 복지증진에 크게 기여할수록 사회적 할인율은 더욱 낮아야 한다.

정답 1). 시장이자율은 근시안적 관점에서 결정된, 즉 현재소비를 지나치게 선호한 결과이다. 따라서 시장이자율을 기준으로 공공투자의 타당성을 평가하면 공공투자사업의 타당성이 과소평가될 수밖에 없다. 할인율 결정의 문제에서 생산성이 기준이 될 수는 없다.

19. 공공투자의 기회비용을 사회적 할인율로 채택하자는 주장도 만만치 않게 제기되고 있다. 이 견해에 따를 때 공공투자의 재원을 100% 공채발행을 통해 조달하였다면 사회적 할인율로 가장 올바른 것은?

1) 민간투자의 세전 수익률　　2) 민간투자의 세후 수익률

3) 공공투자의 세전 수익률
4) 공공투자의 세후 수익률
5) 민간투자의 세전 그리고 세후수익률의 평균

정답 1). 공채발행은 민간투자의 희생으로 간주된다. 따라서 민간투자희생의 경우 민간투자의 세전 수익률을 기준으로 평가되어야 한다. 조세부과를 통해 공공투자 재원을 조달하였다면 민간소비희생으로 간주하여 민간투자의 세후 수익률을 기준으로 평가할 수 있다.

20. 공공투자의 기회비용을 사회적 할인율로 채택하려 한다. 100억원의 재원을 마련하는데 50억원은 조세수입으로 충당하고 나머지 50억원은 공채발행을 통해 조달하였다. 민간부분의 세전 투자수익률이 10%이며 투자수익에 대한 소득세율이 40%일 때 사회적 할인율로 가장 적합한 것은?

1) 6%
2) 7%
3) 8%
4) 9%
5) 10%

정답 3). 공공투자의 기회비용을 할인율로 채택하는 경우 조세수입은 민간소비 희생으로 공채발행수입은 민간투자의 희생으로 간주된다. 민간투자의 기회비용은 세전 투자수익률(10%), 민간소비희생의 경우 세후 투자수익률(6%)을 기회비용을 각각 간주할 수 있다. 따라서 다음과 같이 사회적 할인율을 구할 수 있다. 50/100(10%)+50/100(6%)=8%

21. 사회적 할인율이 시장이자율보다 낮아야 하는 이유로 가장 올바른 것은?

1) 사람들은 현재소비보다 미래소비를 선호한다.
2) 사람들은 공공투자로 인하 미래세대의 편익에 대해 비교적 정확한 평가를 한다.
3) 사람들은 시장이자율에 상관없이 소비와 저축에 관한 의사결정을 한다.
4) 대부분의 사람들이 근시안적 선호를 가져 저축의 중요성을 과소평가한다.
5) 자본시장에서 결정되는 이자율은 완전경쟁시장의 이자율보다 낮다.

정답 4). 현재소비를 과대하게 선호하므로 현재소비의 희생대가인 이자율도 적정 수준에 비해 과다하게 된다. 과다한 이자율을 기준으로 공공투자의 타당성 평가를 하면 타당성이 있는 공공투자를 타당성이 없는 것으로 기각해 버릴 우려가 있다. 따라서 시장이자율을 인하 조정하여 사회적 할인율로 삼아야 한다.

22. 공공투자의 타당성 평가에 위험요인을 고려하는 방법에 대한 설명으로 잘못된 것은?

1) 할인율을 인상하여 조정하자는 견해가 있다.
2) 할인율 인상을 통한 조정은 미래에 큰 비용이 발생하는 공공사업의 경우 비용을 과소평가하는 문제를 야기한다.
3) 위험요인이 있을 때 확실대등액을 계산하여 반영하는 것이 정확하다.
4) 위험이 문제가 될 때 확실대등액은 위험할인(risk discount)요소를 반영하여 결정한다.

5) 편익이 불확실하면 할인율을 인하 조정하고 비용이 불확실하면 할인율을 인상 조정하면 된다.

정답 5). 위험요인에 대한 반영은 할인율을 통한 조정보다 확실대등액을 구하여 조정하는 것이 바람직하다.

23. 공공투자의 타당성 평가에서 위험요인을 일체 고려할 필요가 없다는 주장은?

1) 대등정리
2) 확실성 정리
3) Arrow-Lind 정리
4) Arrow의 불가능성 정리
5) Kuhn-Tucker 정리

정답 3). 공공투자의 경우 규모도 크고 다양하게 이루어지므로 민간투자에서와 같이 위험비용을 별도로 고려할 필요가 없다는 것이 애로우와 린드가 주장한 내용이다.

24. 정부가 주체가 된 각종 공공투자의 편익을 평가할 때 "비용–효율성분석"이 이루어지는 이유로 가장 적합한 것은?

1) 유형적 편익의 평가를 위해서이다.
2) 무형적 편익의 평가를 위해서이다.
3) 직접적 편익의 평가를 위해서이다.
4) 간접적 편익의 평가를 위해서이다.
5) 금전적 편익의 평가를 위해서이다.

정답 2). 무형적 편익을 화폐액으로 환산할 때 평가자의 '주관적 판단'을 이용하여 평가하는데 그것조차 곤란한 경우 비용-효율성분석이 이루어져야 한다. 공공투자의 결과 "소음감소"라는 편익이 나타났다고 하자. 소음감소를 화폐액으로 계산하기 곤란할 때 소음감소를 위한 여러 방법들을 나열하고 각 방법에서 소요되는 비용을 계산한 뒤, 가장 적은 비용을 소음감소의 편익으로 대신할 수 있다는 것이다.

기출문제

[문 1] 비용-편익분석과 관련하여 옳지 않은 것은? (2005 세무사)

① 내부수익률은 순편익의 현재가치가 0(零)이 되도록 하는 할인율을 말한다.
② 단일 투자안에 대한 채택 여부를 결정할 때에는 순현재가치법과 비용-편익비율법에 의한 결론은 동일하다.
③ 비용-편익비율법으로 투자안을 평가하면 순편익의 현재가치가 작은 투자안을 선택할 수도 있다.
④ 순현재가치법에서는 할인율이 높을수록 투자안의 경제성이 높게 평가된다.
⑤ 애로우-린드(Arrow-Lind)정리에 의하면 일정한 조건을 충족시킬 경우 비용-편익분석에서 위험에 대한 고려를 하지 않아도 된다.

정답 ④. 현재가치값을 계산할 때 할인율이 높을수록 순편익의 현재가치는 낮아진다. 따라서 높은 할인율은 공공투자의 경제성을 낮게 만들 가능성이 큰 것이다.

[문 2] 민간부문의 투자에 사용되었을 자금이 공공사업의 재원으로 사용되는 경우 다음 중 사회적 할인율로서 적합한 것은? (2005 세무사)

① 보통예금 이자율
② 민간부문 투자의 세후 수익률
③ 소비자 이자율
④ 민간부문 투자의 세전 수익률
⑤ 소비자 이자율과 민간부문 투자의 세후 수익률의 가중평균

정답 ④. 민간투자희생에 다른 기회비용은 민간투자의 세전 수익률이 사용되며 민간소비의 희생에 따른 기회비용은 민간투자의 세후 수익률을 서용하면 된다.

[문 3] 어떤 사업에 대한 국회 심의과정에서 갑 의원은 실질 할인율을 0.1로, 을 의원은 0.06으로 적용해야 한다고 주장하고 있다. 다음 설명 중 옳은 것은? (2002 세무사)

① 갑 의원과 을 의원의 할인율의 평균을 적용하여야 한다.
② 을 의원이 갑 의원보다 미래에 발생하는 편익에 대해 더 높은 가치를 부여한다.
③ 갑의원이 계산한 순현재가치(net present value)가 더 크다.
④ 현재 시장이자율을 사용하여 순현재가치를 계산하여야 한다.
⑤ 사회적 할인율을 알 수 없기 때문에 더 낮은 할인율을 적용하자는 을 의원을 따라야 한다.

정답 ②. 어떤 사람이 미래에 발생할 편익에 대해 높은 평가를 하고 있다면 적정 할인율은 더욱 낮아야 한다. 낮은 할인율이 적용되어야 미래 편익의 현재가치값이 더욱 크게 나타나기 때문이다.

[문 4] 비용편익분석에서 잠재가격을 정확하게 계산하기 어렵고 시장가격의 사용도 바람직하지 않은 경우 조정된 시장가격을 사용하게 된다. 이에 관한 다음 설명 중 옳지 않은 것은? (2006 세무사)

① 공공사업에서 물품세가 부과된 상품을 사용하는 경우 공공사업 때문에 물품세가 부과된 상품의 생산량이 늘어나지 않는다면 한계비용을 평가기준으로 사용할 수 있다.
② 공공사업에서 독점생산자가 생산한 제품을 중간투입요소로 사용하는 경우 독점제품의 생산이 공공사업 때문에 늘어나지 않는다면 시장가격을 평가기준으로 사용할 수 있다.
③ 공공사업에서 물품세가 부과된 상품을 사용하는 경우 공공사업 때문에 물품세가 부과된 상품의 생산량이 늘어난다면 생산자가격을 평가기준으로 사용할 수 있다.
④ 공공사업에서 독점생산자가 생산한 제품을 중간투입요소로 사용하는 경우 독점제품의 생산이 공공사업 때문에 늘어난다면 한계비용을 평가기준으로 사용할 수 있다.
⑤ 상당한 정도의 실업이 존재한다면 실업에 대하여 적절한 고려를 하여야 올바른 평가가 나올 수 있다.

정답 ①. 공공부문의 개입으로 생산량이 증가하지 않았다면 추가적인 생산에 소요된 한계비용(MC)은 없다. 따라서 공공부문이 구입/사용한 제품은 모두 기존 소비자들의 수요량을 감소시킨 것으로 해석할 수 있다. 따라서 잠재가격의 근사치는 소비자가격, 즉 시장가격이 되어야 한다.

[문 5] 비용편익분석에서 의사결정의 기준과 관련하여 옳지 않은 것은? (2004 세무사)

① 순현재가치법을 사용하면 프로젝트의 채택여부나 순위에 관하여 모두 바른 결정을 할 수 있다.
② 프로젝트의 채택여부만을 결정하려면 순현재가치법이나 편익/비용 비율법은 동일한 결과를 가져다준다.
③ 편익/비용 비율을 계산하는 데는 할인율에 관한 정보가 필요하지 않다.
④ 내부수익률을 계산하는 데는 할인율에 관한 정보가 필요하지 않다.
⑤ 할인율이 높아질수록 순현재가치가 더 커지는 경우도 나타날 수 있다.

정답 ③. 편익비용비율의 평가에서 편익의 현재가치와 비용의 현재가치가 이용되어야 하므로 현재가치의 계산을 위해 할인율은 반드시 필요한 개념이다.

[문 6] 똑같이 첫 해 1,000만원의 투자비용이 소요되는 A, B 두 사업의 3년에 걸친 순편익의 흐름은 〈표 1〉과 같으며, 할인율의 크기에 따른 두 사업의 순편익의 현재가치의 합은 〈표 2〉에 나타나 있다. 다음 설명 중에서 가장 타당한 것은? (2003 세무사)

〈표 1〉 연도별 순편익

연 도	A 사업	B 사업
0	-1,000만원	-1,000만원
1	600만원	0
2	0	0
3	550만원	1,200만원

〈표 2〉 순편익의 현재가치의 합

할인율	A 사업	B 사업
0%	150만원	200만원
1%	128만원	165만원
5%	46만원	37만원
7%	10만원	-21만원

① A, B 두 사업은 똑같은 투자비가 소요되므로 순편익도 동일하다.
② A사업은 B사업보다 장기적으로 유리한 사업이다.
③ 순현재가치법을 따를 때 할인율이 5% 이상이면 B사업이 A사업보다 유리하다.
④ 내부수익률법을 따를 때 A사업이 B사업보다 유리하다.
⑤ 두 사업의 내부수익률은 모두 7% 이상이다.

정답 ④. 사업 B의 경우 할인율 7%일 때 순편익이 음(-)의 값을 가지므로 내부수익률이 7%보다 작다. 사업 A의 경우 할인율 7%일 때 순편익의 현재가치가 양(+)의 값을 가지므로 내부수익률은 7%보다 높을 것이다. 따라서 내부수익률은 사업 A가 크다.

[문 7] 비용편익분석에 있어서 '내부수익률(internal rate of return)'법에 대한 설명으로 타당하지 않은 것은? (2003 세무사)

① 두 사업의 우선순위를 결정할 때 순현재가치법과 다른 결과를 도출할 수 있다.
② 편익은 비용의 감소, 비용은 편익의 감소로 생각할 수도 있으므로 편익과 비용의 정의를 어떻게 내리느냐에 따라서 내부수익률 값이 달라질 수 있다.
③ 사업수행 기간이 길 경우 다차원의 방정식을 풀어야 하므로 유일한 내부수익률 값이 도출되지 않을 수도 있다.
④ 투자액 한 단위당 수익률을 비교하기는 용이하나 사업별 총수익을 비교하는 데에는 유용하지 않다.
⑤ 비교하고자 하는 사업이 서로 다른 기간구조를 가질 경우 내부수익률만을 기준으로 투자 우선순위를 결정하는 것은 바람직하지 않다.

정답 ②. 편익의 감소를 비용의 증가로 간주할 때 반대로 편익의 증가를 비용의 감소로 간주할 때 공공투자사업에 대한 평가가치 자체가 달라지는 것은 "편익/비용비율법"을 채택할 때 나타나는 문제이다.

[문 8] 완전경쟁시장에서 X재에 대한 수요곡선과 공급곡선이 다음과 같이 주어져 있다.

수요 P = 300-X

공급 P = 2X

(단, P는 가격, X는 수량)

정부가 공공사업에 X재를 30단위 투입하였다고 할 때, 이로부터 발생하는 사회적 비용(기회비용)은? (2004 세무사)

① 6,000 ② 6,200 ③ 6,300
④ 6,400 ⑤ 6,600

정답 ③. 정부개입 이전의 가격과 생산량은 200원, 100이었으나 정부가 수요에 참여하면 시장수요함수가 330-X가 되어 최적생산량은 110, 시장가격은 220원이 된다. 시장가격이 20원 인상되어 기존 소비자의 수요량은 100에서 80으로 20개 감소하였으며 추가된 생산량은 10개이다. 이에 따른 사회적 비용은 과거의 가격 200원과 현재가격 220원의 산술평균(210원)에 정부구입수량 30을 곱하여 구할 수 있다.

[문 9] 공공투자 프로젝트에 대한 평가와 현재가치할인율의 관계에 관한 설명 중 옳은 것은? (2007 세무사)

① 현재가치할인율은 공공투자 프로젝트의 편익을 계산하는 데에는 중요하지만 비용을 계산하는 데에는 영향을 주지 않는다.
② 현재가치할인율이 낮을수록 사업기간이 짧은 공공투자 프로젝트가 유리하게 평가된다.
③ 현재가치할인율이 높을수록 편익이 후기에 많이 발생하는 프로젝트가 유리하게 평가된다.
④ 현재가치할인율이 높을수록 보다 많은 공공투자 프로젝트가 경제성이 높은 것으로 평가될 수 있다.
⑤ 사업기간이 동일하더라도 후기에 발생하는 편익일수록 편익의 현재가치가 작아진다.

정답 ⑤. 현재가치값은 미래 편익을 할인율을 이용하여 할인한 뒤 계산한다. 내년부터 5년간 매년 100원의 편익이 기대되며 할인율은 편의상 10%라 하자. 내년에 발생하는 편익 100원의 현재가치는 $100/(1+0.1)^1$이며 내후년 편익 100원의 현재가치는 $100/(1+0.1)^2$, 3년 뒤 편익 100원의 현재가치는 $100/(1+0.1)^3$이므로 편익의 발생시기가 늦을수록 현재가치값은 작아진다.

[문 10] 첫 해에 100억원의 편익이 발생하고 둘째 해에 185억원의 비용이 발생하며 셋째 해에 84억원의 편익을 발생시키는 공공사업의 경우, 내부수익률(Internal Rate of Return)은 얼마인가? (2006 세무사)

① 5% ② 10%
③ 15% ④ 20%
⑤ 25%

정답 ①. 내부수익률이란 순할인된 편익의 현재가치값을 영(0)으로 만드는 할인율이므로 다음의 등식을 만족시키는 이자율을 계산하면 된다. $100+(-)185/(1+i)+84/(1+i)^2=0$를 만족하는 i값은 5%이다.

제 8 장

조세이론의 기초

1. 조세의 의의와 기능

1-1. 의의

▸강제로 징수하며 일반적 보상을 특징으로 함

- 납세액과 무관하게 누구에게나 동일한 수준의 공공서비스 편익을 제공함

▸조세국가와 재원조달(조세수입)의 필요성

- 조세국가란 국가가 별도의 수입원을 갖지 않고 국민들로부터 강제로 조세를 부과징수하여 재정을 운영하는 것을 의미

1-2. 조세의 기능; 재정의 기능과 동일함

▸자원배분기능

- 생산요소와 생산물의 적절한 배분에 관한 것
- 공공재의 효율적 규모, 오염방출자에 대한 규제 등이 포함됨

▸소득분배기능

- 소득이나 부의 공평한 재분배를 위한 정부의 노력 또는 가구의 소득이 생계비에 미치지 못하는 경우 최소한의 생계보장을 위한 정부지출 등

▸경제안정기능

- 물가와 고용의 안정을 위해 총수요관리정책, 즉 재정정책과 금융정책 수단을 동원하여 경제안정화를 위해 노력함

2. 조세의 원칙

2-1. 스미스(Smith)의 원칙

▸공평성, 명확성, 지불편의, 징세비 절약

▸총징세비용: 징세당국의 행정비용과 납세자들의 조세순응비용(납세협력비용)의 합

• 총징세비용이 최소화되는 행정규모가 최적행정규모

2-2. 바그너(Wagner)의 원칙

▸재정정책적 원칙: 충분성과 신축성

▸공정의 원칙: 보편성과 공평성

▸국민경제적 원칙: 조세의 원천과 조세의 종류(소득세 지지)

▸경제성의 원칙: 애덤 스미스의 명확성, 지불편의 및 징세비 절약의 원칙을 모두 포함하고 있음

2-3. 현대사회의 조세가 갖추어야 할 요건

▸효율성: 초과부담의 최소화(선택의 교란 최소화)

▸공평성: 소득계층간 수직적 공평성

▸단순성: 조세제도가 단순해야 징세비용이나 순응비용이 최소화됨

▸신축성: 세율이나 세원의 변화에 신축적이어야 함

▸정치적 책임성: 조세부담의 귀착지가 명확해야 함

3. 조세의 구분

3-1. 국세와 지방세

▸징수주체를 기준으로 중앙정부가 징수하면 국세이며 지방정부가 징수하면 지방세임

3-2. 직접세와 간접세

▸조세전가를 기준으로 구분하며 간접세의 경우 경제적 귀착이 세법상 귀착과 다름

▸직접세는 행정비용 많고 조세저항이 크나 전가문제는 없음

3-3. 보통세와 목적세

▸특정 세입이 특정 지출목적에 구속되어 있으면 목적세임

▸국세 중 목적세: 교통세, 농어촌특별세, 교육세

3-4. 독립세와 부가세

▸독립적인 세원이 있으면 독립세: 소득세 등

▸타 세목의 세액에 의존하면 부가세: 주민세, 교육세 등

3-5. 종량세와 종가세

▸수량단위를 기준으로 과세하면 종량세

▸가격을 기준으로 과세하면 종가세

4. 세수함수

4-1. 선형세수함수

▸세수함수가 직선이므로 소득수준에 관계없이 한계세율 일정함

▸조세의 누진성 판정

• 한계세율과 평균세율 중 평균세율이 중요한 역할

▸누진성의 조건

• 소득이 증가할 때 평균세율이 체증하는 경우

• 소득이 증가할 때 '납세액이 많아진다.'고 누진세율이라 판단하면 안 됨

예) 소득 100원일 때 납세액 20원, 소득이 200원일 때 납세액 30원이면 소득증가로 납세액은 많아지나 평균세율이 20%에서 15%로 낮아지므로 역진적임

4-2. 비선형세수함수

▸세수함수 비선형이므로 한계세율은 일정하지 않음

4-3. 선형세수함수의 누진성 판정

▸원점에서 출발: 평균세율 불변이므로 비례세율

▸횡축에서 출발: 면세점 있어 평균세율이 체증하므로 누진세율

▸종축에서 출발: 소득이 영(0)인 상태에서도 최소한의 세부담(정액세)이 있어 평균세율 체감하므로 역진세율

5. 공평한 조세부담에 대한 전통적 논의: 편익원칙과 능력원칙

5-1. 편익원칙

▸개별적인 편익에 비례하여 과세: 주관적 한계편익(MB) = 납세액

▸Pareto 효율적 배분이 이루어지며 총세입과 세출이 일치하여 균형예산 가능

▸무임승차자 문제가 있는 경우 파레토 효율적 배분이 곤란함

5-2. 능력원칙

▸개인의 조세부담능력에 따라 차등 과세함

▸현대사회에서 가장 주된 조세부과 원칙이며 편익원칙은 보조적인 역할

5-3. 편익원칙의 현실 적용가능성

▸차량사용으로 인한 교통혼잡 야기에 대한 대가: 통행세, 유류세

▸차량사용으로 인한 도로파손에 대한 대가: 자동차 중량별 차등과세

▸고속도로 통행료, 주민등록 등초본 수수료 등

6. 능력원칙의 전개: 동등희생설

6-1. 동등절대희생

▸기본가정

• 개인의 효용은 오직 개인의 소득에 의존함

• 소득의 한계효용(MU)은 체감하며 모든 개인의 효용함수는 동일함

▸희생의 정의: 조세부담 때문에 상실된 총효용의 크기

▸동등절대희생: 희생의 절대적인 크기가 같아야 공평한 과세

▸한계효용곡선이 수평선(탄력성=0)이면 역진세율

▸소득 변화율(증가율)과 한계효용의 감소율이 일치할 때 비례세율

▸소득의 한계효용곡선이 빠르게 체감해야만 누진세율 가능

▸한계효용이 빠르게 체감한다는 것은 한계효용의 소득탄력성(A)값이 1보다 크다는 의미이며 탄력성 값에 따른 누진성 판정기준은 다음과 같음

• A=0; 한계효용 불변이므로 정액세(역진세율)

• A>1; 한계효용 빠르게 체감하므로 누진세율

• A=1; 소득증가율과 한계효용 체감비율이 같으므로 비례세율

• A<1; 한계효율이 천천히 체감하므로 역진세율

6-2. 동등비례희생

▸과세 전 소득의 총효용에서 희생이 차지하는 비율이 같아야 공평과세

▸한계효용곡선이 선형인 경우 비례세율

▸한계효용곡선이 최소한 선형으로 체감하면 누진세율 가능

6-3. 동등한계희생

▸과세 이후 최종단위 가처분소득의 한계효용이 일치해야 공평

▸가처분소득이 같아야 동등한계희생의 요건에 부합됨

▸한계세율 100%를 요구하는 것이므로 매우 비현실적임

예) 개인의 소득이 각각 1,000원과 500원이며 정부가 필요로 하는 세수가 600원일 때 동등한계희생에 의한 세부담배분의 크기는?

해) 1,000원 소득자 550원 부담, 500원 소득자 50원 부담하면 가처분 소득이 450원으로 동일하므로 450원 초과분에 대해 100%의 한계세율이 적용되는 것과 같음

7. 수평적공평과 수직적 공평

7-1. 수평적 공평

▸동일한 처지에 있는 사람에게 동일한 부담을 요구함

▸소득으로부터 얻는 효용을 기준으로 판단함

• 개인사정을 고려하는 '소득공제' 등이 수평적 공평을 위한 현실적 도구임

7-2. 수직적 공평

▸서로 다른 처지에 있는 사람들은 조세부담이 달라야 함

▸평균세율을 이용하여 수직적 공평 판정

7-3. 공평의 의미

▸수직적 및 수평적으로 함께 공평해야 공평한 것임

8. 누진성의 측정

8-1. 평균세율을 이용

▸소득이 증가할 때 평균세율이 증가해야 함

8-2. 한계세율과 평균세율의 비교

▸소득이 증가할 때 평균세율이 체증하면 "한계세율〉평균세율"

8-3. 소득증가율과 가처분소득의 증가율 비교

▸소득증가율에 비해 가처분소득의 증가율 작아야 누진세율

8-4. 편익원칙에 의한 조세인 경우

▸공공재수요의 소득탄력성(A)이 공공재수요의 가격탄력성(B)보다 커야 누진적임

• A=B: 비례세율 • A 〉 B: 누진세율 • A 〈 B: 역진세율

▸편익원칙에서 공공재의 가격은 곧 조세부담금액임

▸"수요의 소득탄력성"의 의미

• 수요가 소득에 탄력적인 재화는 '사치적 성격'의 재화이므로 수요가 소득에 탄력적인 재화에 과세하면 고소득자들이 집중적인 부담을 하므로 누진효과를 갖게 됨

• 공공서비스도 수요의 소득탄력성이 클수록 사치재의 성격을 갖는 것으로 생각하면 됨

연 습 문 제

1. Adam Smith의 조세원칙에 포함되지 않는 것은?

1) 공평성 2) 신축성
3) 징세비절약 4) 지불편의
5) 명확성

정답 2). 신축성은 Wagner가 요구하는 조세원칙 중의 하나이다.

2. 한 개인의 과세대상소득이 200만원에서 300만원으로 증가한 결과 소득세액이 50만원에서 90만원으로 증가하였다. 다음의 누진도에 관한 설명 중 잘못된 것은?

1) 소득이 증가할 때 평균세율이 25%에서 30%로 증가하였으므로 누진성조건에 부합된다.
2) 소득이 300만원일 때 한계세율은 40%이므로 한계세율이 평균세율을 초과하여 누진성 조건에 부합된다.
3) 소득이 증가할 때 소득 증가율보다 가처분소득의 증가율이 더욱 크기 때문에 누진성 조건에 부합된다.
4) 세수탄력성, 즉 소득의 변화율에 대한 조세부담증가율의 비율이 1보다 크기 때문에 누진성 조건에 부합된다.
5) 한계세율이 40%로 유지된다면 과세소득이 400만원으로 추가된다면 그의 납세액은 130만원이 된다.

정답 3). 누진성조건에 부합되면 소득증가율에 비해 가처분소득의 증가율이 작아야 한다. 소득증가율보다 조세부담 증가율이 빠르다면 가처분소득의 증가율은 소득증가율에 비해 늦다.

3. 편익원칙에 대한 설명으로 틀리는 것은?

1) 개인의 납세액은 개인의 공공재 선호에 의해 결정된다.
2) 최적공공재 공급량 수준에서 공공재에 대한 개인의 수요가격과 납세액은 일치한다.
3) 최적상태에서 Pareto효율성 조건이 충족되는 것은 아니다.
4) 대부분의 국가에서 능력원칙이 주로 적용되며 편익원칙에 의한 조세는 부차적이다.
5) 공공재에 대한 수요가 높을수록 납세액은 커진다.

정답 3). 편익원칙에 따라 과세할 때 무임승차문제만 없다면 파레토 효율성조건이 충족된다. 개별적 납세액이 공공재 수요의 한계편익과 일치하기 때문이다.

4. 다음 중 개인 조세부담능력의 원천으로 가장 적합하지 않은 것은?

1) 소득
2) 소비
3) 재산
4) 포괄적 소득
5) 모든 소비지출액

정답 3). 재산은 원본침식(erosion)의 문제가 있어 과세베이스로 바람직스럽지 못하다.

5. 편익원칙에 따라 과세할 때 조세부담 배분이 누진적인 경우로 올바른 것은?

1) 공공재 수요의 소득탄력성이 1보다 작아야 한다.
2) 공공재 수요의 소득탄력성이 1보다 커야 한다.
3) 공공재 수요의 가격탄력성이 1보다 작아야 한다.
4) 공공재 수요의 가격탄력성이 1보다 커야 한다.
5) 공공재 수요의 가격탄력성과 소득탄력성의 합이 1보다 커야 한다.

정답 2). 공공재 수요가 소득에 탄력적이어야 누진과세가 가능하다.

6. 공공재수요의 가격탄력성이 공공재수요의 소득탄력성과 일치할 때 편익원칙에 따른 조세부담 배분의 결과로 올바른 것은?

1) 누진세율
2) 비례세율
3) 역진세율
4) 단순누진
5) 단순 비례

정답 2). 공공재 수요의 가격탄력성이 소득탄력성과 일치한다면 편익원칙에 의한 조세부담 배분의 결과 세율구조는 비례적이다.

7. 편익원칙에 의해 조세부담이 배분될 때 역진적인 경우는?

1) 공공재수요의 소득탄력성이 공공재 수요의 가격탄력성보다 클 때
2) 공공재수요의 가격탄력성이 공공재 수요의 소득탄력성보다 클 때
3) 공공재수요의 소득탄력성이 공공재 수요의 가격탄력성과 일치할 때
4) 공공재수요의 가격탄력성이 공공재 가격의 소득탄력성보다 클 때
5) 공공재가격의 소득탄력성이 공공재 가격의 수요탄력성보다 클 때

정답 2). 공공재수요의 소득탄력성이 가격탄력성을 초과할 때 편익원칙에 의한 배분은 누진적인 성격을 띤다. 만약 공공재수요의 가격탄력성이 공공재 수요의 소득탄력성보다 크다면 조세부담의 배분은 역진적이다.

8. 동등희생원칙에서 희생(sacrifice)이란 무엇인가?

1) 납세액을 말한다.
2) 소득금액을 말한다.
3) 공제된 부분을 의미한다.
4) 세금 때문에 상실된 총효용의 크기를 말한다.
5) 세금 때문에 상실된 한계효용의 크기를 말한다.

정답 4). 희생이란 조세부담의 결과 가처분소득이 감소하여 상실된 총효용의 감소분을 말한다. 희생이 납세액 자체를 의미하는 것은 아니다.

9. 동등절대희생설에 따라 과세될 때 누진적인 조세부담이 되기 위한 조건으로 올바른 것은?

1) 한계효용의 소득탄력성이 1보다 커야 한다.
2) 한계효용의 가격탄력성이 1보다 커야 한다.
3) 한계효용의 소득탄력성이 1보다 작아야 한다.
4) 한계효용의 가격탄력성이 1보다 작아야 한다.
5) 한계효용의 소득탄력성이 1이어야 한다.

정답 1). 소득이 증가할 때 한계효용이 체감하는 속도가 빨라야 한다.

10. 동등비례희생원칙에 따라 과세할 때 누진세율구조를 갖기 위한 조건으로 올바른 것은?

1) 소득의 한계효용이 일정해야 한다.
2) 소득의 한계효용이 최소한 선형으로 체감해야 한다.
3) 소득의 한계효용곡선이 우상향해야 한다.
4) 한계효용의 소득에 대한 탄력성이 0보다 작아야 한다.
5) 화폐소득의 한계효용이 영(0)이어야 한다.

정답 2). 동등비례희생에서 한계효용곡선이 수평선이면 정확히 비례세율이다. 따라서 한계효용곡선이 선형으로 체감하기만 하면 누진세율이 된다.

11. 균등절대희생에 따라 조세가 부과될 때 누진세율조건에 부합되는 경우로 올바른 것은?

가. 소득의 한계효용곡선이 서서히 체감하며 한계효용의 소득탄력성이 0.5이다. 나. 소득의 한계효용곡선이 체감하며 한계효용의 소득탄력성이 1.0이다. 다. 소득의 한계효용곡선이 체감하며 한계효용의 소득탄력성이 1.5이다. 라. 소득의 한계효용곡선이 수평선이며 한계효용의 소득탄력성이 0 이다.

1) 가
2) 나
3) 다
4) 나 다
5) 가 나 다

정답 3). 균등절대희생에 따라 조세가 부과되면 소득의 한계효용이 빠른 속도로 체감해야 누진적이다. 즉 한계효용의 소득탄력성의 값이 1보다 커야 한다.

12. 공평성의 진정한 의미를 가장 적절하게 표현한 것은?

1) 수평적 공평이 곤란하면 수직적 공평이라도 추구해야 한다.
2) 수직적 공평이 곤란하면 수평적 공평이라도 추구해야 한다.
3) 수평적 공평이 이루어지지 않는다면 세율구조라도 초과누진율 이어야 한다.
4) 수직적 공평이 곤란하다면 한계세율이라도 높아야 한다.
5) 수평적으로 그리고 수직적으로 함께 공평해야 한다.

정답 5). 공평하다는 것은 수평적으로 수직적으로 함께 공평할 때 공평한 것이다. 수직적 공평과 수평적 공평이 상호 유기적인 개념이라는 점에 유의하면 된다.

13. 다음의 자료를 이용하여 설명한 내용으로 틀리는 것은?

가. 소득금액이 1,000원일 때 납세액은 100원이다. 나. 소득금액이 2,000원일 때 납세액은 250원이다.

1) 소득이 증가한 결과 평균세율은 10%에서 12.5%로 증가하였다.
2) 소득이 2,000원일 때 한계세율은 15%이다.
3) 한계세율이 평균세율보다 높아 누진성조건에 부합된다.
4) 소득 증가율이 100%인 반면 가처분소득 증가율은 100%를 초과한다.
5) 조세수입의 소득탄력성(조세부담증가율/소득증가율) 값이 1.5이므로 누진성조건에 부합된다.

정답 4). 소득이 증가할 때 평균세율이 체증하여 누진세율조건에 부합되면 소득증가율에 비해 가처분소득의 증가율이 작아야 한다.

14. 소득이 5,000만원일 때 납세액이 1,000만원이며, 소득이 1억원일 때 납세액이 3,000만원이라 하자. 조세수입의 소득탄력성(세수탄력성)과 누진성판정에 대한 설명으로 가장 타당한 것은?

1) 세수탄력성은 3이며 누진세율이다.
2) 세수탄력성은 2이며 누진세율이다.
3) 세수탄력성은 1이며 누진세율이다.
4) 세수탄력성은 2.3이며 누진세율이다.
5) 세수탄력성은 2이며 누진성 여부는 알 수 없다.

정답 2). 소득증가율은 100%이며 조세수입의 증가율은 200%이므로 세수탄력성은 2이며 세수탄력성이 1보다 크면 누진세율로 판정된다.

기출문제

[문 1] 목적세에 대한 다음 설명 중에서 가장 옳지 않은 것은? (2003 세무사)

① 목적세는 재정운영의 칸막이식 경직성을 초래하여 자원배분의 비효율성을 조장할 수 있다.

② 목적세가 사용되는 지출분야에서는 재원의 고정적인 배분이 제도화되어 각종 사업의 비효율적 집행 가능성이 높아진다.

③ 목적세는 재정체계를 복잡하게 하여 행정비용을 증가시킨다.

④ 엄격한 의미에서는 목적세가 공공요금과 같은 정도로 편익원칙을 따르는 조세라 할 수는 없다.

⑤ 목적세인 국세로는 교통세, 교육세 및 도시계획세가 있다.

정답 ⑤. 도시계획세는 지방세 중 목적세이다. 국세 중 목적세는 교통세, 교육세 및 농어촌특별세가 있다. 목적세는 지출목적을 특정 부분으로 국한시킨 것이므로 '목적구속 금지의 원칙(non-affection)'을 위반하는 것이다.

[문 2] 목적세와 관련되어 옳지 않은 것은? (2002 세무사)

① 재정의 낭비를 방지한다는 차원에서 목적세의 비중을 줄이는 것이 바람직하다.

② 조세체계를 복잡하게 한다.

③ 세수의 용도를 사전에 정해 놓은 세금이다.

④ 우리나라 현행 국세중 목적세는 교통세, 교육세, 농어촌특별세뿐이다.

⑤ 해당 부문의 세출을 신축성 있게 한다.

정답 ⑤. 목적세의 경우 지출목적이 특정 부문에 국한되어 있으므로 다른 용도로는 사용될 수 없다. 따라서 재정운영에 있는 경직성을 초래한다. 재정수요에 따라 신축성있게 지출할 수 있는 보통세와는 구분된다.

[문 3] 이상적인 세제들에 대한 설명 중 옳지 않은 것은? (2004 세무사)

① 포괄적 소득세(comprehensive income tax)의 경우 소득이 발생되었지만 매매 등을 통해서 실현되지 않는 것도 과세대상에 포함된다.

② 순자산세(net wealth tax)의 경우 자산가치의 평가문제가 큰 걸림돌로 작용한다.

③ 개인소비세(individual consumption tax)는 소비과세이기 때문에 부담구조가 역진적이다.

④ 소득 중에서 저축된 부분은 개인소비세의 과세대상에서 제외된다.

⑤ 평생소득의 현재가치가 같은 두 사람의 세부담은 포괄적 소득세의 경우가 개인소비세에 비해서 변동이 클 가능성이 높다.

정답 ③. 개인종합소득세와 대비되는 개인종합지출세는 소비지출을 과세대상으로 하나 개인사정을 고려하고 초과누진세율을 적용하는 직접세(直接稅)이며 인세(人稅)라는 점에 유의해야 한다.

[문 4] 조세를 어떤 세원에 대하여 부과하여야 공평성과 효율성을 달성할 것인지는 조세원칙상 중요한 쟁점이 되어왔다. 이에 대한 다음 설명 중 옳은 것은? (2006 세무사)

① 재산에 과세하는 것은 자본소득에 과세하는 것과 동일한 효과를 지닌다.
② 소득에 대하여 과세하는 것은 근로소득 흐름의 현재가치가 동일하다면 저축자와 차입자간에 수평적으로 공평한 과세가 된다.
③ 근로소득에 대한 과세는 현재소비의 상대가치를 떨어뜨려 초과부담을 유발한다.
④ 소비에 대한 과세는 저축자와 차입자간에 불공평한 세부담을 유발시킨다.
⑤ 소비에 대한 과세는 소득에 대한 과세에 비하여 공평과 효율을 저해시킨다.

정답 ①. 소득에 대한 과세는 저축자를 불리하게 만들며 특히 이자소득에 대한 과세는 현재소비의 상대가격을 하락시켜 초과부담의 원인이 된다. 소비에 대한 과세는 저축자와 차입자 사이에 어떠한 불공평도 야기하지 않는다.

재산에 대한 과세는 현금수입이 확보될 때 징수해 가는 세금이 아니라 재산의 보유사실에 대해 조세를 부과하는 것이므로 유동성 문제가 야기될 수 있다. 그러나 소득흐름이 있는 재산에 과세하는 경우라면 자본소득에 대한 과세의 성격으로 이해할 수 있다.

재산세에 대한 견해는 전통적인 것과 현대적인 것 두 가지로 구분된다. 전통적 견해는 재산세부담의 배분이 역진적이라는 것이다. 그러나 미스카우스키(Mieszkowski. P.)가 주장하는 현대적 견해에 따르면 재산세 부담은 누진적이다.

재산세를 자본에 대한 과세로 간주하며 재산세의 귀착을 일반균형적 귀착의 틀에서 분석한다. 자본의 공급은 비탄력적이므로 자본소유자, 즉 재산소유자에게 많은 부분이 귀착되어 재산세 부담배분이 누진적일 것이라는 주장이다.

[문 5] 소득재분배와 관련하여 세부담의 누진성에 관한 많은 연구가 진행되고 있다. 누진적 조세에 대한 다음 설명 중 옳지 않은 것은? (2006 세무사)

① 소득의 증대에 따라 평균세율이 증대되는 조세를 누진세라고 부른다.
② 소득에 대한 조세의 탄력성을 측정하여 이것이 커질수록 누진적이라고 볼 수 있다.
③ 선형누진소득세의 경우 한계세율이 높아질수록 초과부담이 커지고 정액증여가 커질수록 재분배효과가 커진다.
④ 선형누진소득세의 경우 조세수입의 수요가 클 경우 한계세율은 높아져야 한다.
⑤ 면제나 감면 없이 모든 재화와 용역에 대하여 공통으로 부과되는 일반소비세라 할지라도 소비에 대하여 세부담은 역진성을 가진다.

정답 ⑤. 누진성을 가지려면 소득이 증대할 때 평균세율이 증대해야 한다. 조세수입의 소득탄력성이 1보다 큰 값을 가지는 경우도 누진세율이라 할 수 있다. 한편 일반소비세가 역진적인 이유는 "소득에서 조세부담이 차지하는 비율(평균세율)"이 소득이 증가할수록 낮아지기 때문이다. 누진성(역진성)여부는 소득을 기준으로 설명되어야 한다.

[문 6] A와 B 두 사람만이 사는 어느 마을에 공공도로를 만들려고 한다. 이 도로에 대한 A의 개별수요함수는 Q = 20 − P이고 B의 개별수요함수는 Q = 20 − 2P라고 하자. 그리고 이 도로의 건설비용으로는 1Km당 20원이다. 이 경우 조세의 편익원칙에 의하면 A가 내야 할 총세금은 얼마인가? (단, Q는 Km로 표시된 도로의 길이) (2006 세무사)

① 10/3
② 20/3
③ 40/3
④ 400/9
⑤ 800/9

정답 ⑤. 공공도로는 공동소비가 가능하므로 공공재이다. 따라서 개별편익을 모두 합계(30-3/2Q)하여야 하며 이 값이 한계비용 20원과 일치할 때 최적 공급량 20/3을 구할 수 있다.

수량 20/3에 대해 소비자 A가 기꺼이 지불가능한 금액 즉 단위당 세액은 40/3원이 된다.(P^A=20-Q이므로) 그런데 문제는 A의 총세액을 계산하라는 것이므로 단위당 세액에 소비량을 곱하면 800/9가 된다.(20/3×40/3=800/9)

[문 7] 공평한 조세부담의 원칙 중 편익원칙에 대한 설명으로 옳지 않은 것은? (2005 세무사)

① 편익원칙에 의하면 공공서비스 수요의 소득탄력성이 클수록 세율의 누진도는 완화되어야 한다.
② 편익원칙에 의하면 공공서비스 수요의 가격탄력성이 클수록 세율의 누진도는 완화되어야 한다.
③ 편익원칙에 따르면 지출구조의 특성에 따라 공평한 조세부담의 분배도 달라져야 한다.
④ 빅셀(Wicksell)이 제시한 자발적 교환이론과 그 맥락을 같이한다.
⑤ 편익원칙에 의하면 조세는 공공서비스에 대한 대가이다.

정답 ①. 편익원칙에 따라 조세부담이 결정되는 경우 공공재 수요가 소득에 탄력적일수록 누진도가 강화되며 공공재수요가 가격에 탄력적일수록 역진성이 심화된다. 편익원칙의 이론적 근거는 빅셀(Wicksell)의 자발적 교환설에 뿌리를 두고 있다.

[문 8] 균등희생원칙(principle of equal sacrifice)에 관하여 역진적인 조세구조를 갖게 되는 경우는? (2007 세무사)

① 절대적 균등희생에서 한계효용곡선이 체감하고 소득탄력성이 1보다 작은 경우
② 한계적 균등희생에서 한계효용곡선이 일정한 경우
③ 비례적 균등희생에서 한계효용곡선이 직선이고 체감하는 경우
④ 절대적 균등희생에서 한계효용곡선이 직각쌍곡선인 경우
⑤ 한계적 균등희생에서 한계효용곡선이 체감하는 경우

정답 ①. 균등절대희생의 경우 한계효용의 소득탄력성이 1보다 커야(한계효용곡선이 빠른 속도록 체감해야) 누진적이다. 따라서 한계효용의 소득에 대한 탄력성의 크기가 1 미만인 경우 조세부담

배분은 역진적이다. 동등비례희생의 경우 한계효용곡선이 선형으로 체감하기만 해도 누진세율 구조가 된다.

[문 9] 소득의 한계효용곡선이 체감할 경우 절대적 균등희생원칙(equal absolute sacrifice rule)에서는 어떠한 경우에 누진세를 정당화할 수 있는가? 단, 한계효용의 소득탄력성은 절대값으로 표시한다. (2005 세무사)

① 한계효용의 소득탄력성이 1보다 클 경우

② 한계효용의 소득탄력성이 1보다 작을 경우

③ 한계효용의 소득탄력성이 1과 같을 경우

④ 한계효용의 소득탄력성이 0보다 크고 1보다 작은 경우

⑤ 한계효용의 소득탄력성이 0과 같을 경우

정답 ①. 한계효용의 소득탄력성이 1일 때 비례세율이며 탄력성 값이 1보다 클 때 누진세율이 된다.

[문 10] 조세체계에 관한 설명 중 옳은 것은? (2007 세무사)

① 조세수입의 소득탄력성이 클수록 재정의 자동안정화기능은 작아진다.

② 한계세율이 평균세율보다 작으면 조세수입의 소득탄력성은 1보다 작다.

③ 선형 조세수입함수는 소득이 증가함에 따라 한계세율이 달라진다.

④ 선형 조세수입함수가 소득 축을 통과하면 조세수입의 소득탄력성은 1보다 작다.

⑤ 조세수입의 소득탄력성은 조세의 누진도를 평가하는데 도움이 되지 않는다.

정답 ②. 세수탄력성이 클수록 소득의 변화에 대한 조세수입의 변화가 민감하므로 누진도와 자동안정화 기능이 강화된다. 한계세율이 평균세율보다 작다면 세율구조가 역진적이라는 의미이므로 세수 탄력성 값은 1보다 작다. 한편 세수함수가 선형인 경우 한계세율은 항상 일정하다.

[문 11] 소비자가 두 재화 x_1, x_2를 소비하며 각각의 가격은 p_1과 p_2일 때 그의 예산식은 $p_1x_1+p_2x_2=m$로 표시된다. 정부가 g의 정액세(lump-sum tax), 재화 x_1에 대해서는 t의 종량세(quantity tax, unit tax)를 부과하고, 재화 x_2에 대해서는 s의 종가보조금(ad valorem subsidy)을 제공한다고 발표하였다면 소비자의 예산식은 어떻게 변화하겠는가? (2007 세무사)

① $(p_1+t)x_1+(p_2-s)x_2=m-g$

② $(p_1+t)x_1+(1-s)p_2x_2=m-g$

③ $(1+t)p_1x_1+(p_2-s)x_2=m-g$

④ $(1+t+g)p_1x_1+(p_2-s+g)x_2=m$

⑤ $(p_1+t+g)x_1+(1-s+g)p_2x_2=m$

정답 ②. 정액세가 부과되면 세액만큼 소득이 감소(m-g)하며 개별 재화에 단위당 일정액의 종량세를 부과하면 세액만큼 재화 가격이 상승($p_1 + t$)하며 종가보조금을 지급하면 재화의 가격이 보조율만큼 하락(1-s)하게 된다.

[문 12] 조세지출에 관한 설명 중 옳지 않은 것은? (2007 세무사)

① 조세지출예산제도는 각종 세법에 산재해 있는 조세지출을 일관된 기준과 원칙에 의거하여 통합 정리할 수 있다.

② 조세지출예산에 포함될 소득의 항목들을 결정하는데 자의성이 개입될 수 있다.

③ 직접지출에 비하여 조세지출은 제반 경제적 효과를 계측하기가 어렵다.

④ 조세지출이란 각종 비과세 감면제도를 통해 정부가 직접 지출한 금액을 말한다.

⑤ 조세지출예산제도가 도입되면 세제의 공평성과 효율성을 증대시켜 재정운영의 효율성을 제고시킬 수 있다.

정답 ④. 조세지출이란 비과세 감면 때문에 발생한 상실된 조세수입을 의미한다. 비과세 감면조치를 통해 정부가 "직접 지출한다."는 것은 어불성설이다.

[문 13] 조세지출(tax expenditure)에 대한 다음 설명 중 가장 옳지 않은 것은? (2003 세무사)

① 조세지출은 세출예산에 포함되지 않는다.

② 예산편성 과정에서 수시로 변경될 수 있는 정부보조금과 달리 조세지출은 상당기간 안정적으로 집행될 수 있다.

③ 조세지출의 규모는 민간부문의 행위에 영향을 받는다.

④ 조세지출예산제도는 조세지출의 규모, 내용 등에 관한 정보를 제공한다

⑤ 우리나라의 조세지출 내용을 규정하고 있는 조세특례제한법은 5년을 시한으로 하는 한시법이다.

정답 ⑤. 조세특례제한법 자체는 영구법(永久法)이나 조세특례제한법 안에 있는 몇 개 조항이 한시적일 뿐이다.

[문 14] 현행 조세제도에는 지나치게 많은 비과세 감면 조항들이 포함되어 있다. 비과세 감면 제도의 문제점을 설명한 다음 내용 중 옳지 않은 것은? (2006 세무사)

① 조세의 재정수입조달기능을 저해한다.

② 세부담의 형평성을 저해할 수 있다.

③ 조세의 시장중립성을 저해한다.

④ 거시경제의 안정적 성장을 저해한다.

⑤ 납세협력비용을 높인다.

정답 ④. 비과세 감면으로 인한 조세수입의 차질금액을 조세지출(tax expenditure)이라 한다. 경제개발

초기 조세지출이 정당성을 갖는 이유가 바로 조세의 감면으로 기업의 자본축적을 도모하여 경제성장을 촉진하는데 있다.

[문 15] 다음 중 재정의 자동안정장치(built-in stabilizer)에 대한 설명으로 가장 적합하지 않은 것은? (2003 세무사)

① 누진소득세율 인상은 자동안정효과를 크게 한다.

② 호황기에 세수증가에 의한 잉여금을 지출하면 재정의 자동안정효과는 작아진다.

③ 한계소비성향이 커질수록 자동안정장치의 효과는 커진다.

④ 실업수당은 자동안정장치의 기능을 수행한다.

⑤ 특별소비세의 탄력세율제도는 조세의 자동안정장치의 하나이다.

정답 ⑤. 특별소비세는 개별적인 소비세이므로 수요가 소득에 탄력적인 소위 '사치적 성격의 재화'에 대해서만 높은 세율을 적용하는 것이 아니라 각종 정책효과를 얻기 위한 과세가 포함되어 있다. 소주나 맥주 등에 높은 특별소비세율을 적용할 경우 누진세율의 강화에 도움이 되지 않는다는 점을 생각하면 된다.

[문 16] 어느 재화에 대한 수요와 공급 곡선이 아래와 같다고 할 때 공급자에게 단위당 6원의 종량세가 부과되는 경우 징수되는 세수는? (2002 세무사)

Q = 86 - P (수요)

Q = -10 + 1/2 P (공급)

① 100원 ② 120원

③ 132원 ④ 156원

⑤ 180원

정답 ②. 과세 전 균형은 (86-Q) = (20+2Q)로부터 균형가격 64, 균형거래량 22임을 알 수 있다. 과세 이후 공급함수가 (26+2Q)로 변화하므로 새로운 균형가격은 66, 균형거래량은 20이 된다. 부과된 세액은 단위당 6원이며 거래규모는 20개이므로 징수액의 총계는 120원이 된다.

[문 17] 한 연구팀이 어떤 섬지방 사람들의 후생(well-being)을 측정하는 조사를 하였다. 그들은 행복지수를 가장 행복하지 않은 1.0에서 가장 행복한 10.0까지로 나누어 설문조사를 하였다. 그 결과 매년 1,000만원을 버는 사람은 2.0의 평균 행복지수를 나타냈고, 2,000만원을 버는 사람은 평균 6.0의 행복지수를 보였으며, 3,000만원을 버는 사람은 평균 7.0의 행복지수를 보였다. 연구자들이 이러한 결과를 보고 내린 결론은? (단, 이 섬에는 소득이 1,000만원, 2,000만원, 3,000만원인 사람만 있다) (2007 세무사)

① 이 섬지방 사람들의 총효용은 소득과 비례한다.

② 이 섬지방 사람들의 한계효용은 소득과 함께 증가한다.

③ 이 섬지방 사람들의 한계효용은 소득과 함께 감소한다.
④ ①, ② 표현 모두 맞다.
⑤ ①, ③ 표현 모두 맞다.

정답 ⑤. 소득이 1,000일 때 행복지수는 2, 2,000일 때 6, 3,000일 때 7이므로 소득이 증가할 때 그에 비례하여 행복지수도 증가한다. 그러나 소득의 크기가 커질수록 행복지수의 한계적 크기는 점차 감소하고 있음을 알 수 있다. 즉 1,000에서 1,000 추가할 때 한계행복지수는 4(6-2)이며 2,000에서 1,000 추가할 때 한계행복지수는 1(7-6)이다.

[문 18] X재와 Y재의 시장공급곡선은 완전탄력적이며 두 재화의 현재 시장가격은 각각 Px = 10(만원), Py = 1(만원)으로 주어져 있다. 갑식이의 한달 소득은 110만원인데, 이 돈으로 X재와 Y재만을 소비한다고 한다. 갑식이의 X재 소비량을 x, Y재 소비량을 y라고 할 때 갑식이의 효용함수는 U(x, y) = $3\sqrt{xy}$로 표시된다. 이 때 정부가 20%의 소득세를 도입하는 동시에 X재의 거래에 대하여 10%의 물품세를 부과하였다고 하자. 이 제도가 갑식이에게 미치는 경제적 영향을 설명한 것으로 타당하지 않은 것은?(단, X재와 Y재에 대한 수요는 상호독립적이고 갑식이의 노동공급 변화는 없다고 가정한다.)

(2003 세무사)

① 갑식이의 무차별곡선상의 한계대체율(MRS)은 y/x로 표시된다.
② 조세부과 이전 갑식이의 균형 소비량은 x = 5.5, y = 55이다.
③ 조세부과 이후 갑식이의 가처분소득은 88만원으로 감소하고 X재 가격은 11만원으로 인상된다.
④ 조세부과 이후 갑식이는 X재 소비를 1단위, Y재 소비를 10단위 줄일 것이다.
⑤ 조세부과 이후 갑식이가 납부하는 조세는 총 26만원에 달할 것이다.

정답 ④. 우선 재화 소비의 한계효용을 정리하면 $MU^X = \frac{3}{2}X^{-\frac{1}{2}}Y^{\frac{1}{2}}$, $MU^Y = \frac{3}{2}X^{\frac{1}{2}}Y^{-\frac{1}{2}}$이다. 한계대체율(MRS)은 한계효용비율($\frac{MU_X}{MU_Y}$)이므로 Y/X이다. 두 재화 사이의 상대가격비율($\frac{P_X}{P_Y}$)은 10이므로 Y=10X, 예산제약이 10X+Y=110 이므로 20X=110을 충족하는 균형소비량은 X=5.5, Y=55이다.

X에 10%의 물품세를 부과하면 가격은 11만원으로 상승하며 소득세 20%를 적용하면 소득이 110만원에서 88만원으로 감소한다. X, Y의 관계는 Y=11X, 예산제약은 11X+Y=88로 변경된다. 22X=88을 충족하는 균형소비량은 X=4, Y=44이다. 따라서 과세 이후 X재 소비량은 1.5, Y재 소비량은 11 감소한다.

제 9 장

조세의 전가와 귀착

1. 전가와 귀착의 개념 및 구분

1-1. 전가와 귀착의 의미

- ▸조세부담을 타인에게 이전시키는 것을 전가(shifting)라 함
- ▸조세부담이 최종적으로 아무개에게 귀착(incidence)되면 소득분배상태에 영향을 미침

1-2. 전가의 유형

- ▸전전: 유통과정의 앞쪽으로 조세부담이 이전되며 소비자 가격상승의 형태
- ▸후전: 유통과정의 뒤쪽으로 이전되며 생산요소에게 이전
- ▸소전: 조세부과 이후 기업이 원가절감노력 또는 생산성향상 노력을 통해 생산과정에서 조세부담이 소멸되어 실질적인 부담자가 없는 경우

1-3. 귀착분석방법

- ▸절대적 귀착: 특정 세목의 소득분배효과를 분석함
- ▸차별귀착: 동일한 조세수입을 가정하고 한 세목을 다른 세목으로 대체할 때 두 세목의 분배효과를 비교분석함
- ▸균형예산귀착: 조세의 분배효과 뿐 아니라 정부지출의 분배효과까지 함께 분석함

2. 부분균형적 귀착분석

2-1. 개별물품세

1) 수요와 공급의 가격탄력성과 조세부담의 배분

▸수요가 탄력적이면 소비자부담이 작고 공급이 탄력적이면 생산자 부담이 작음

▸수요가 비탄력적이면 소비자 부담이 크며 공급이 비탄력적이면 생산자 부담이 큼

▸탄력성의 크기가 "조세부담의 회피정도를 알리는 지표" 역할을 함

• 수요가 탄력적이면 소비자의 조세부담 회피가 용이하므로 생산자부담 큼

• 공급이 탄력적이면 생산자의 조세부담 회피가 용이하므로 소비자부담 큼

2) 불완전경쟁시장에서 조세부담의 배분

▸독점시장의 경우 공급곡선이 없으므로 수요탄력성의 크기가 핵심적 역할

▸수요가 탄력적이면 소비자부담은 작고 한계비용곡선의 기울기가 완만할수록 소비자의 부담은 커짐

3) 한계비용(MC)이 일정한 특수한 경우

▸수요곡선이 선형인 경우 세액의 50%만 전가됨

예) 수요함수가 P=1,000-4Q인 경우

▸수요곡선이 비선형인 경우(수요곡선상의 모든 점에서 탄력성 값이 일정한 경우) 세액 이상 전가됨

예) 수요곡선상의 모든 점에서 탄력성 값이 2로 동일할 때 수요함수는 $Q = P^{-2}$

2-2. 생산요소에 대한 조세

1) 노동시장에서 조세

▸노동공급과 노동수요의 임금 탄력성에 따라 기업주와 근로자 사이에 배분

▸일반적으로 노동공급이 비탄력적이므로 노동시장의 조세는 근로자가 많은 부담을 함

2) 자본과세

▸자본의 이동이 불가능하여 공급이 완전 비탄력적인 경우 자본소유자 부담

▸자본의 이동이 자유로워 공급이 탄력적인 경우에는 자본의 사용자 또는 근로자에게 전가 가능

2-3. 경제적 이윤에 대한 조세

▸경제적 이윤은 총수입에서 경제적 비용을 차감한 값

▸경제적 이윤에 과세하면 과세 이후 생산량과 가격에 아무런 변화가 없으므로 전가문제 없음

3. 일반균형적 귀착분석

3-1. 개요 및 조세의 종류

▸재화에 대한 조세가 생산요소에까지 파급되어지는 과정을 중시

▸하버거(Harberger)의 분석으로 두 생산요소와 두 재화를 분석대상으로 함

3-2. 개별물품세의 귀착

▸두 재화 중 한 재화에 과세하면 재화수요량 및 재화생산량의 감소함

▸생산량 감소 때문에 장기적으로 생산요소에 대한 수요가 감소하므로 과세 후 생산요소의 보수가 감소하게 됨

▸귀착 결과: 과세된 재화 생산에 집약적으로 이용된 생산요소가 조세부담
예) 노동집약적으로 생산된 재화에 과세: 노동의 상대가격(w/r) 하락

3-3. 부분요소과세의 귀착분석

▸특정 재화생산에 고용된 특정 요소에만 조세가 부과되므로 과세된 요소를 비과세 요소로 대체하려는 효과(요소대체효과)와 과세된 요소를 사용하는 재화의 가격상승에 따른 생산량 감소효과(산출효과)가 동시에 나타남

▸요소대체효과: 과세된 요소를 비과세 요소로 대체하는 효과

- 과세된 요소의 상대가격 하락으로 귀착
- 생산의 파레토(Pareto) 효율성 조건이 파괴됨

▸산출효과: 과세된 요소를 사용하는 재화의 생산비용의 상승 때문에 재화의 가격이 상승하면 재화수요량 및 생산량 감소하여 장기적으로 생산요소의 보수가 하락함

- 집약적으로 사용된 생산요소의 상대가격 하락으로 귀착

▸귀착이 분명한 경우

- 집약적으로 사용된 요소와 과세된 요소가 동일한 경우

예) 자본집약적으로 생산되는 법인부문의 생산에 사용된 자본요소에만 과세하면 요소대체효과와 산출효과 모두 자본의 상대가격 하락(r/w)으로 나타남

▸ 귀착이 불분명한 경우

• 집약적으로 사용된 요소와 과세된 요소가 동일하지 않은 경우

예) 자본집약적으로 생산되는 법인부문의 생산에 사용된 노동요소에만 과세하면 요소대체효과는 노동의 상대가격(w/r)하락, 산출효과는 자본의 상대가격(r/w)하락으로 나타나 귀착의 방향이 불분명함

4. 귀착에 영향을 미치는 요소

4-1. 생산요소의 집약정도

▸ 집약정도가 높을수록 집약적으로 사용된 생산요소의 상대가격이 큰 폭으로 하락함

4-2. 수요의 가격탄력성

▸ 과세된 재화수요가 가격이 탄력적일수록 집약적으로 사용된 요소의 상대가격이 큰 폭으로 하락함

4-3. 생산요소의 대체탄력성

▸ 생산요소의 대체탄력성이 클수록 상대가격의 변화 폭이 작아짐

연 습 문 제

1. 완전경쟁시장을 가정하고 개별 물품에 단위당 200원의 조세가 부과되었다고 하자. 그 결과 소비자부담이 120원 생산자 부담이 80원인 것으로 나타났다. 그 이유에 대한 설명으로 가장 올바른 것은?
   1) 수요의 가격탄력성이 2, 공급의 가격탄력성이 3이기 때문이다.
   2) 수요의 가격탄력성이 3, 공급의 가격탄력성이 2이기 때문이다.
   3) 수요의 가격탄력성이 2, 공급의 가격탄력성 역시 2이기 때문이다.
   4) 수요의 가격탄력성이 3, 공급의 가격탄력성 역시 3이기 때문이다.
   5) 수요의 가격탄력성이 1, 공급의 가격탄력성이 4이기 때문이다.

   정답 1). 소비자 부담이 많은 이유는 수요가 가격에 비탄력적이기 때문이다. 다음의 공식을 활용하면 된다. [(수요탄력성/공급탄력성)=(생산자부담/소비자부담)]

2. 수요함수가 P=1,000-4Q, 공급함수가 P=Q이며 물품 단위당 100원의 조세가 부과될 때 소비자가격상승의 크기로 올바른 것은?
   1) 20원　　　　2) 40원
   3) 60원　　　　4) 80원
   5) 100원

   정답 4) 과세 이전의 균형가격과 수량은 200원, 200개 이며 과세 이후 공급함수가 P= Q + 100이 되므로 균형가격과 수량은 280원, 180개이다. 가격상승의 크기는 80원이다.

3. 다음 중 가장 잘못된 설명은?
   1) 조세부담이 타인에게 전가되면 간접세로 분류된다.
   2) 공공투자의 편익을 나열할 때 금전적 편익은 나열할 필요 없다.
   3) 수요가 비탄력적인 재화에 과세하면 초과부담이 작다.
   4) 어떤 재화의 공급이 가격에 비탄력적이고 수요는 가격에 탄력적일 때 개별물품세 부과 이후 소비자 부담이 생산자 부담보다 높을 가능성이 크다.
   5) 노동집약적으로 생산되는 어떤 재화에 개별물품세를 부과하면 장기적으로 노동자가 부담할 가능성이 크다.

   정답 4). 공급이 가격에 비탄력적이면 생산자의 조세부담 회피가능성은 작다. 수요가 가격에 탄력적이므로 소비자의 조세부담가능성은 작다. 개별물품세의 일반균형귀착분석에서 집약적으로 사용된 생산요소의 부담으로 귀착된다.

4. 다음 중 단위당 일정액의 조세가 소비자에게 부과된 결과 생산자 부담이 소비자 부담보다 큰 경우로 올바른 것은?
   1) 소비자에게 조세가 부과되어 언제나 생산자의 부담이 소비자의 부담에 비해 작다.
   2) 공급이 가격에 탄력적인 경우
   3) 수요가 가격에 탄력적인 경우
   4) 수요와 공급이 모두 탄력적인 경우
   5) 수요와 공급이 모두 비탄력적인 경우

   정답 3). 수요가 가격에 탄력적일수록, 공급이 가격에 비탄력적일수록 소비자의 부담에 비해 생산자의 부담이 크다.

5. 개별물품과세 이후 소비자가 생산자보다 더 많은 부담을 하는 경우로 올바른 것은?
   1) 수요와 공급이 모두 탄력적일 때
   2) 수요와 공급이 모두 비탄력적일 때
   3) 수요는 탄력적이며 공급은 비탄력적일 때
   4) 수요는 비탄력적이며 공급은 탄력적일 때
   5) 수요와 공급의 탄력성이 모두 영(0)일 때

   정답 4). 생산자가 많은 부담을 하려면 공급이 비탄력적이어야 하며 소비자가 부담을 많이 하려면 수요가 가격에 비탄력적이어야 한다. 한편 수요가 탄력적이면 소비자의 부담이 작다는 의미인데 소비자가 작은 부담을 하는 이유는 생산자에게 부담을 이전시킬 수 있기 때문이다.

6. 한계비용(MC)이 200원으로 일정하며 시장수요의 가격탄력성은 수요곡선상의 모든 점에서 2로 일정하다. 독점시장에서 거래되는 물품에 20%의 세율을 적용하여 과세할 때 소비자가격 상승의 크기로 올바른 것은?
   1) 40원　　2) 80원
   3) 100원　　4) 200원
   5) 240원

   정답 2). 수요곡선상의 탄력성 값이 모든 점에서 일정하다면 수요곡선이 비선형이므로 세액보다 전가액이 크다는 점을 우선 알아야 한다. 한계수입 MR, 소비자가격 P, 수요의 가격탄력성 E의 관계가 MR=P(1-1/E)이므로 과세 전 한계비용은 200원이므로 균형상태에서 소비자격이 400원이다. 단위당 40원의 조세가 부과되므로 과세 후 한계비용은 240원이 되며 균형상태의 소비자가격은 480원이 된다. 따라서 소비자가격은 80원 상승한다.

7. 수요함수가 P=1,000-4Q이며 한계비용(MC)이 200원으로 일정한 상태에서 단위당 100원의 조세가 부과될 때 소비자부담에 대한 설명으로 올바른 것은?

1) 소비자 가격은 100원 상승한다.
2) 소비자 가격은 100원 이상 상승한다.
3) 소비자 가격은 100원 하락한다.
4) 소비자 가격은 100원 이상 하락한다.
5) 소비자 가격은 50원 상승한다.

정답 5). 한계비용(MC)이 일정하며 수요곡선이 선형인 경우 부과된 세액의 50%만큼 소비자가격이 상승한다.

8. 독점기업이 직면하는 수요함수가 P=500-4Q이며 한계비용(MC)은 100원으로 일정하다고 가정하자. 정부가 독점기업이 생산하는 제품에 단위당 50원의 물품세를 부과할 때 나타나는 결과로 올바른 것은?

1) 생산자가 모두 부담한다.
2) 소비자가 모두 부담한다.
3) 소비자 부담이 세액 50원보다 작다.
4) 소비자가 세액 50원 이상을 부담한다.
5) 소비자 부담에 비해 생산자 부담이 더욱 크다.

정답 3). 특수한 경우의 예이며 한계비용이 수평선이며 수요곡선이 선형이면 세액의 50%만 소비자 가격상승으로 소비자에게 귀착된다.

9. 한계비용곡선이 수평선인 불완전경쟁시장에서 개별물품과세의 결과 소비자가격이 세액이상으로 상승하였다면 그 이유로 가장 올바른 것은?

1) 수요곡선이 선형으로 체감하기 때문이다.
2) 수요곡선이 수평선이기 때문이다.
3) 수요곡선이 수직선이기 때문이다.
4) 수요곡선상의 모든 점에서 탄력성 값이 일정하기 때문이다.
5) 가격과 한계수입이 일치하기 때문이다.

정답 4). 독점시장에서 한계비용이 일정하여 한계비용곡선이 수평선인 특수한 경우 수요곡선이 선형이면 세액의 절반(50%)이 전가되며, 수요곡선이 비선형(모든 점에서 탄력성값이 일정한 경우)이면 세액 이상(100% 이상)이 전가된다.

10. 임금소득에 일정한 비율로 소득세를 부과하면 개인의 노동시간에 거의 영향을 미치지 않을 뿐 아니라 조세부담의 대부분을 근로자가 떠안게 된다고 한다. 그 이유로 가장 적합한 것은?

1) 노동공급이 임금에 비탄력적이기 때문이다.
2) 노동수요가 임금에 대해 비탄력적이기 때문이다.
3) 노동공급이 임금에 탄력적이기 때문이다.

4) 노동수요가 고정되어 있기 때문이다.
5) 노동수요와 노동공급이 모두 임금에 대해 탄력적이기 때문이다.

정답 1). 노동공급의 임금탄력성에 따라 근로자의 부담이 결정된다. 노동공급이 임금에 비탄력적이므로 노동시장에서 부과된 조세는 대부분 근로자에게 귀착된다.

11. 국민연금갹출금은 근로자와 고용주가 50%씩 부담하는 것이 원칙이다. 그런데 현실적으로 대부분의 부담을 근로자가 하는데 그 이유로 가장 적합한 것은?
1) 재화수요가 가격에 탄력적이기 때문이다.
2) 재화공급이 가격에 탄력적이기 때문이다.
3) 노동수요가 임금에 비탄력적이기 때문이다.
4) 노동공급이 임금에 비탄력적이기 때문이다.
5) 장기적으로 국민연금의 수혜자가 근로자이기 때문이다.

정답 4). 조세부담의 규모는 수요와 공급의 가격탄력성 차이로 설명되어야 한다. 노동공급이 임금률변화에 비탄력적이므로 근로자가 부담을 피할 방법이 마땅하지 않다는 것이다.

12. 내년부터 개인이 보유하고 있는 모든 토지에 평당 1만원의 토지세를 부과할 예정이다. 이에 대한 설명으로 올바르지 못한 것은?
1) 현재의 토지소유자가 부담한다.
2) 토지의 보유사실에 과세하면 조세부담은 후전된다.
3) 토지와 같이 공급이 고정된 재화에 과세할 때 나타나는 극단적인 후전(後轉)현상을 조세의 자본화(capitalization)라 한다.
4) 환원액은 연간 세액, 즉 1만원을 이자율로 나눈 금액과 일치한다.
5) 토지보유 사실에 대해 과세이나 토지구입자도 일부 조세부담을 한다.

정답 5). 토지와 같이 공급이 고정된 요소에 과세하면 이론적으로 소비자에게 전가(전전)되는 일은 없다.

13. 노동집약적으로 생산되는 완구제품에 개별 물품세를 부과하였다. 생산요소간 대체탄력성은 매우 작고 완구제품 수요의 가격탄력성은 매우 큰 것으로 나타났다. 개별물품과세의 일반균형 귀착분석 결과에 대한 설명으로 올바른 것은?
1) 자본의 상대가격이 하락하며 하락폭은 매우 크다.
2) 자본의 상대가격이 하락하며 하락폭은 매우 작다.
3) 노동의 상대가격이 하락하며 하락폭은 매우 작다.
4) 노동의 상대가격이 하락하며 하락폭은 매우 크다.
5) 노동과 자본의 상대가격은 불변이나 조세부담은 자본소유자에게 귀착된다.

정답 4). 생산방식이 노동집약적이므로 노동의 상대가격이 하락하며 상대가격의 하락폭을 결정하는 요인으로 생산요소간 대체탄력성, 수요의 가격탄력성 등이 있다. 대체탄력성이 작을수록 수요의 가격탄력성이 클수록 상대가격의 하락폭이 크다.

14. 법인세를 법인부문의 자본요소에 대한 과세로 간주하자. 법인부문의 생산방식이 비법인 부분에 비해 자본집약적인 것으로 가정하자. 다음 중 일반균형적 귀착분석의 결과에 대한 설명으로 잘못된 것은?

1) 산출효과에 의해 자본의 상대가격이 하락한다.
2) 요소대체효과에 의해 자본의 상대가격이 하락한다.
3) 과세된 제품의 수요가 가격에 탄력적일수록 자본의 상대가격은 더욱 하락한다.
4) 생산요소간 대체탄력성의 값이 클수록 자본의 상대가격은 더욱 하락한다.
5) 수요의 가격탄력성이 클수록 자본의 상대가격은 더욱 하락한다.

정답 4). 대체탄력성이 클수록 상대가격의 하락폭은 작아진다.

15. 개별물품세가 부과 이후 일반균형적 귀착 분석을 한 결과, 자본가에 비해 노동자들이 많은 부담을 하는 것으로 나타났다. 그 이유로 가장 적합한 것은?

1) 근로자에게 직접 과세되었기 때문이다.
2) 소비자에게 직접 부과되었기 때문이다.
3) 수요가 가격에 비탄력적이었기 때문이다.
4) 공급이 가격에 비탄력적이었기 때문이다.
5) 생산방식이 노동집약적이었기 때문이다.

정답 5). 일반균형적 귀착분석에서 개별물품세의 귀착은 생산요소의 집약도에 의해 결정된다. 집약적으로 사용된 요소의 상대가격이 하락한다.

16. 부분요소과세의 결과 자본의 상대가격이 하락하며 노동요소에 비해 자본요소가 많은 부담을 하는 것으로 나타났다. 일반균형적 귀착분석을 가정할 때 이에 대한 설명으로 적합하지 않은 것은?

1) 자본요소에 과세되어 요소대체효과가 자본의 부담으로 귀착되었기 때문이다.
2) 생산방식이 자본집약적이어 산출효과가 자본의 부담으로 귀착되었기 때문이다.
3) 생산방식의 선택에서 자본집약도가 강할수록 자본의 부담이 더욱 커진다.
4) 재화수요가 가격에 탄력적일수록 자본의 부담은 더욱 커진다.
5) 자본세율이 높으면 높을수록 자본의 부담은 크게 나타난다.

정답 5). 부분요소과세의 귀착은 과세된 요소와 집약적으로 사용된 요소에 의해 세부담이 결정되며, 자본세율의 크기와는 무관하다.

17. 법인세를 법인부문에 고용된 자본요소에 대한 조세로 간주한다면 일반균형적 귀착분석의 결과로 올바른 것은?(단, 법인부문은 자본집약적으로 생산한다.)

1) 산출효과가 요소대체효과보다 크다면 자본의 상대가격이 하락한다.
2) 산출효과가 요소대체효과보다 작다면 자본의 상대가격이 하락한다.
3) 산출효과가 요소대체효과보다 크다면 노동의 상대가격이 하락한다.
4) 산출효과가 요소대체효과보다 작다면 노동의 상대가격이 하락한다.
5) 산출효과와 요소대체효과 모두 자본의 상대가격을 하락시킨다.

정답 5). 요소대체효과는 과세된 요소의 부담으로 산출효과는 집약적으로 사용된 요소의 부담으로 귀착된다. 문제의 경우 집약적으로 사용된 요소도 자본이며 과세된 요소도 자본이므로 자본의 부담으로 귀착된다.

18. 다음 중 잘못된 설명은?

1) 조세부담이 타인에게 전가되지 않는다면 이는 직접세이다.
2) 공공투자의 편익을 나열할 때 실질적 편익은 나열하되 금전적 편익은 나열하지 말아야 한다.
3) 수요가 비탄력적인 재화에 과세하면 일정한 조세수입을 확보할 때 초과부담이 작다.
4) 어떤 재화의 공급이 가격에 탄력적이라면 물품세 부과 이후 소비자의 부담비율이 생산자의 부담비율보다 높을 가능성이 크다.
5) 노동집약적으로 생산되는 어떤 재화에 개별물품세를 부과하면 장기적으로 노동자가 부담할 가능성이 크지만 재화수요가 탄력적일수록 노동자의 부담은 작아질 것이다.

정답 5). 일반균형귀착분석에서 생산요소의 상대가격에 영향을 미치는 요인 중 수요의 가격탄력성이 있음에 유의하면 된다. 수요가 탄력적일수록 상대가격은 크게 하락한다.

19. 정부가 창원의 기계단지에 사용되는 노동요소에만 조세를 부과할 계획인데 창원 기계단지의 생산방식은 자본집약적이다. 이와 관련된 설명으로 틀린 것은?

1) 요소대체효과와 산출효과는 다르다.
2) 기계수요가 가격에 탄력적일수록 산출효과의 결과 자본의 부담이 크게 나타난다.
3) 요소대체효과는 집약적으로 사용된 요소인 자본과 과세된 요소인 노동의 상대적 비중에 따라 달리 나타난다.
4) 집약적으로 사용된 요소와 과세된 요소가 다를 경우 귀착은 불분명하다.
5) 만약 산출효과가 크다면 부분요소과세의 결과 자본의 부담으로 귀착될 가능성이 커진다.

정답 3). 요소대체효과는 과세된 요소의 상대가격이 하락하는 형태이므로 명백하게 노동의 부담으로 귀착된다.

20. 부분요소과세의 효과를 일반균형적으로 귀착분석할 때 다른 조건이 일정불변이라면 생산요소의 대체탄력성이 크면 클수록?

1) 소비자에게 전가가 용이하다.
2) 생산요소의 상대가격이 크게 하락하게 된다.
3) 생산요소의 상대가격 하락 규모가 작아진다.
4) 노동요소에 비해 자본요소의 부담이 큰 폭으로 감소하게 된다.
5) 자본요소에 비해 노동요소의 부담이 큰 폭으로 감소하게 된다.

정답 3). 대체탄력성은 상대가격의 하락규모를 결정하는 요인이다. 대체탄력성이 크면 클수록 상대가격의 변화 폭이 작아진다.

기출문제

[문 1] 재화에 대한 소비세 부담이 전적으로 소비자에게 귀착되는 경우는? (2002 세무사)

① 수요가 공급에 비해 탄력적인 경우 ② 공급의 가격탄력성이 1인 경우
③ 공급이 완전비탄력적인 경우 ④ 수요가 완전비탄력적인 경우
⑤ 수요의 가격탄력성이 1인 경우

정답 ④. 소비자가 전액 부담하려면 수요가 가격에 완전 비탄력적이든 또는 공급이 가격에 완전 탄력적이어야 한다.

[문 2] 조세부담의 전가(shifting)와 귀착(incidence)에 관한 설명 중 옳지 않은 것은? (2007 세무사)

① 조세부담은 생산물이나 생산요소의 시장가격을 통하여 거래단계상 유통의 진행 또는 반대 방향으로 전가될 수 있다.
② 정부지출을 불변으로 두고, 한 종류의 조세를 같은 조세수입을 가져다주는 다른 종류의 조세로 대체했을 때의 분배효과를 분석하는 것을 예산귀착이라고 한다.
③ 조세부담의 전가란 조세부담이 경제적 관계에 따라 법률상 납세의무자로부터 다른 경제주체에게로 이전되는 것을 말한다.
④ 법인세의 부과는 조세부담의 전전(forward shifting) 및 후전(backward shifting)을 모두 발생시킬 수 있다.
⑤ 완전경쟁시장에서 종가세의 귀착은 소비자에게 부과되든 생산자에게 부과되든 경제적 효과 면에서 동일하다.

정답 ②. 한 조세수입을 다른 조세수입으로 대체할 때 나타나는 분배효과를 분석하는 것은 '차별귀착'이라 한다. 균형예산귀착이란 조세수입의 분배효과 뿐 아니라 정부지출의 분배효과까지 함께 살펴보는 것을 말한다.

[문 3] 다음 중 조세부담의 전가와 귀착에 관한 설명으로 옳지 않은 것은? (2005 세무사)

① 법적 귀착은 경제적 귀착과 다를 수 있다.
② 법인세 부담이 소비자에게로 전가되었다면 전전(forward shifting)이 발생한 것이다.
③ 조세를 납부해야 하는 생산자가 경영합리화 등을 통해 실질적으로 조세부담을 흡수하는 것을 소전(transformation)이라 한다.
④ 독점시장에 물품세가 부과되는 경우 소비자 가격은 조세부과액 이상으로 증가될 수 없다.
⑤ 기업의 순수한 이윤에 대한 과세는 다른 경제주체로 전가되지 않는다.

정답 ④. 독점시장에 부과된 조세가 언제나 세액 이상 소비자에게 전가되는 것은 아니다. 그러나 수요의 가격탄력성이 모든 점에서 같고 한계비용이 일정한 특수한 상황에서는 세액 이상 전가가 이루어진다.

[문 4] 우주여행시장이 있다고 생각하자. 그리고 우주여행의 수요는 완전 비탄력적이고 공급곡선은 우상향한다고 하자. 만일 우주여행 1회에 10만원의 세금이 부과된다고 하면 이 세금의 부담은 수요자와 공급자간에 어떻게 나뉘어지겠는가? (2003 세무사)

① 공급자가 전체 세금을 부담
② 수요자가 전체 세금을 부담
③ 수요자와 공급자가 균등하게 세금부담
④ 공급자가 수요자보다 더 큰 세금 부담
⑤ 주어진 정보로는 알 수 없음

정답 ②. 수요가 가격에 완전 비탄력적이므로 모든 조세부담은 소비자에게로 간다.

[문 5] 조세에 관한 설명 중 옳지 않은 것은? (2007 세무사)

① 경쟁시장에서 공급곡선이 완전비탄력적이고 수요곡선이 우하향하면 조세의 초과부담은 없다.
② 초과부담의 총크기는 수요와 공급곡선의 탄력성이 클수록 커진다.
③ 조세수입은 수요와 공급곡선의 탄력성이 작을수록 커진다.
④ 재화의 무차별곡선의 기울기가 완만할수록 초과부담은 작아진다.
⑤ 생산자와 소비자에 대한 조세의 상대적 부담비율은 수요와 공급곡선의 상대적 탄력성에 반비례한다.

정답 ④. 하나씩 살펴보면 다음과 같다.

1) 공급(또는 수요가)이 완전 비탄력적이면 초과부담은 없다.
2) 초과부담의 크기는 탄력성에 정비례한다.
3) 탄력성이 작을수록 초과부담은 작으며 소비자 또는 생산자에게 귀착되는 규모가 커진다. 따라서 생산자 또는 소비자의 조세부담은 큰 만큼 많아지며 정부의 조세수입 또한 많아진다.
4) 무차별곡선의 기울기가 완만할수록(곡률이 작을수록, 원점에 덜 볼록할수록) 두 재화간 대체성이 강하다는 의미이다. 따라서 수요의 가격탄력성이 크다는 의미이므로 조세의 초과부담은 커진다.
5) 탄력성이 클수록 조세부담의 비율은 작아지므로 탄력성 크기와 조세부담사이의 관계는 반비례적이다.

[문 6] 완전경쟁시장인 맥주시장에서 주세율이 10%포인트 인상되었다고 하자. 맥주 수요의 가격탄력성은 매우 낮고 맥주 공급의 가격탄력성은 매우 크다고 가정할 때, 주세 인상이 시장에 미치는 영향에 관한 설명 중 옳은 것은?(단, 맥주시장의 변화가 다른 시장에 미치는 영향은 무시하기로 한다.) (2007 세무사)

① 맥주가격의 변동은 매우 작을 것이다.

② 맥주 소비량은 크게 감소할 것이다.

③ 맥주회사의 세금징수 전 총매출액은 감소할 것이다.

④ 주세의 거의 대부분이 소비자에게 전가될 것이다.

⑤ 소비자보다 맥주회사가 더 많은 주세부담을 지게 될 것이다.

정답 ④. 수요의 가격탄력성이 작으므로 부과된 세액은 대부분 소비자에게 귀착된다. 탄력성이 조세부담의 회피정도를 알리는 지표라 생각하면 된다.

[문 7] 이윤극대화를 추구하는 독점기업이 생산하는 재화 X에 대하여 수요곡선과 한계비용곡선이 다음과 같다고 하자. 재화 X에 단위당 30원의 종량세 형태의 물품세를 부과할 경우 소비자가격은 어느 정도 상승하는가? (2005 세무사)

수요곡선 $P = 200 - 3Q$, 한계비용곡선 $MC = 30$

(단. P는 X재의 가격. Q는 수량, MC는 한계비용을 의미한다.)

① 10원 ② 15원

③ 20원 ④ 30원

⑤ 50원

정답 ②. 수요곡선이 선형이며 한계비용이 일정한 특수한 경우이므로 부과된 세액의 50%만 전가된다. 따라서 종량세액 30원의 절반인 15원이 가격상승의 형태로 전가되는 것이다.

[문 8] 어떤 독점기업이 직면하고 있는 수요곡선은 다음과 같이 주어져 있다.

$X = P^{-2}$ 〔단, X는 수량(개), P는 가격(원)〕

이 기업의 한계비용은 50원으로 일정하다. 이 독점기업의 제품에 단위당 10원의 세금이 부과된다면 재화의 가격은 얼마나 오르게 될까? (2004 세무사)

① 10원 ② 20원

③ 30원 ④ 40원

⑤ 50원

정답 ②. 한계수입(MR), 소비자가격(P), 수요의 가격탄력성(E) 사이에 존재하는 $MR=P(1-1/E)$의 관계를 활용하면 된다. 상기의 수요함수는 수요곡선상의 모든 점에서 탄력성 값이 2로 일정하다는 의미이므로 $MC=MR=50$일 때 가격은 100원이며 단위당 10원의 세금이 부과되어 $MC=MR=60$이 되면 시장가격은 120이 된다. 따라서 과세 이후 가격상승의 크기는 20원이다.

[문 9] 완전경쟁을 전제로 한 상태에서 물품세(excise tax)의 부담 귀착에 대한 다음의 서술 중 옳지 않은 것은? (2005 세무사)

① 납세의무가 공급자에게 있든 수요자에게 있든 귀착의 효과는 동일하다.
② 공급곡선이 수평선이면 소비자가 모든 부담을 진다.
③ 수요곡선이 수직선이면 소비자가 모든 부담을 진다.
④ 수요의 가격탄력성이 클수록 소비자의 상대적 부담이 작아진다.
⑤ 공급의 가격탄력성이 1일 때는 수요자와 공급자가 부담을 반씩 나눠서 지게 된다.

정답 ⑤. 공급의 탄력성이 얼마든 관계없이 수요와 공급 중 어느 것이 가격에 더욱 탄력적인가 하는 점이 중요하다.

[문 10] 종량세와 종가세 부과에 따른 효과에 대한 다음 설명 중 옳지 않은 것은? (2006 세무사)

① 종량세가 부과된 재화의 가격상승은 수요 · 공급의 탄력성에 따라 달라진다.
② 종가세가 종량세보다 고가격 · 고품질 물품의 개발에 기여한다.
③ 종량세의 경우 시장이 완전경쟁이면 조세가 수요자에게 부과되건 생산자에게 부과되건 상대가격과 수량에 대한 조세효과는 동일하다.
④ 종가세가 생산요소에 부과되는 경우 요소소득에 세율을 적용하여 납세전 요소소득에서 공제하는 방식으로 요소공급자에게 부과된다.
⑤ 완전경쟁시장에서 종량세를 동일한 세액의 종가세로 바꾸더라도 소비자균형은 변하지 않는다.

정답 ②. 완전경쟁시장에서 종량세와 종가세의 경제적 효과는 아무런 차이가 없다. 수요와 공급의 가격탄력성에 따라 생산자와 소비자의 부담이 결정된다. 상품세의 형태가 종가세인가 아니면 종량세인가에 따라 조세의 상품개발에 대한 기여도가 달라진다는 것은 상상할 수도 없는 일이다. 고가격 제품의 경우 종가세의 세액이 많아져 시장 수요량의 감소에 기여할 것으로 예상할 수 있다.

[문 11] 조세의 귀착에 대한 설명 중 옳은 것은? (2004 세무사)

① 개방경제하에서 자본에 대한 조세의 부담은 자본소유자에게 귀착된다.
② 생산요소의 공급이 완전 비탄력적인 경우 그에 대한 조세의 부담은 자본화된다.
③ 완전경쟁시장에서 공급곡선이 주어져 있다면 수요곡선이 탄력적일수록 소비자들의 조세부담이 증가한다.
④ 물품세가 부과될 때 독점기업의 경우에도 부과된 세금 이상을 소비자에게 전가할 수는 없다.
⑤ 램지규칙은 조세부담을 최소화하기 위한 과세방안이다.

정답 ②. 첫째. 개방경제하 자본공급은 매우 탄력적이므로 자본의 소유자가 조세부담할 가능성은 작다. 둘째. 생산요소공급이 비탄력적일수록 요소공급자의 부담으로 귀착될 가능성은 크다. 만약 생산요소 공급이 완전 비탄력적이라면 조세부담 전액이 소유자에게 귀착되는데 이를 조세환원 또는 자본화라고 한다.

[문 12] 조세의 귀착에 관한 설명 중 옳은 것은? (2007 세무사)

① 독점하에서 한계비용곡선이 일정하고 수요곡선이 직선인 경우에 종량세를 부과하면 가격은 종량세의 2배로 증가한다.

② 독점하에서 한계비용곡선이 수직이면 독점자는 세금의 일부를 수요자에게 전가시킨다.

③ 두 재화 X와 Y가 완전대체재인 경우 재화 X에 조세를 부과하면, 재화 X의 공급자에게 모두 귀착된다.

④ 종량세와 종가세 부과가 독점기업의 산출량에 동일한 영향을 주는 경우 종량세의 조세수입이 종가세의 조세수입보다 크게 된다.

⑤ 독점기업에게 조세를 부과하면 독점자는 이를 모두 소비자에게 전가시킨다.

정답 ③. 하나씩 살펴보면 다음과 같다.

1) MC 일정하고 수요곡선이 직선이면 세액의 50%만 전가된다.

2) MC 수직이면 소비자에게 전가되는 부분은 없다. 독점기업에 부과된 조세효과를 분석할 때 MC곡선이 공급곡선의 역할을 한다고 생각하면 된다.

3) 완전대체재란 가격이 상승할 때 X 대신 Y로 100% 소비를 이전한다는 의미이므로 재화수요가 가격에 완전탄력적이란 의미이다. 따라서 과세 이후 조세부담은 100% 공급자에게 귀착된다.

4) 완전경쟁의 경우 종량세와 종가세의 귀착에 차이가 없으나 독점의 경우 종가세가 종량세에 비해 불리하다. 소비자입장에서 조세부담이 많기 때문이다.

5) 독점기업에 부과된 조세의 귀착은 여러 경우로 생각해 볼 수 있다. 첫째. 수요의 가격탄력성이 클수록 독점기업의 부담이 커진다. 둘째. 한계비용곡선의 기울기가 작을수록 소비자부담이 커진다. 셋째. 한계비용이 일정하고 수요곡선이 선형이면 세액의 50%만 전가된다. 넷째. 한계비용이 일정하며 수요곡선상의 모든 점에서 탄력성 값이 일정하면 부과된 세액보다 전가규모가 더욱 크다. 즉 100% 이상 전가된다.

[문 13] 물품세는 행정적으로 수요자에게 부과될 수도 있고 공급자에게 부과될 수도 있다. 완전경쟁시장에서 물품세가 부과될 경우 부과대상에 따라 물품세의 부담귀착은 어떻게 변화하는가? (2003 세무사)

① 수요자에게 부과되는 경우 공급자에게 부과되는 경우보다 수요자측의 부담귀착이 더 크다.

② 수요자에게 부과되는 경우 공급자에게 부과되는 경우보다 수요자측의 부담귀착이 더 작다.

③ 수요자에게 부과되는 경우에는 수요자와 공급자의 부담귀착이 공급의 가격탄력성보다

수요의 가격탄력성에 더 많이 좌우된다.

④ 공급자에게 부과되는 경우에는 수요자와 공급자의 부담귀착이 수요의 가격탄력성보다 공급의 가격탄력성에 더 많이 좌우된다.

⑤ 수요자에게 부과되건 공급자에게 부과되건 조세의 부담귀착은 변화하지 않는다.

정답 ⑤. 수요와 공급의 가격탄력성이 중요할 뿐 소비자나 생산자 누구에게 조세가 부과되는지는 일체 중요하지 않다.

[문 14] 토지의 공급이 완전히 고정되어 있다면 토지분 재산세의 궁극적 귀착은?

(2007 세무사)

① 미래에 토지를 소유할 사람에게 귀착된다.

② 미래에 토지를 사용할 사람에게 귀착된다.

③ 재산세 부과시점의 토지 소유자에게 귀착된다.

④ 재산세 부과시점의 토지 사용자에게 귀착된다.

⑤ 재산세 부과시점의 소유자와 사용자가 서로 분담한다.

정답 ③. 조세환원에 관한 문제이므로 현재의 토지소유자에게 전액 귀착되며 환원액(자본화규모)은 연 각세액을 이자율로 나눈 값이다.

[문 15] '노동'과 '자본'을 투입하여 X재와 Y재를 생산하는 하버거(Harberger)의 일반균형모형에서 X재는 노동집약적, Y재는 자본집약적으로 생산되며, 두 재화의 생산기술은 규모수익불변(CRS)이고, 노동과 자본의 총공급량은 고정되어 있지만 산업간에 이동성은 자유로우며, 두 재화의 생산에 완전 고용된다고 가정한다. 생산물 시장과 생산요소 시장은 완전경쟁적이며 기업은 이윤극대화를, 소비자는 효용극대화를 목표로 한다. 정부가 X재의 생산에 투입되는 자본에 대해서만 '부분요소세(partial factor tax)'를 부과할 경우에 일반균형모형 하에서 발생하리라 예상되는 현상으로서 가장 적합하지 않은 것은? (2003 세무사)

① X재의 가격이 상승함에 따라 X재의 수요량은 감소할 것이다.

② 요소대체효과는 자본의 상대가격을 하락시킬 것이다.

③ 두 재화의 생산에 있어 자본-노동비율이 동시에 증가할 것이다.

④ 산출효과는 노동의 상대가격을 하락시킬 것이다.

⑤ 재화의 생산이 생산가능곡선의 안쪽에서 비효율적으로 이루어질 것이다.

정답 ③. 산출효과는 집약적으로 사용된 요소에게 요소대체효과는 과세된 요소에 귀착되므로 누가 부담할지 모르는 상황이다. 따라서 자본-노동비율이 동시에 같은 방향으로 변화할 수 없는 상황이다.

[문 16] 자동차산업과 섬유산업의 두 산업만이 존재하고 자본과 노동 두 요소만이 존재하는 완전경쟁시장을 가정하자. 이제 섬유산업에만 개별소비세가 부과되었다고 하자. 이 경우 조세부담 귀착의 일반균형분석에 대한 다음 설명 중 옳지 않은 것은? (2006 세무사)

① 섬유의 수요가 줄어들게 되므로 수요의 가격탄력도가 최종부담의 크기 결정에 영향을 미친다.

② 섬유산업에서 해고가 발생하며 두 산업간 요소집약도의 차이가 최종부담의 크기 결정에 영향을 미친다.

③ 자동차산업에서 요소의 고용이 상대적으로 크게 늘어나며 생산요소의 대체탄력도가 최종부담의 크기 결정에 영향을 미친다.

④ 자본을 소유한 가계의 부담과 노동을 소유한 가계의 부담은 수요의 가격탄력성에 반비례하여 결정된다.

⑤ 두 산업에 일반소비세가 부과되면 보유한 요소에 관계없이 모든 가계들의 소비에 동일한 비율로 세부담이 발생한다.

정답 ④. 개별물품세의 일반균형귀착에 대한 설명이므로 조세가 부과된 상품생산에 집약적으로 사용되는 생산요소가 조세부담을 하게 된다. 상대가격의 크기에 영향을 미치는 요소를 열거하면 다음과 같다.

첫째, 수요가 탄력적일수록 상대가격의 하락규모는 커진다. 수요의 가격탄력성에 비례하여 조세부담의 크기가 결정된다. 둘째, 생산요소의 대체탄력성이 크면 클수록 상대가격의 하락폭은 작아진다. 셋째, 부문간 생산요소의 집약도 차이가 크면 클수록 상대가격의 하락규모는 더욱 커진다.

[문 17] 요소집약도가 다른 두 재화를 생산하는 경제에서 자본집약적인 재화에 물품세가 부과되는 경우, 하버거(Harberger) 일반균형분석 모형에 따른 조세귀착에 대한 다음 설명 중 옳지 않은 것은? (2005 세무사)

① 특정 재화에 대한 과세는 그 재화의 생산에 집약적으로 사용되는 생산요소의 상대가격을 하락시킬 것이다.

② 자본집약적 재화에 대한 수요의 가격탄력성이 클수록 자본의 상대가격은 더 크게 하락할 것이다.

③ 물품세의 귀착에 있어서 노동자가 상대적으로 유리해진다.

④ 재화생산에 있어 노동과 자본의 대체가 어려울수록 자본의 상대가격이 더 많이 하락할 것이다.

⑤ 두 재화 모두 이전보다 노동집약적인 생산방식을 채택하게 된다.

정답 ⑤. 집약적으로 사용된 요소가 자본이므로 자본의 상대가격이 하락하는 형태로 귀착이 결정된다. 자본소득이 하락하려면 자본-노동비율은 증가되어야 하므로 과세 이후 자본집약도가 오히려 증가해야 한다.

[문 18] X재와 Y재의 두 생산부분과 노동(L)과 자본(K)의 두 생산요소로 이루어진 하버거모형(Harberger model)에서 X재 생산부문의 자본소득에 과세하는 경우 그 세부담의 귀착에 대한 설명 중 옳지 않은 것은? (X재 생산은 자본집약적으로 이루어진다고 가정함)

(2002 세무사)

① X재 수요의 가격탄력성이 클수록 산출효과의 크기는 커진다.

② 산출효과에 의해서는 자본의 상대가격이 하락한다.

③ 요소대체효과에 의해서는 자본의 상대가격이 하락한다.

④ 요소사이의 대체탄력성이 클수록 요소상대가격의 변화폭이 커진다.

⑤ 두 생산부문간 요소집약도의 차이가 클수록 요소상대가격의 변화폭이 커진다.

정답 ④. 생산요소간 대체탄력성과 상대가격 변화 사이에는 상호 역의 관계가 있다. 따라서 대체탄력성이 클수록 상대가격의 하락은 작으며 대체탄력성이 작을수록 상대가격은 크게 하락한다.

[문 19] 조세의 귀착에 대한 A. C. Harberger(1962) 일반균형모형에서 노동집약적인 X재 산업의 자본에 대해 부분요소세를 부과할 경우 나타나는 현상을 바르게 설명한 것은? 단, 경제전체의 요소(노동, 자본) 공급량이 고정되어 있고 요소의 산업간 이동은 자유롭다고 전제한다. (r/w는 노동에 대한 자본의 상대가격) (2004 세무사)

① 산출량 효과는 r/w 상승, 요소대체효과는 r/w 하락

② 산출량 효과는 r/w 상승, 요소대체효과는 r/w 상승

③ 산출량 효과는 r/w 하락, 요소대체효과는 r/w 상승

④ 산출량 효과는 r/w 하락, 요소대체효과는 r/w 하락

⑤ 산출량 효과와 요소대체효과가 정확히 상쇄되므로 r/w 불변

정답 ①. 산출효과는 집약적으로 사용된 노동의 부담으로 요소대체효과는 과세된 요소인 자본의 부담으로 나타난다. 지문에는 모두 자본의 상대가격으로 정리되어 있으므로 산출효과를 w/r의 하락 대신 r/w의 상승으로 이해하면 된다.

제10장 조세의 효율성 분석

1. 조세와 선택의 교란

1-1. 대체효과와 소득효과

▸ 과세 이후 재화간 상대가격의 변화로 나타난 대체효과가 초과부담의 원인

▸ 만약 대체효과 없다면 초과부담 없음

예) 완전 보완관계에 있는 두 재화 중 한 재화에 과세하는 경우

• 무차별곡선이 'L자'형이면 두 재화는 완전 보완관계임

▸ 대체효과는 조세회피와 관련(조세포탈은 불법적인 활동)

1-2. 시장유형별 대체효과

▸ 재화시장: 특정 재화에 과세하면 상대가격 변화

• 개별물품세는 초과부담을 야기함

▸ 저축시장: 이자소득에 과세하면 현재소비와 미래소비 사이의 상대가격 교란

• 이자소득세는 대체효과(저축의 감소) 때문에 초과부담을 야기함

▸ 노동시장: 임금소득에 과세하면 여가와 소득의 상대가격 교란

• 근로소득세는 대체효과(노동공급의 감소) 때문에 초과부담을 야기함

▸ 여가(leisure)가 선택대상에 포함되는 경우

• 중립세(lump-sum tax)를 제외한 모든 조세가 초과부담 있음

2. 초과부담의 문제

2-1. 초과부담의 정의

▸납세액 이상의 후생상실에 따른 비용

2-2. 초과부담의 측정

▸상품과세의 경우: 1/2(수요의 가격탄력성)(지출액)(세율의 제곱)

▸세율의 제곱에 비례하므로 과세베이스의 확대로 낮은 세율을 적용하는 것이 바람직

▸임금소득세의 경우: 1/2(노동공급의 임금탄력성)(임금지불액)(소득세율의 제곱)

▸보상수요곡선과 보통수요곡선

• 보상수요곡선은 대체효과만을 반영하여 그린 것이므로 한 재화가 정상재라면 보상수요곡선이 보통수요곡선이 비탄력적임

2-3. 수량변화와 초과부담

▸일반적인 경우 과세이후 수량변화 있음

▸과세 이후 수량변화가 없다고 해서 초과부담이 없는 것은 아님

▸소득효과와 대체효과의 방향이 다른 경우 소득효과와 대체효과의 크기가 일치하면 수량변화 없으나 초과부담은 있음

• 근로소득세 부과 후 소득효과와 대체효과의 크기가 같다면 노동시간에는 변화가 없으나 대체효과로 인한 초과부담은 존재함

2-4. 특수한 경우

▸두 재화가 대체관계에 있고 이미 한 재화에 개별물품세가 부과되는 상황에서 다른 한 재화에 개별물품세를 부과한 경우 초과부담은 감소하게 됨

• 개별물품과세로 초과부담이 발생하나 대체관계에 있는 재화수요 증가

• 이미 과세되는 재화의 수여가 증가하면 조세수입 증가로 정부 이득 발생

• 정부의 이득이 있으므로 공식적인 규모보다 초과부담이 작아진다는 것

3. 최적상품과세이론

3-1. 최적상품과세이론의 목적

▸ 적절한 상품세율의 적용을 통해 초과부담을 '최소화'하는 것

▸ 효율성(상실의 최소화)에 초점이 맞추어져 있음

3-2. 역탄력성규칙

▸ 재화수요의 가격탄력성과 상품세율 사이에 반비례관계에 있어야 함

▸ 따라서 일률세율보다는 차등세율이 바람직하다는 것

3-3. 램지규칙

▸ 한계초과부담(MEB)이 일치할 때 총 초과부담이 최소화됨

▸ 과세 이후 모든 재화의 수요량 감소비율이 일치해야

▸ 수요량의 감소비율이 일치하려면 역탄력적으로 과세가 이루어져야 함

3-4. 콜렛과 헤이그의 규칙

▸ 여가보완재에 중과세하여 최적과세 가능

▸ 여가에도 다른 재화와 마찬가지로 역탄력적인 과세원칙을 적용하자는 것

3-5. 상품과세이론의 한계

▸ 효율성에 초점이 맞추어 있어 공평성 측면에서 미흡함

• 비탄력적인 재화인 생필품(生必品)에 중과세하며 수요가 가격에 탄력적인 사치재(奢侈財)에 낮은 세율을 적용해야 함

▸ 균일세율보다 차등세율을 지지하고 있음

• 수요의 가격탄력성에 역비례해야 하므로 모든 재화에 적용될 세율이 달라야 함

연 습 문 제

1. 초과부담(excess burden)에 대한 설명으로 가장 타당한 것은?
   1) 조세가 민간부문의 의사결정을 교란하여 나타나는 효율성 상실 크기이며 납세액을 포함한 후생비용을 의미한다.
   2) 조세가 민간부문의 의사결정을 교란하여 나타나는 효율성 상실 크기로 납세액(징수액)과 일치한다.
   3) 조세가 민간부문의 의사결정을 교란하여 나타나는 효율성 상실 크기로 납세액을 초과하는 후생비용을 의미한다.
   4) 조세가 민간부문의 의사결정을 교란하여 나타나는 세액 이상의 효율성 상실 크기이며 소득효과가 그 원인이다.
   5) 조세가 민간부문의 의사결정을 교란하여 나타나는 세액 이상의 효율성 상실 크기이며 소득효과와 대체효과가 함께 원인이다.

   정답 3). 초과부담이란 조세가 민간부문의 의사결정을 교란시켜 발생하는 납세액을 초과하는 효율성 상실의 크기를 말한다. 초과부담도 조세부담의 하나이므로 총 조세부담은 정부 징수액을 초과한다.

2. 조세부과가 비효율성을 가져오는 근본적인 원인으로 올바른 것은?
   1) 조세가 심리적 부담을 가져오기 때문이다.
   2) 조세가 시장 가격기구를 교란하기 때문이다.
   3) 한계대체율과 한계변환율이 같은 비율로 변화하기 때문이다.
   4) 과세 이후 시장가격이 하락하기 때문이다.
   5) 조세 징수에 따른 행정비용이 과다하기 때문이다.

   정답 2). 조세가 비효율적인 근본 이유는 가격기구의 교란 때문이다. 예를 들어 소금에 개별물품세를 부과하면 소비자가격이 상승한다. 그 결과 소비자가 인식하는 소금의 가격이 소금을 생산하는데 필요한 자원비용보다 커지게 되어 비효율성이 야기된다.

3. 공급곡선이 수평선이며 수요곡선이 우하향하는 선형일 때 초과부담에 대한 설명으로 타당하지 않은 것은?
   1) 고려대상 수요곡선은 보상 수요곡선이어야 한다.
   2) 조세의 비효율성은 소득효과와 관련이 없고 오직 대체효과와 관련이 있기 때문에 보통 수요곡선 대신 보상 수요곡선을 이용해야 한다.
   3) 조세가 가져오는 실제 부담에서 정부 징수액을 차감한 것이 초과부담이다.

4) 초과부담이란 조세부과로 인한 소비자잉여 감소분의 일부이다.
5) 초과부담이 정부 징수액보다 크면 비효율적이며 초과부담이 정부 징수액보다 작으면 효율적인 조세로 평가된다.

정답 5). 초과부담의 정의는 징수액을 초과하는 후생상의 손실이며 조세수입(정부징수액)과 초과부담의 크기를 비교하여 효율성 여부를 판단하는 것은 잘못된 것이다. 초과부담은 과세로 인한 소비자잉여 상실의 크기 중 징수액을 제외한 나머지 부분이다.

4. 초과부담의 결정요인에 대한 설명으로 틀리는 것은?
1) 초과부담은 초기지출액에 비례한다.
2) 초과부담은 수요의 가격탄력성에 비례한다.
3) 초과부담은 상품세율의 제곱에 비례한다.
4) 공급곡선이 우상향하면 공급의 가격 탄력성도 초과부담에 영향을 미친다.
5) 수요가 가격에 탄력적일수록 초과부담이 커지며 공급이 가격에 탄력적일수록 초과부담은 작아진다.

정답 5). 공급곡선이 우상향할 때 수요와 공급의 가격탄력성은 모두 초과부담과 정비례관계에 있다. 공급이 탄력적일수록 초과부담이 커진다.

5. 초과부담의 크기를 결정하는 요인에 대한 설명으로 올바른 것은?
1) 수요의 가격탄력성이 커지면 초과부담은 탄력성의 제곱에 비례하여 증가한다.
2) 초과부담은 과세이후 지출액의 크기에 반비례한다.
3) 세율이 인상되면 초과부담은 세율의 크기에 정비례하여 증가된다.
4) 소득세율과 상품세율이 동시에 2배로 증가되면 초과부담은 4배로 커진다.
5) 상품세율이 과거의 절반수준으로 낮아지면 초과부담은 과거의 1/4로 감소된다.

정답 5). 초과부담은 수요의 가격탄력성 및 과세이전의 지출액과 비례관계에 있고, 상품세율이 증가하는 경우 초과부담은 그 제곱에 비례하여 증가된다. 따라서 세율이 1/2로 인하되면 초과부담은 그 제곱, 즉 1/4로 감소해야 한다.

6. 어떤 상품에 개별물품세를 부과할 때 야기되는 초과부담에 대한 설명 중 잘못된 것은?
1) 공급이 가격에 무한 탄력적이면 초과부담의 크기는 수요의 가격탄력성에 반비례한다.
2) 상품세율이 10%에서 20%로 인상되면 초과부담의 크기는 4배 증가한다.
3) 재화에 대한 초기지출액이 크면 클수록 초과부담의 크기는 증가한다.
4) 공급곡선이 우상향한다면 초과부담의 크기는 공급의 가격탄력성에 정비례한다.
5) 공급이 가격에 무한 탄력적이며 수요가 가격에 완전 비탄력적이라면 과세 이후 초과부담은 일체 없다.

정답 1). 초과부담은 수요의 가격탄력성에 정비례한다.

7. 공급곡선은 수평선(무한 탄력적)이며 수요곡선은 우하향하는 직선이다. 과세이전의 가격은 1,000원, 과세이전의 균형거래량은 100개이었다. 상품세율은 20%이며 수요의 가격탄력성은 1이라고 하자. 개별물품과세로 인한 "효율성 상실률(비효율성계수)"은 얼마인가?

1) 10%　　2) 12.5%

3) 20%　　4) 22.5%

5) 25%

정답 2). 효율성 상실률이란 징수액에서 초과부담이 차지하는 비율이며 이 비율이 클수록 비효율적인 조세를 의미한다. 문제의 경우 세수입은 16,000원이며 초과부담의 크기는 2,000원이므로 비효율성계수는 1/8이다.

8. 서로 대체관계에 있는 생맥주와 병맥주가 있다. 병맥주에는 이미 개별물품세가 부과되고 있다. 생맥주에 물품세를 부과할 때 나타나는 현상으로 가장 올바른 것은?

1) 생맥주 가격은 상승하고 병맥주 수요량은 감소한다.

2) 생맥주 과세에 따라 초과부담이 발생하나 병맥주시장에서 후생수준이 증가하므로 생맥주 과세에 따른 초과부담은 작아진다.

3) 생맥주 과세에 따라 초과부담이 발생하나 병맥주시장에서 후생수준이 감소하므로 생맥주 과세에 따른 초과부담은 커진다.

4) 생맥주 과세에 따라 초과부담이 발생하나 병맥주시장에서 후생수준이 불변이므로 생맥주 과세에 따른 초과부담에 변화가 없다.

5) 생맥주 과세에 따른 초과부담과 병맥주시장의 후생수준 증가가 상쇄되어 생맥주 과세에 따른 초과부담이 일체 없다.

정답 2). 생맥주에 개별물품세를 부과하면 초과부담이 발생한다. 그러나 생맥주와 병맥주가 상호 대체관계에 있으므로 생맥주 가격상승은 병맥주 수요증가에 기여하며 병맥주 수요가 증가하면 정부의 조세수입이 많아지므로 병맥주 추가소비에 의해 후생수준은 증가한다. 따라서 생맥주 과세에 따른 초과부담의 크기는 보다 작아진다 할 수 있다.

9. 대등변화(equivalent variation)를 이용하여 초과부담의 존재를 설명한 내용으로 올바른 것은?

1) 소득의 대등변화가 물품세 수입보다 크다면 그 차이가 바로 초과부담의 크기이다.

2) 소득의 대등변화가 물품세 수입보다 작다면 그 차이가 바로 초과부담의 크기이다.

3) 소득의 대등변화는 언제나 물품세 수입과 일치하므로 초과부담과 무관하다.

4) 소득의 대등변화가 물품세 수입보다 크다면 물품세 수입에 소비자잉여의 변화분을 합계한 것이 초과부담이다.

5) 소득의 대등변화가 물품세 수입보다 작다면 물품세 수입에서 소비자잉여의 변화분을

뺀 것이 초과부담이다.

정답 1). 대등변화란 개별물품세 부과 때문에 감소된 후생손실의 크기와 일치하는 소득 변화분을 말한다. 물품세 부과 이후 대등변화 만큼 소득상실 효과가 있는데 물품세 수입이 이에 못 미친다면 그 차이를 초과부담으로 해석하면 된다. 대등변화와 조세수입의 크기가 일치한다면 과세로 인한 초과부담은 없다.

10. 초과부담에 대한 다음 설명 중 틀리는 것은?

1) 초과부담은 징수액을 초과하는 후생상실의 크기를 말한다.
2) 소주와 맥주가 완전 보완재일 때 두 재화 중 한 재화에 조세를 부과하면 두 재화 모두 과세하는 경우에 비해 초과부담이 크다.
3) 개별 물품과세 이후 대등변화가 조세수입보다 크다면 초과부담이 있다는 증거이다.
4) 초과부담의 크기는 수요의 가격탄력성에 비례한다.
5) 상품세율이 커질 때 초과부담이 증가하는 속도가 초기지출액이 증가할 때 초과부담이 증가하는 속도보다 더 빠르다.

정답 2). 완전 보완관계에 있는 두 재화 중 한 재화에 조세를 부과하면 초과부담은 일체 없다. 초과부담이 대체효과 때문에 발생한다는 것을 기억하면 된다.

11. 근로소득세 부과 이후 발생하는 초과부담에 대한 설명으로 틀리는 것은?

1) 노동수요곡선이 수평선일 때 보상된 노동공급곡선의 임금탄력성에 따라 초과부담이 달라진다.
2) 임금소득과세로 임금소득자가 얻는 잉여는 감소하게 된다.
3) 근로소득과세 이후 발생한 대등변화가 조세수입을 초과하는 부분이 초과부담이다.
4) 근로소득세의 초과부담은 개별물품세의 초과부담과 그 원인이 다르다.
5) 근로소득세율이 커질수록 초과부담은 증가한다.

정답 4). 근로소득과세 이후 초과부담의 크기는 대체효과에 의존하며 물품과세 이후 발생하는 초과부담의 원인 역시 대체효과이다. 따라서 수요의 가격탄력성이나 노동공급의 임금탄력성의 적용에 있어 보상수요와 보상노동공급곡선의 이용이 요구되는 것이다. 보상된 수요나 노동공급은 소득효과가 제외된 순 대체효과에 의한 변화만을 반영하기 때문이다.

12. 다음 중 중립세(lump-sum tax)에 대한 설명으로 가장 타당하지 못한 것은?

1) 중립세는 효율성의 관점보다 공평성의 관점에서 바람직하다.
2) 현실적으로 중립세의 성격을 완벽하게 갖춘 조세는 찾기 어렵다.
3) 만약 중립세의 성격을 갖춘 조세가 있다 해도 실제 채택하기는 매우 어렵다.
4) 완전하지는 않으나 인두세(人頭稅, poll tax)가 중립세의 예가 될 수 있다.
5) 인두세가 현실적으로 채택될 수 없는 가장 큰 이유는 역진성 때문이다.

정답 1). 중립세란 초과부담이 없는 조세이다. 초과부담이 없다는 것은 효율적이란 의미이다. 따라서 중립성 논의는 조세의 효율성과 밀접한 관련이 있다. 중립세와 가까운 성격을 갖춘 인두세가 도입되어 모든 사람에게 개인사정과 무관하게 일정액을 징수한다면 초과부담 최소화에는 기여할 수 있다. 그러나 수직적 공평성이란 관점에서 용납될 수 없을 것이다.

13. 소득세의 중립성에 대한 설명으로 올바른 것은?

1) 두 재화가 선택대상이면 소득세 부과에 따른 초과부담은 작다.
2) 여가가 선택대상일 때 소득세 역시 초과부담이 있는데, 그 이유는 여가에 적절히 과세할 방법이 없기 때문이다.
3) 소득세가 재화간 선택에 초과부담을 야기하나 여가와 소득의 선택에는 중립적이다.
4) 현재소비와 미래소비가 선택대상이면 소득세의 초과부담은 없다.
5) 여가와 단 한 재화가 선택대상이면 소득세의 초과부담은 없다.

정답 2). 여가가 선택대상에 포함되면 소득세 부과 이후 초과부담이 있다. 소득세 때문에 한 재화와 여가 사이의 선택이 교란되기 때문이다. 여가가 선택대상이면 "중립세를 제외한 모든 조세가 초과부담이 있다."고 말하는 이유를 생각하면 된다. 소득세 역시 여가에 적절하게 과세하지 못해 초과부담이 있는 것이다.

14. 열등재(inferior goods)에 개별물품세를 부과한 이후 "재화수요량에 아무런 변화가 없었다." 이에 대한 설명으로 가장 타당한 것은?

1) 과세 후 초과부담이 없다.
2) 대체효과가 없어 수량변동은 없으나 초과부담은 존재한다.
3) 수량변동은 없으나 대체효과가 있어 초과부담은 존재한다.
4) 소득효과가 없고 수량변동도 없으나 초과부담은 존재한다.
5) 대체효과만 있어 수량변동은 없어도 초과부담은 존재한다.

정답 3). 대체효과와 소득효과가 일치하여 수량변동이 없는 것이다. 수량변동은 없으나 대체효과가 있으므로 초과부담은 존재한다. 초과부담의 원인인 대체효과가 소득효과에 의해 상쇄되었다고 생각하면 된다.

15. 최적조세구조의 성격에 대한 설명으로 틀리는 것은?

1) 효율성 뿐 아니라 공평성 측면의 요건도 감안되어야 한다.
2) 공평성 반영을 위해 가치판단이 필요하므로 현실적으로 객관적 해결책을 찾기 어렵다.
3) 최적조세구조란 파레토 효율적 조세구조를 의미한다.
4) 전통적 최적조세구조이론은 효율성 상실의 최소화에 역점을 둔다.
5) 분배적 측면을 감안한 조세구조를 찾기 어려워 지금도 최적조세이론에서 효율성에 많은 비중을 두고 있는 것이 사실이다.

정답 3). 최적조세구조란 효율성 상실을 최소화하는, 즉 차선의 구조를 의미한다. 초과부담을 제거하는 현실적 방책이 없으므로 불가피한 초과부담을 최소화하려 하는 것이다.

16. 직접세와 간접세에 대한 전통적 논의에서 직접세가 우월하다는 근거로 올바른 것은?

1) 직접세의 선택교란효과가 있으나 간접세보다 작으므로 후생수준이 높다고 생각했기 때문이다.
2) 간접세가 선택교란효과는 작으나 후생수준이 낮다고 생각했기 때문이다.
3) 직접세는 선택교란효과가 없고 간접세는 교란효과가 있어 직접세의 후생수준이 높다고 생각했기 때문이다.
4) 직접세의 후생수준은 낮으나 세수확보효과가 크다고 생각했기 때문이다.
5) 직접세의 후생수준은 낮으나 행정비용이 낮아 효율적이라고 생각했기 때문이다.

정답 3). 전통적 논의에서 직접세가 우월하다는 근거는 직접세 부과 이후 선택의 교란이 없다고 생각했기 때문이다. 그러나 여가가 선택대상이 되면 '직접세 우월론'은 전혀 근거가 없다.

17. 소득세보다 지출세가 더욱 효율적이라 말하는 근거로 올바른 것은?

1) 지출세가 현재소비와 마래소비의 선택에 교란이 없기 때문이다.
2) 지출세가 여가와 소득의 선택에 교란이 없기 때문이다.
3) 같은 금액의 세수확보를 가정할 때 지출세 부과 이후 효용이 소득세의 효용보다 항상 높기 때문이다.
4) 지출세의 행정비용이 소득세의 행정비용에 비해 저렴하기 때문이다.
5) 지출세의 과세베이스가 소득세의 과세베이스보다 커 같은 조세수입을 확보한다고 가정할 때 더욱 낮은 한계세율의 적용이 가능하기 때문이다.

정답 1). 소득세의 경우 저축의사결정에 교란이 있는 반면 지출세의 경우 현재소비와 미래소비의 선택에 어떠한 교란도 없다. 효율성 측면에서 소득세보다 지출세가 우월하다고 말하는 근거가 여기에 있다. 다른 선택의 경우 지출세가 소득세에 비해 우월하다는 근거는 찾을 수 없다.

18. 램지규칙을 바르게 설명한 것은?

1) 각 상품에서 한계 초과부담이 일치하도록 상품세율을 적용한다.
2) 각 상품에서 평균 초과부담이 일치하도록 상품세율을 적용한다.
3) 각 상품에서 총 초과부담이 일치하도록 상품세율을 적용한다.
4) 각 상품의 한계 초과부담이 수요의 가격탄력성과 반비례하도록 상품세율을 적용한다.
5) 각 상품의 평균 초과부담이 수요의 가격탄력성과 반비례하도록 상품세율을 적용한다.

정답 1). 모든 상품에서 조세수입 1원을 추가시킬 때 발생하는 초과부담의 증분, 즉 한계초과부담이 일치하도록 상품세율을 작용하자는 것이다.

19. 최적 상품과세의 방법으로 "Ramsey Rule"과 관련된 설명으로 올바른 것은?

1) 과세 이후 수요량의 감소비율이 같아야 하며 개인의 납세액은 소득수준과 관계있다.
2) 과세 이후 수요량의 감소비율이 같아야 하며 개인의 납세액은 소득수준과 관계없다.
3) 과세 이후 수요량의 감소비율이 달라야 하며 개인의 납세액은 소득수준과 관계있다.
4) 과세 이후 수요량의 감소비율이 달라야 하며 개인의 납세액은 소득수준과 관계없다.
5) 과세 이후 수요량의 감소비율이 달라도 되며 개인의 납세액은 소비수준과 관계있다.

정답 2). 램지규칙은 과세 이후 수요량의 감소비율이 모든 재화에 일치할 때 초과부담이 최소화된다는 것이다. 소득수준이나 소비수준 그리고 개인의 납세액 사이에는 아무 관계없다.

20. 역탄력성 규칙과 관련된 설명으로 타당성이 없는 것은?

1) 각 상품에 적용되는 물품세 세율이 수요의 가격탄력성에 반비례해야 한다.
2) 수요가 가격에 탄력적일수록 과세 후 교란이 크므로 낮은 세율을 적용하자는 취지이다.
3) 수요가 가격에 비탄력적인 재화는 생필품(生必品)의 성격이 강하므로 역탄력성 규칙을 적용할 때 공평성에 문제가 생길 수 있다.
4) 만약 수요의 가격탄력성이 영(0)인 재화가 있다면 모든 조세수입의 원천이 바로 이 재화에 있다.
5) 역탄력성 규칙에 따라 과세하는 경우 램지규칙과 많은 차이가 있다.

정답 5). 램지규칙에 충실하려면 수요의 가격탄력성에 반비례하는 세율을 적용해야 한다. 수요량 변화율의 일치를 위해 탄력적인 재화일수록 상품세율이 낮아야 한다. 수요가 가격에 비탄력적인 재화의 경우 수요량 감소를 위해 가격상승의 폭이 커야 한다. 따라서 비탄력적인 재화일수록 상품세율이 높아야 램지규칙에 충실할 수 있다.

21. 콜렛과 헤이그의 규칙에 대한 설명으로 가장 올바른 것은?

1) 상품세율의 적용에 있어 수요의 가격탄력성을 가장 중시한다.
2) 상품세율의 결정에 있어 과세 이후 수요량 감소비율에 초점을 두고 있다.
3) 여가와 보완적인 상품에 높은 세율을 적용하고 대체적인 상품에 낮은 세율을 적용하는 것이 바람직하다는 내용이다.
4) 소득세의 최적세율 결정에서는 여가와 보완성을 고려할 필요 없으나 상품세율의 결정에 있어 여가보완성이 강할수록 낮은 세율이 적용되어야 한다.
5) 세율과 수요탄력성의 곱이 모든 재화에 일치하도록 상품세율이 결정되어야 한다.

정답 3). 여가에 직접 과세하기 곤란하므로 상품세율을 결정할 때 여가와의 보완성을 고려하자는 것이다. 여가보완재에 대해 높은 세율을 적용하고 여가와 대체관계에 있을수록 낮은 세율을 적용하자는 것이다.

22. 보상수요곡선과 보상변화에 대한 다음의 설명 중 올바른 것은?

1) 보상수요곡선은 소득효과만을 이용하여 그린 수요곡선을 말한다.
2) 보상변화의 크기는 소득효과와 무관하게 정의된다.
3) 보상변화가 클수록 수요의 가격탄력성은 커지며 보상변화가 작을수록 수요의 가격탄력성이 작아진다.
4) 보상변화를 이용하여 측정한 소득의 변화분과 대등변화를 이용하여 측정한 소득의 변화분은 그 크기가 동일하다.
5) 정상재의 경우 보상수요곡선이 보통수요곡선보다 비탄력적이다.

정답 5). 보상수요곡선은 소득효과를 제외하고 대체효과만으로 그린 수요곡선이다. 정상재의 경우 가격변화에 따른 소득효과는 대체효과와 동일한 방향으로 움직인다. 따라서 가격변화에 따른 소득효과를 제외하면 수량변화의 크기가 작아져 수요곡선은 비탄력적인 모습으로 나타난다.

기출문제

[문 1] 다음 중에서 조세의 초과부담이 발생하는 이유를 가장 잘 설명한 내용은?

(2003 세무사)

① 조세가 부과되면 정부는 행정비용을 부담한다.
② 조세가 부과되면 그에 상응하는 조세감면이 나타난다.
③ 조세가 부과되면 개인은 납세비용(compliance cost)을 부담한다.
④ 조세가 부과되면 개인은 절세라는 조세회피(tax avoidance) 행위를 한다.
⑤ 조세가 부과되면 탈세라는 조세포탈(tax evasion)이 나타난다.

정답 ④. 초과부담은 대체효과에 의해 발생하는 것이다. 근로소득세의 대체효과란 근로의욕의 감소, 이자소득세의 대체효과는 저축의욕의 감소 등(조세회피행위)으로 나타난다. 대체효과가 비효율성의 원인이라 말하는 이유가 여기에 있다.

[문 2] 정부가 담배 한 갑에 대해 600원의 종량세를 부과한다고 가정하자. 공급은 Q = 3000 + 5P로 주어지고 수요는 Q = 4800 − P로 주어졌다면, 과세로 야기되는 사중손실(deadweight loss)은 얼마인가? (2006 세무사)

① 10만원 ② 15만원
③ 20만원 ④ 25만원
⑤ 30만원

정답 ②. 과세 이전 균형수량은 4,500개이며 과세 이후 균형수량이 4,000개이므로 수량의 변화규모는 500개이며 단위당 세액이 600원이므로 초과부담의 크기는 1/2(600원)(500개)=150,000원이 된다.

[문 3] 어떤 귀금속의 수요곡선은 Qd = 10 − P이고 공급곡선은 Qs = P이다. 정부는 이 귀금속에 종량세 형태의 세금(t = 2)을 부과하기로 하였다. 이 때 사중손실(deadweight loss)은 얼마인가? (2002 세무사)

① 1 ② 2
③ 3 ④ 4
⑤ 5

정답 ①. 과세 전 균형가격과 거래량은 5원과 5개이며 과세이후 공급함수가 P=Q+2로 변화하므로 새로운 균형가격과 거래량이 6원 및 4개가 된다. 따라서 초과부담의 크기는 2 × 1 × 1/2=1원이 된다.

[문 4] 어떤 재화 X재의 시장수요곡선과 시장공급곡선이 다음과 같다고 하자. 이 경우 X재 한 단위당 10원의 물품세가 부과될 경우 발생하는 초과부담은 얼마인가? (단, X재 이외의 다른 시장은 존재하지 않는 것으로 가정한다.) (2005 세무사)

수요곡선 $P = 130 - 2Q$, 공급곡선 $P = 20$
(단, P는 X재의 가격, Q는 수량을 나타낸다.)

① 0 ② 25
③ 500 ④ 525
⑤ 2500

정답 ②. 과세 전 가격과 수요량은 20원과 55개이며 과세 이후 균형가격과 수요량은 30원과 50개가 된다. 따라서 초과부담의 크기는 10 × 5 × 1/2 =25원이다.

[문 5] 어떤 산업의 수요곡선과 공급곡선이 다음과 같은 식으로 주어져 있다. 여기에 생산물 개당 30원의 물품세가 부과된다면 초과부담은 얼마나 되겠는가? (2004 세무사)

수요곡선 $P = 120-X$ 공급곡선 $P = 2X$
〔단, 여기서 P는 가격(원)을 나타내며 X는 수량(1억 개)〕

① 50억 원 ② 100억 원
③ 150억 원 ④ 300억 원
⑤ 900억 원

정답 ③. 과세 전 가격과 수요량이 80원과 40(억)개이며 과세 이후 가격과 수요량은 90원과 30(억)개이므로 초과부담의 크기는 150(억)이 된다.

[문 6] 일반 물품세나 부분 물품세 모두 초과 부담을 피할 수 없는 근본 이유는? (2007 세무사)
① 여가에 대하여 적절히 과세할 수 없기 때문
② 사치품에 대하여 낮은 세율로 과세할 수 없기 때문
③ 각종 재화의 탄력도를 정확히 계측할 수 없기 때문
④ 각종 재화 상호간의 교차탄력도를 정확히 계측할 수 없기 때문
⑤ 위의 어느 것도 아님

정답 ①. 여가가 선택대상에 포함되어지면 중립세(lump-sum tax)이외의 모든 조세가 초과부담을 야기한다. 만약 두 재화만이 선택 대상이라면 일반물품세는 초과부담이 없다.

[문 7] 보상변화(compensating variation)와 보상수요곡선에 대한 설명 중 틀린 것은?

(2002 세무사)

① 보상변화란 가격변화 이후와 동일한 효용수준을 보장하려 할 때, 원래의 가격을 기준으로 소비자에게 지불해 주어야 하는 금액을 의미한다.
② 보상수요곡선상의 모든 점들은 동일한 무차별곡선상에 위치한다.
③ 재화의 가격이 하락하는 경우 보상변화는 음(-)의 값을 가진다.
④ 보상수요곡선은 가격의 변화에 따른 대체효과만을 가지고 그린 수요곡선이다.
⑤ 정상재의 가격이 인상될 때 보상수요곡선 하에서의 소비량의 변화는 보통수요곡선의 경우에 비해 작게 나타난다.

정답 ①. 보상변화란 가격변화 이후의 예산선을 가격변화 이전의 무차별곡선에 접근시켜 가격변화에 따른 소득의 변동분을 측정하고자 하는 것이다. 따라서 보상변화란 가격변화 이전과 동일한 효용을 얻기 위해 지불되어야 하는 금액을 말한다.

[문 8] 어떤 소비자에게 두 재화 X와 Y는 완전보완재(perfect complements)이다. 이 경우 재화 Y에 종가세를 부과할 때 발생하는 경제적 효과에 관한 설명 중 옳지 않은 것은?

(2007 세무사)

① 동일한 효용수준을 보장한다고 할 때 종가세의 조세수입과 정액세의 조세수입은 동일하다.
② 종가세는 과세후의 예산선의 기울기를 변화시키므로 초과부담이 존재한다.
③ 소득효과만이 존재한다.
④ 보상수요곡선의 탄력성은 0이다.
⑤ 조세수입은 동등변화(equivalent variation)와 일치한다.

정답 ②. 완전 보완관계에 있다는 것은 대체성이 없다는 의미이다. 따라서 소득효과만 존재하며 대체효과는 일체 없으므로 조세부과 이후 초과부담은 없다. 대체효과가 초과부담의 원인이 된다는 점을 생각하면 된다.

[문 9] 초과부담에 대한 다음의 설명 중 옳지 않은 것은? (2005 세무사)

① 초과부담은 조세가 가져오는 실제의 부담에서 조세 징수액을 뺀 것과 그 크기가 같다.
② 초과부담은 조세부담의 전가 때문에 발생한다.
③ 초과부담은 조세부과로 인해 민간부문의 의사결정이 교란되기 때문에 발생한다.
④ 초과부담은 조세부과로 인한 후생비용이라고 표현할 수 있다.
⑤ 중립세(lump-sum tax)는 초과부담을 발생시키지 않는다.

정답 ②. 초과부담은 과세에 따른 의사결정의 교란이 원인이 된다. 초과부담이 크다는 것은 그만큼 조세의 후생비용이 많다는 의미이다. 초과부담이 없는 유일한 조세는 중립세이나 현실에서 중립세(lump sum tax)를 찾는 것은 불가능하다.

[문 10] 초과부담과 관련된 설명 중 옳지 않는 것은? (2004 세무사)

① 초과부담은 경제적 선택에 왜곡을 초래하기 때문에 발생한다.

② 역탄력성 규칙은 과세되는 상품들의 보상수요탄력성에 반비례하게 세율을 설정함으로써 초과부담의 크기를 최소화하는 과세방식이다.

③ 여러 재화 중 어떤 한 재화에 대한 물품세율이 인상되었는데도 그 재화의 실제 소비량에 변화가 없다면 초과부담이 발생하지 않은 것이다.

④ 상품의 보상수요탄력성이 클수록 물품세 부과에 따른 초과부담의 크기는 커진다.

⑤ 정액세(lump-sum tax)는 재화간의 상대가격에 변화를 야기하지 않기 때문에 초과부담을 초래하지 않는다.

정답 ③. 한 재화에 과세하여 재화가격이 상승했음에도 수요량에 변화가 없었다면 그 재화는 열등재(inferior goods)이다. 열등재의 경우 과세에 따른 소득효과는 수요량 증가 대체효과는 수요량 감소이다.

따라서 과세 이후 소득효과와 대체효과의 크기가 같다면 수량에 아무런 변동이 없다. 이때 수량변동이 없는 이유가 초과부담의 원인인 대체효과가 없다는 것이 아니라는 점에 유의해야 한다. 대체효과가 있었으나 같은 크기의 소득효과에 가려져 보이지 않았을 뿐이다.

[문 11] 램지조세에 대한 다음 설명 중 옳지 않은 것은? (2006 세무사)

① 램지조세는 일정 조세수입을 확보하면서 초과부담을 최소화시키는 물품세가 어떤 특성을 가지고 있는지를 보여준다.

② 램지조세는 각 상품의 보상수요의 감소비율이 모든 재화에 대해 서로 동일하도록 부과되어야 함을 보여준다.

③ 초과부담을 최소화하기 위해서 조세의 가격에 대한 비율은 보상수요의 탄력성에 비례해야 한다.

④ 램지조세는 조세의 효율성과 공평성이 상충될 수 있음을 보여준다.

⑤ 램지조세하의 세율인상은 어느 시점까지 조세수입을 올려줄 수 있으나 궁극적으로 노동공급의 감소를 불러와 조세수입이 감소할 수 있다.

정답 ③. 램지조세란 일정한 조세수입을 확보한다고 전제할 때 초과부담을 최소화하는 것으로 공급의 가격탄력성이 무한대(수평선의 공급곡선)라 가정하면 상품세율은 보상된 수요의 가격탄력성에 반비례하도록 설정되어야 한다.

[문 12] 최적물품세에 관한 설명 중 옳지 않은 것은? (2007세무사)

① 램지법칙에 의하면 재화의 보상수요량이 동일한 비율로 감소되도록 모든 재화에 조세를 부과하여야 한다.

② 어떤 재화의 보상수요가 완전비탄력적인 경우 모든 조세를 그 재화에 부과하는 것이 최적이 된다.

③ 이질적 소비자 경제에서 도출된 최적물품세는 탄력성과 소득의 사회적 한계가치를 고려한다.

④ 주어진 조세수입 목표를 달성하면서 자원배분의 왜곡을 가져오지 않는 조세구조이다.

⑤ 최적물품세구조에서는 각 상품에서 거둬들이는 조세수입의 한계초과부담(marginal excess burden)이 서로 동일하도록 세율이 결정된다.

정답 ④. 최적물품과세이론에 다르면 과세 이후 초과부담(왜곡)을 최소화하는 상품세율을 선정하는 것이 목적이다. "과세 이후 왜곡이 없다."는 것은 초과부담이 나타나지 않는다는 의미이므로 옳지 않다.

[문 13] 최적물품세이론으로서 램지의 법칙(Ramsey rule)을 설명한 것 중에 가장 옳지 않은 것은? (2003 세무사)

① 여가의 보완재에 중과세하여 충분한 세수를 확보하자는 것이다.

② 차선(second-best)의 조세이론이다.

③ 과세 후 상대적 수요감소비율이 일치되도록 세율구조가 정해져야 한다는 것이다.

④ 과세 후 총초과부담을 극소화하는 세율구조를 구하는 이론이다.

⑤ 램지법칙에 따르면 균등세율이 반드시 효율적인 세율구조는 아니다.

정답 ①. 최적상품과세 논의는 충분한 세수확보를 목적으로 이루어지는 것이 아니다. 한계초과부담이 일치하는 상품세율의 적용, 보상수요의 가격탄력성에 반비례하는 상품세율의 적용 등은 일정한 조세수입을 확보한다는 전제하에 초과부담의 크기를 최소화하는데 목적을 두고 있다.

[문 14] 단순 램지(Ramsey)조세 시스템의 설명으로 옳은 것은? (2002 세무사)

① 낮은 임금보다는 높은 임금에 더 높은 세율의 조세를 부과한다.

② 모든 재화에 동일한 세율의 조세를 부과한다.

③ 직장통근행위보다는 해외여행에 더 높은 세율의 조세를 부과한다.

④ 향수보다는 식료품에 더 높은 세율의 조세를 부과한다.

⑤ 소득탄력성이 큰 상품에 더 높은 세율의 조세를 부과한다.

정답 ④. 최적상품과세이론에서 중과세 대상이 되는 재화는 '수요가 가격에 비탄력적인 재화'이다. 수요의 가격탄력성에 역비례하는 상품세율을 요구하기 때문이다.

[문 15] 정부는 (보상)수요의 가격탄력싱이 1.2인 A상품과 0.4인 B상품에 대하여 특별소비세를 부과하려고 한다. A상품과 B상품이 소비에 있어서 서로 독립적 관계에 있다고 할 때 조세부과로 인한 총초과부담을 가장 극소화하는 세율구조는? (2003 세무사)

① A 상품에 대한 세율: B 상품에 대한 세율 = 1 : 4

② A 상품에 대한 세율: B 상품에 대한 세율 = 1 : 3

③ A 상품에 대한 세율: B 상품에 대한 세율 = 1 : 1

④ A 상품에 대한 세율: B 상품에 대한 세율 = 3 : 1

⑤ A 상품에 대한 세율: B 상품에 대한 세율 = 4 : 1

정답 ③. 수요가 가격에 비탄력적일수록 높은 상품세율을 적용하면 된다. A재 수요의 가격탄력성이 B재 수요의 가격탄력성의 3배 이므로 A재에 적용되는 상품세율은 B재에 적용되는 상품세율의 1/3이면 된다.

[문 16] 콜렛(W. Corlett)-헤이그(D. Hague) 규칙에 대한 설명 중 옳지 않은 것은?

(2004 세무사)

① 여가와 보완적인 상품에 더 높은 세율을 적용하는 것이 바람직하다는 주장이다.

② 물품세가 초과부담을 가져오는 주요한 이유는 여가에 대한 직접 과세가 불가능하기 때문이라는 사실에 착안하고 있다.

③ 소득세 대신에 동일한 세수를 가져다주는 간접세를 부과하면 사회후생이 늘어날 수 있다는 의미를 함축하고 있다.

④ 세율에 차등을 두는 물품세 제도가 동일한 세율을 적용하는 물품세보다 우월할 수 있다는 것을 의미하기도 한다.

⑤ 효율성 측면뿐만 아니라 공평성 측면에서도 소득세와 간접세의 우월성을 판단하는 데 기여하고 있다.

정답 ⑤. 콜렛과 헤이그의 규칙은 여가보완재에 중과세하여 초과부담을 최소화하자는 것을 골자로 한다. 콜렛과 헤이그의 규칙은 차선적 의미를 갖는 최적상품과세이론의 하나이므로 공평성 실현과 아무 관계 없다.

[문 17] 다음 설명 중 옳지 않은 것은? (2005 세무사)

① 최적물품세이론에 의하면 생필품일수록 낮은 세율을 부과해야 한다.

② 최적선형누진소득세제 하에서는 평등성에 대한 선호도가 클수록 세율은 높아야 한다.

③ 램지규칙에 의하면 물품세는 모든 상품의 소비감소율이 같도록 부과되어야 한다.

④ 멀리스(Mirrlees)의 최적비선형누진소득세제에 의하면 최고소득계층의 한계세율을 0(零)으로 하면 사회후생의 증대가 가능하다.

⑤ 콜렛-헤이그(Corlett-Hague) 규칙에 의하면 여가와 보완재 관계에 있을수록 세율이 높아야 한다.

정답 ①. 생필품(生必品)이면 수요가 가격에 매우 비탄력적이다. 따라서 생필품에 적용되는 상품세율은 높아야 한다.

[문 18] 초과부담의 크기를 추정하는 기본모형으로 Harberger의 삼각형을 많이 이용한다. Harberger의 삼각형을 이용한 물품세의 초과부담 추정에 대한 다음 설명 중 옳지 않은 것은? (2006 세무사)

① 공급곡선은 수평선의 형태를 지닌 것으로도 분석이 가능하다.
② 수요곡선은 보통의 수요곡선이 아니라 보상수요곡선의 성격을 지닌다.
③ 초과부담의 결정요인은 세율, 수요의 가격탄력성, 과세전 지출액이다.
④ 초과부담은 소득효과와 관계없고 대체효과와만 관련된다.
⑤ 물품세 과세이후에 소비량의 변화가 없다면 초과부담은 존재하지 않는다.

정답 ⑤. 과세 이후 수량에 변화가 없다고 해서 초과부담이 없는 것은 아니다. 한 재화가 열등재(inferior goods)라 가정하면 소득효과와 대체효과의 방향은 반대가 된다. 소득효과와 대체효과의 크기가 우연히 일치하였다면 과세 이후 재화 수요량에 변화가 없다. 그러나 초과부담의 원인인 대체효과가 없는 것은 아니다.

[문 19] T=a+bY (T : 소득세, Y : 세전소득, 0〈b〈1, a와 b는 상수)의 형태를 가지는 선형 소득세에 대한 다음 설명 중 가장 옳지 않은 것은? (2003 세무사)

① 선형소득세의 형태에 따라 초과부담이 발생하지 않을 수 있다.
② 선형소득세는 언제나 한계세율이 일정하다.
③ 선형소득세도 평균세율이 변화할 수 있다.
④ 선형소득세도 누진세 효과를 가질 수 있다.
⑤ 선형소득세의 형태에 따라 부의 소득세(negative income tax)의 효과를 가질 수 있다.

정답 ①. 선형 세수함수란 세수함수의 기울기가 말 그대로 직선이므로 한계세율은 언제나 일정하다. 그러나 소득에서 납세액이 차지하는 비율(평균세율)은 소득의 변화에 따라 달라질 수 있다. 소득이 증가할 때 평균세율이 체증하므로 누진세율구조라 말하는 것이다. 소득세의 한계세율이 일정한 값을 가지더라도 선택의 교란이 있어 초과부담을 야기함은 물론이다.

제 11 장

개인소득세 이론과 경제적 효과

1. 과세대상소득의 정의

1-1. Haig-Simons의 포괄적 소득 정의

▸경제력증가의 원천은 모두 과세베이스에 포함됨

▸소득의 실현(實現, realization)유무와 무관하며 불규칙적 소득도 과세베이스에 포함됨

1-2. 원천설과 경제력 증가설

▸소득원천설(Hicks): 규칙적이며 주기적 소득만 과세대상이 되어야 함

▸경제력 증가설: 규칙성여부와 무관하며 경제력증가의 원천이면 모두 과세되어야 함

1-3. 포괄주의 과세방식

▸소득의 증가로 간주되면 항상 과세 가능하므로 공평성의 실현과 탈세의 방지 효과

▸소득증가 여부에 대한 자의적 판단의 위험성 때문에 위헌의 소지가 있음

1-4. 포괄적 소득세의 장단점

▸장점

• 어떤 소득이라도 동일하게 취급되므로 소득원천의 선택에 교란 없음

• 경제력 증가의 원천이 모두 포함되므로 수평적 및 수직적 공평의 달성

• 과세베이스가 커 낮은 세율을 적용할 수 있어 초과부담 및 탈세유인의 최소화

▸단점: 주로 측정상의 문제

• 해마다 개인을 기준으로 미실현소득과 귀속소득을 측정하는 것이 곤란함

2. Haig-Simons의 소득과 현실의 과세대상 소득과의 차이

2-1. 미실현 자본이득에 대해 과세 못하고 있음

▸발생주의 대신 실현주의에 입각하여 과세함

▸자산의 실현을 지연하면 조세부담 경감의 이득이 있으므로 자산의 실현의 지연시키고자 하며 이를 '동결효과(lock-in effect)'라 함

2-2. 실질소득에 과세해야 하나 명목소득에 과세

▸세율구간 상승(bracket creeping)의 문제

• 명목소득을 기준으로 과세하고 세율이 초과누진적이므로 발생하는 문제

• 소득세율이 비례세율일지라도 이자소득세의 경우 인플레이션으로 인한 실질 세부담 증가의 문제 있음

▸인덱세이션(Indexation)방식의 도입으로 인플레이션으로 인한 세율구간상승 문제를 해결할 수 있음

• 면세점을 물가상승률만큼 인상해야 함

• 세율구간의 상한과 하한을 각각 물가상승률만큼 인상해야 함

인덱세이션방식

일명 '지수화'라고도 하며 인플레이션으로 인한 실질 조세부담 상승의 문제를 해결하는 방법이다. 물가상승 이전 공제규모가 1,000만원이며, 2,000 초과 4,000 이하에 적용되는 한계세율이 15%이고 물가상승률이 20%이었다고 가정하자. 이때 지수화하려면 첫째, 면제점을 인플레이션율만큼 높여야 한다. 즉 1,000만원에서 1,200만원으로 인상하면 된다. 둘째, 세율계급구간(income bracket)의 상하한을 각각 물가상승률만큼 높여야 한다. 2,000 초과 4,000 이하에서 2,400 초과 4,800 이하까지 15%의 한계세율을 적용하면 된다.

2-3. 개별적 공제 대신 일괄적 공제를 하고 있음

▸개인사정을 일일이 고려하는 대신 일괄적인 공제가 존재함

• 모든 근로소득자에게 적용하는 근로소득공제 등

3. 공제제도와 세율구조

3-1. 소득공제

▸개인사정을 고려하여 수평적 공평을 도모하기 위한 현실적인 조치

▸같은 금액의 공제규모라면 소득공제는 역진적

▸소득세가 초과누진세율구조이기 때문임

• 1,000만원 소득공제시 8%세율을 적용받는 계층은 80만원을 절약할 수 있으나 최고 세율 35%를 적용받는 계층의 경우 350만원을 절약할 수 있음

3-2. 세액공제

▸정책목적 달성을 위한 조치

▸같은 금액의 공제라면 저소득자일수록 유리함

3-3. 세율구조

▸단순누진: 초과누진에 비해 소득세 부담이 더욱 많아짐

▸초과누진: 소득단계별로 한계세율을 차등 적용

예) 소득금액이 5,000만원인 경우 단순누진이면 5,000만원×26%로 납세액을 계산하며 초과누진의 경우 1,000만원×8%+3,000만원×17%+1,000만원×26%로 계산됨

4. 소득세가 근로의욕에 미치는 효과

4-1. 소득효과와 대체효과에 의한 판단

▸소득효과: 과세 이후 가처분소득이 감소하여 여가소비량이 감소함(근로의욕 증가)

▸대체효과: 과세 이후 여가의 상대가격(임금률)이 하락하여 값싼 여가소비량이 증가함(근로의욕 감소)

4-2. 여가가 정상재인 경우와 열등재인 경우

▸여가가 열등재(inferior goods)인 경우 대체효과는 불변이며 소득효과만 반대가 되어 소득효과는 근로의욕 감소

▸따라서 대체효과 뿐 아니라 소득효과도 근로의욕 감소에 기여함

4-3. 세목별 근로의욕효과

▸정액세와 비례소득세
- 정액세는 중립세이므로 대체효과 일체 없이 소득효과만 있음
- 비례소득세의 대체효과 때문에 근로의욕에 불리한 결과

▸비례소득세와 선형누진세
- 선형누진세의 대체효과가 비례소득세의 대체효과보다 크기 때문에 근로의욕에 불리함
- 같은 금액의 조세수입을 확보하려면 면세점이 있는 선형누진세의 한계세율이 비례소득세의 한계세율보다 높아야 함

▸유의: "동액의 조세수입"을 가정하므로 소득효과는 동일하나 대체효과의 크기에 의해 근로의욕에 미치는 효과가 달라짐

5. 소득세가 저축의욕에 미치는 효과

5-1. 대체효과와 소득효과

▸대체효과는 저축의욕의 감소이며 소득효과는 저축의욕의 증가임

▸대체효과는 회피(回避) 소득효과는 순응(順應)의 의미

5-2. 저축의 이자율탄력성

▸저축의 이자율탄력성이 영(0)보다 크면 이자율이 상승할 때 저축은 증가하며 이자율이 감소할 때 저축은 감소함

▸이자율탄력성이 영(0)보다 크다면 이자소득과세 후 대체효과가 소득효과보다 큼

5-3. 근로소득세와 종합소득세의 저축효과

▸근로소득세: 이사소득에 과세하지 않으므로 저축의욕에 유리함

▸종합소득세: 이자소득까지 과세대상에 포함되므로 저축에 불리하게 작용함

6. 소득세가 위험부담(risk-taking)에 미치는 효과

6-1. 대체효과

▸위험내재 자산으로부터 수익이 발생하면 소득과세 하므로 수익률이 낮아짐

▸위험내재자산의 수익률 낮아지면 다른 자산으로 대체하는 것이 대체효과임

▸따라서 대체효과는 위험부담행위의 감소로 나타남

6-2. 소득효과

▸소득효과는 "위험부담행위의 소득탄력성"에 따라 두 가지로 나타남

▸위험부담행위의 소득탄력성이 양(+)일 때 소득이 증가하면 위험자산을 더 가진다는 의미이므로 소득과세로 소득이 감소하면 "위험자산보유의 감소"가 소득효과임

▸위험부담행위의 소득탄력성이 음(-)의 값을 가질 때 소득이 증가하면 위험자산을 적게 가지므로 소득과세로 소득이 감소하면 "위험자산 보유의 증가"가 소득효과임

6-3. 손실에 대한 보상이 있는 경우

▸손실을 완전하게 보상한다는 것(full loss offset)은 손실금액 전액을 금전적으로 보상한다는 것이 아니라 손실액 전액을 소득세 과세대상에서 공제한다는 의미임

• 3,000만원 손실이 있는 경우: (3,000×세율)만큼 조세부담이 경감됨

▸완전한 보상이 있어도 위험자산의 기회궤적(상대가격)의 기울기는 불변이므로 보상 이후 개인의 위험보유비중은 반드시 증가함

7. 최적소득과세이론

7-1. 최적선형소득세이론

▸면세점 두고 한계세율을 일정하게 유지하자는 것

▸Stern에 의하면 소득세의 한계세율이 중요하며 다음 요인에 의해 결정

• 노동과 여가의 대체탄력성(노동공급의 임금탄력성)이 클수록 한계세율은 낮아야

• 사회구성원들의 공평성에 대한 선호가 클수록 한계세율은 높아야

• 소득획득능력의 분포가 클수록 한계세율은 높아야

- 정부의 세수목표가 클수록 한계세율은 높아야

▸최근의 단일세율소득세(flat tax)와 유사

- 효율성에 추점을 맞춘 단일세율 소득세(간소화 욕구)
- 면세점 두고 한계세율은 하나로 단일화

7-2. 최적비선형소득세이론

▸계층별로 한계세율이 일정하지 않음

▸최고소득계층에 대해 한계세율 영(0)을 적용하자는 것

- "한계세율=0"이 조세부담이 일체 없다는 의미가 아니라 특정 소득수준을 초과하는 부분에 대해 추가적 조세부담이 없다는 의미임

▸대체효과를 중시하여 각종 유인을 제공하려는 의도

▸'빈익빈 부익부'를 가속화시킨다는 문제

▸Pareto개선의 효과 기대

- 효용이 악화되는 계층없이 효용이 개선되는 계층(최고소득계층)만 존재하므로

8. 개방경제하의 소득세정책

8-1. 국제간 조정의 문제

▸속지주의와 속인주의 원칙

- 속지주의(屬地主義): 한국 땅에서 얻은 소득은 국적과 관계없이 한국정부가 과세함
- 속인주의(屬人主義): 한국국적의 자연인은 한국 법에 따라 과세함
- 두 원칙이 충돌할 수 있음

▸국제간 조세협약의 필요 및 자국의 조세권 보호 필요

- 기업의 이전가격조작의 문제: 다국적 기업간 거래가격의 조작으로 통한 세금회피
- 조세피난처: 국제자본을 유치할 목적으로 낮은 세금으로 유인
- 조세조화: 각국간 조세제도의 차이점을 줄이려는 노력

8-2. 이중과세의 문제와 조정

▸거주지국 과세원칙과 원천지국 과세원칙(속지주의)의 충돌가능성

▸원천지국이 과세의 우선권을 가지며 거주지국은 이후에 과세하는 것이 보통임

▸거주지국에서 외국소득에 대한 이중과세 조정장치 마련해야

예) 외국소득이 100원이며 원천지국의 세율이 40%, 거주지국의 세율이 50%인 경우

- 이중과세 조정이 없는 경우
  원천지국에서 40원 거주지국에서 50원을 납부하므로 "가처분소득은 10원"
- 거주지국에서 외국소득에 대해 세액공제 하는 경우
  원천지국에서 40원 징수 거주지국의 산출세액 50원 중 40원을 세액공제하면
  거주지국의 결정세액 10원이므로 "가처분소득은 50원"
- 거주지국에서 외국소득에 대해 소득공제 하는 경우
  원천지국에서 40원 징수 거주지국에서 세액 40원을 소득공제하면 결정세액은 30원
  (60원×50%=30원)이므로 "가처분소득은 30원"
- 거주지국에서 외국소득에 면세하는 경우
  원천지국에서 40원 납부 거주지국에서 외국소득에 면세하면 "가처분소득은 60원"

8-3. 다국적 기업과 조세회피

▸회피의 종류

- 절세: 합법적인 조세부담 경감행위
- 조세회피: 제도상의 허점을 이용한 탈법은 아니나 입법취지에 부합하지 않는 행동
- 탈세: 불법적인 조세부담 경감행위

▸다국적 기업의 조세회피와 대책

1) 이전가격조작: 기업간 거래가격의 조적을 통해 세금의 포탈
   - 제 3자간 거래가격(arm's length price)을 적용
     객관적으로 인정할 수 있는 시장가격에 가까운 가격으로 수정 후 과세소득계산
   - 공식에 의한 이익배분방법(unitary tax system)
     세계 각지의 모든 기업의 이윤총액을 이윤기여도에 따라 각 기업에 배부한 뒤 과세
2) 조약의 맹점 이용(treaty shopping)
   - 유령회사(paper company)를 만들어 유리하게 조약이 체결되어 있는 나라와 거래한 것처럼 허위로 꾸며 세금을 회피함
3) 경과세국을 활용
   - 조세피난처(tax haven): 은행거래의 비밀 보장, 자유로운 외환거래 보장
   - 조세낙원(tax paradise): 조세피난처의 극단적인 지역으로 세금이 아예 없는 지역

- 조세안식처(tax shelter); 국외소득에 면세하거나 아주 낮은 세율을 적용함
- 조세휴양지(tax resort); 특정 기업이나 사업활동에 대해서만 조세상 특혜를 부여함

9. 기 타: 소득세제도 개혁 등

9-1. 개혁의 방향: 단일세율 소득세

▸간소화; 면세점 두고 하나의 한계세율을 작용함

▸"flat tax"의 이상에 근접하고자 함: 공평성보다는 효율성에 초점

9-2. 양도소득세의 수평적 공평 저해문제

▸장기자본이득우대, 미실현이득의 비과세, 보유기간 3년 이상이면 비과세 등

9-3. 과세단위의 선택문제

▸개인기준과세 효율적, 가족기준과세 공평성

• 가족기준과세의 경우 이차 노동공급자의 근로의욕 저해로 비효율적임

• 가족기준과세의 경우 능력원칙에는 충실함

▸가족을 기준으로 과세하면 "결혼에 대한 벌금"으로 해석

• 가족기준 과세의 경우 결혼 때문에 조세부담이 추가되므로 '결혼벌금'의 문제

• 결혼벌금 문제의 해소를 위해 'n분 n승법'사용할 수 있음

9-4. 최적탈세모형

▸탈세의 한계편익(MB)과 한계비용(MC)이 일치할 때 최적

▸한계편익은 소득세의 한계세율과 일치함

▸한계비용은 발각확률에 벌칙금을 곱한 값

• 미신고소득이 클수록 벌금이 많아지므로 한계비용은 미신고소득의 증가함수임

▸탈세유인의 감소방안

• 한계비용의 인상: 세무행정의 강화 또는 벌칙금 상향조정 등

• 한계편익의 감소: 과세베이스를 확대 등 세율인하유인 등

9-5. 근로장려세제(EITC, Earned Income Tax Credit)

▸도입배경

• 중산층 및 서민층의 생활안정을 지원하고 근로자들의 근로의욕을 유인하며 실질소득을 증대시킬 목적으로 도입

▸지급대상: 다음 요건을 모두 충족하는 근로자 가구에 지급

• 18세 미만의 자녀를 2인 이상 부양

• 무주택자이며 재산의 합계액이 1억원 미만

• 연간 총소득이 1,700만원 미만

▸근로장려금의 지급: 연간 최대 80만원을 지급하며 다음과 같은 룰에 따라 지급

총급여	근로장려금
800만원 미만	총급여액의 10%
800만원 이상 1,200만원 미만	80만원 정액
1,200만원 이상 1,700만원 미만	(1,700만원 - 총급여액)*16%

▸경제적 효과

• 소득효과: 총급여 중 일정액을 지원하므로 소득(증대)효과는 근로의욕의 감소

• 대체효과: 점감구간과 점증구간의 대체효과가 다름

- 총급여 800만원 미만의 경우 스스로 번 소득이 증가할 때 근로장려금이 많아지므로(점증구간) 임금률 인상효과 때문에 대체효과는 근로의욕 증가

- 총급여 1,200만원 이상의 경우 스스로 번 소득이 많아질 때 근로장려금이 점차 작아지므로(점감구간) 임금률 인하효과 때문에 근로의욕 감소

• 점증구간에서는 소득효과와 대체효과의 상대적 크기에 따라 달라짐

• 점감구간에서는 소득효과와 대체효과 모두 근로의욕에 부정적임

연 습 문 제

1. 포괄적 소득세에 대한 설명으로 틀리는 것은?

1) 미실현소득도 과세대상에 포함된다.
2) 귀속소득도 과세대상에 포함된다.
3) 규칙적인 소득은 물론 불규칙적인 소득도 과세대상에 포함된다.
4) 순가치의 증가분과 같이 측정이 곤란한 소득은 부득이하게 과세대상에 제외된다.
5) 공평성과 효율성의 증진에 모두 효과적이다.

정답 4). 포괄적 소득세에서 경제력증가의 모든 원천은 과세베이스에 포함된다. 따라서 순자산가치의 증분도 다른 소득과 마찬가지로 과세베이스에 포함되어야 한다.

2. 한계세율은 일정하나 평균세율이 점차 체증하는 경우에 대한 설명으로 올바른 것은?

1) 누진세율 구조이며 초과부담이 있다.
2) 비례세율구조이며 초과부담은 없다.
3) 역진세율구조이며 초과부담이 존재한다.
4) 누진세율구조이며 초과부담은 없다.
5) 비례세율구조이며 초과부담이 존재한다.

정답 1). 누진성여부는 평균세율을 기준으로 판단하면 된다. 소득이 증가할 때 평균세율이 체증하므로 세율구조는 누진세율이다. 한계세율이 일정하면 일정한 비율로 여가의 상대가격(임금률)이 하락한다는 의미이므로 대체효과가 나타나 선택이 교란되므로 당연히 초과부담이 존재한다.

3. 소득이 증가할 때 평균세율이 체증하는 경우와 무관한 것은?

1) 누진성조건에 부합된다.
2) 가처분소득의 증가율이 소득의 증가율보다 늦다.
3) 조세수입의 증가율이 소득의 증가율보다 빠르다.
4) 한계세율이 평균세율과 일치한다.
5) 조세가 소득의 변화에 신축적이다.

정답 4). 소득이 증가할 때 평균세율이 체증하면 누진세율이란 의미이다. 평균세율이 체증하면 한계세율이 평균세율보다 크다. 그리고 소득증가율에 비해 가처분소득의 증가율이 늦어야 한다.

4. 세수함수가 T=a+bY일 때, a 〉 0이고 0 〈 b 〈 1이라면?

1) 선형 세수함수이며 누진세율이다.
2) 선형 세수함수이며 비례세율이다.

3) 선형 세수함수이며 역진세율이다.
4) 비선형 세수함수이며 누진세율이다.
5) 비선형 세수함수이며 역진세율이다.

정답 3). 세수함수의 모습이 횡축(Y축)에서 출발하는 직선이므로 선형세수함수이며 역진세율이다. 소득이 일체 없는 개인도 일정액의 조세부담을 해야 하며 소득이 많아질 때 평균세율이 체감하는 구조이다.

5. 소득세에서 동결효과(lock-in effect)가 나타나는 이유로 올바른 것은?
1) 발생주의 원칙을 고수하기 때문이다.
2) 실현주의 원칙에 따라 과세하기 때문이다.
3) 소득포착에 따른 손실이 많기 때문이다.
4) 소득과세로 인한 조세회피행동이 나타나기 때문이다.
5) 자산에 중과세되는 불합리성의 제거를 위해 자산의 과세표준을 동결시키기 때문이다.

정답 2). 발생주의(發生主義) 원칙에 따라 과세하면 자산의 실현을 지연시키는 경우와 그렇지 않은 경우 소득세액에 아무런 차이가 없다. 따라서 발생주의에 입각하여 과세하면 동결효과가 나타날 이유가 없다.

6. 동결효과(lock-in effect)를 제거하는 방안으로 올바른 것은?
1) 실현된 소득에만 과세한다.
2) 발생주의에 따라 소득과세 한다.
3) 실현된 소득에는 경과세하고 발생된 소득에는 중과세한다.
4) 소득의 발생에는 과세하지 않고 실현된 소득에만 과세한다.
5) 규칙적인 소득에만 과세한다.

정답 2). 동결효과란 자산의 실현이 지연되어 나타나는 문제이므로 실현된 소득에만 과세할 때 나타나는 문제이다. 만약 발생주의에 따라 과세하면 자산의 실현을 지연시켜 이득을 볼 이유가 없다.

7. 소득공제(所得控除)가 갖는 경제적 의미로 가장 올바른 것은?
1) 수평적 공평을 도모한다.
2) 수직적 공평을 도모한다.
3) 수직적 그리고 수평적 공평을 모두 저해한다.
4) 자원의 효율적 배분을 증진한다.
5) 경제안정과 배분 효율성에 긍정적으로 작용한다.

정답 1). 소득공제, 즉 개인사정을 고려하는 가장 주된 이유는 수평적 공평의 도모 때문이다. 동일한 소득(능력)을 가진 사람이라 할지라도 결혼여부, 자녀유무 등 개인사정까지 같은 것은 아니다. 따라서 개인사정의 도모를 위해 배우자공제, 부양가족공제 등을 하는 것이며 이는 수평적 공평을 도모하는 현실적 조치로 이해할 수 있다.

8. 소득공제가 "고소득자일수록 유리하다."고 말하는 이유로 가장 적합한 것은?
   1) 고소득자일수록 공제를 많이 받기 때문이다.
   2) 고소득자일수록 공제규모가 작아지기 때문이다.
   3) 소득세의 초과누진 세율구조 때문이다.
   4) 소득세의 높은 한계세율 때문이다.
   5) 모든 개인에게 같은 규모의 공제가 이루어지기 때문이다.

   정답 3). 초과누진세율이 적용되므로 높은 한계세율을 적용받는 고소득자일수록 경감세액이 많아진다. 500만원의 소득공제를 받는 경우 한계세율 8%를 적용받는 계층은 40만원의 절세효과가 있다. 반면 한계세율 35%를 적용받는 최고소득계층의 경우 175만원의 절세효과가 있다.

9. 소득세를 부과한 이후 개인의 근로의욕이 감소되었다. 그 이유로 가장 적합한 것은?(단, 여가는 정상재이다.)
   1) 소득효과가 대체효과를 초과했기 때문이다.
   2) 대체효과가 소득효과를 초과했기 때문이다.
   3) 소득효과와 대체효과가 같았기 때문이다.
   4) 소득효과는 없이 대체효과만 나타났기 때문이다.
   5) 대체효과는 없이 소득효과만 나타났기 때문이다.

   정답 2). 소득과세 이후 개인의 근로의욕이 감소되었다면 소득효과를 초과하는 대체효과가 있었다는 의미이다. 소득효과는 근로의욕의 증가효과인 반면 소득세의 대체효과가 근로의욕에 부정적이기 때문이다.

10. 동일한 조세수입을 확보한다는 전제하에 비례소득세와 선형누진세가 근로의욕에 미치는 효과를 바르게 설명한 것은?
    1) 소득효과는 같으나 비례소득세의 대체효과가 커 근로의욕에 부정적이다.
    2) 소득효과는 같으나 선형누진세의 대체효과가 커 근로의욕에 부정적이다.
    3) 소득효과는 같으나 비례소득세의 소득효과가 커 근로의욕에 부정적이다.
    4) 소득효과는 같으나 선형누진세의 소득효과가 커 근로의욕에 부정적이다.
    5) 대체효과는 같으나 비례소득세의 소득효과가 커 근로의욕에 부정적이다.

    정답 2). 납세액이 같으므로 소득효과는 동일하다. 그러나 한계세율의 차이 때문에 대체효과는 같지 않다. 일정 소득수준까지 과세대상에서 공제하는 선형누진세의 한계세율이 비례소득세의 한계세율보다 높아야 하므로 대체효과는 선형누진세가 더욱 크다.

11. "여가가 열등재일 때 비례소득세를 부과한 경우"와 동일한 효과를 기대할 수 있는 경우로 올바른 것은?

1) 소득과세 이후 소득효과가 대체효과를 압도한 경우
2) 초과누진세율에서 비례소득세율로 전환한 경우
3) 비례소득세율에서 정액세로 전환한 경우
4) 부(負)의 소득세가 부과된 경우
5) 비근로소득(unearned income)에 과세하는 경우

정답 4). 부의 소득세가 부과되면 소득효과와 대체효과가 모두 근로의욕에 부정적이다. 여가가 열등재인 경우와 마찬가지이다. 여가가 정상재이면 소득효과가 근로의욕의 증가에 기여하나 여가가 열등재일 때 소득효과는 근로의욕의 감소로 나타난다.

12. 소득세의 근로의욕효과에 대한 설명으로 타당하지 않은 것은?

1) 소득효과가 일정하다면 소득세의 한계세율이 10%에서 20%로 인상될 때 개인의 근로의욕은 감소한다.
2) 부의 소득세가 근로의욕에 부정적이라고 말하는 이유는 대체효과가 소득효과보다 크기 때문이다.
3) 비례소득세에서 선형누진세로 대체할 때 근로의욕이 감소하는 이유는 선형누진세 제도일 때 대체효과가 더욱 크기 때문이다.
4) 여가가 열등재(inferior goods)라면 비례소득세 부과 이후 개인의 근로의욕은 반드시 감소한다.
5) 만약 대체효과와 소득효과가 일치한다면 비례소득세 부과 이후 개인의 노동시간에 변화가 없다.

정답 2). 부의 소득세는 대체효과와 소득효과 모두 근로의욕에 부정적으로 작용한다. 소득세 한계세율의 인상은 임금률을 큰 폭으로 하락시키므로 대체효과가 크게 나타난다. 따라서 세율인상이 근로의욕 감소와 직결된다는 것이다.

13. 이자소득과 근로소득에 모두 과세하는 소득세에서 근로소득에 대해서만 과세하는 소득세로 변경될 때에 대한 설명으로 올바른 것은?

1) 근로의욕이 증가할 것으로 예상된다.
2) 근로의욕에 아무런 변화가 없을 것으로 예상된다.
3) 저축의욕에 긍정적으로 작용할 것으로 예상된다.
4) 저축의욕에 아무런 영향이 없을 것으로 예상된다.
5) 저축의욕은 감소하나 근로의욕은 증가할 것으로 예상된다.

정답 3). 이자소득이 과세대상에서 제외된다는 의미이므로 저축의욕에 긍정적으로 작용한다. 이자소득에 과세하여 현재소비의 상대가격이 하락하면 저축의욕에 불리한 대체효과가 있기 때문이다.

14. 소득세의 위험부담행위에 관한 분석에서 '완전한 보상(full loss offset)'에 대한 설명으로 올바른 것은?

1) 위험을 보유한 개인의 납세액을 모두 경감한다.
2) 위험부담에 따른 손실액 전액을 납세액에서 차감한다.
3) 위험보유로부터 발생한 손실액을 과세대상 소득에서 전액 공제한다.
4) 위험보유로부터 발생한 손실액 중 일부를 과세대상에서 공제한다.
5) 위험보유로부터 발생한 손실액을 다음 기 세액에서 공제한다.

정답 3). 위험보유로부터 발생한 손실액을 전액 과세대상에서 공제하여 "손실액×세율" 만큼 조세부담을 경감시킨다는 의미이다. 소득세율이 20%일 때 위험자산보유로 1,000만원의 손실을 입었다면 1,000만원×20%, 즉 200만원의 세금이 경감된다. 따라서 완전한 보상이 전제될 때 개인의 위험은 한계세율만큼 감소한다.

15. 개인소득세가 개인의 위험부담행위(risk-taking)에 미치는 영향에 대한 설명으로 타당하지 않은 것은?

1) 소득세의 대체효과 때문에 위험부담행위가 감소한다.
2) 소득세의 소득효과 때문에 위험부담행위가 증가한다.
3) 손실차감제도, 즉 완전한 보상(full-loss offset)이 전제되면 개인의 위험부담행위는 증가할 것으로 예상된다.
4) 위험부담행위의 소득탄력성이 음(-)이라면 소득효과와 대체효과의 상대적 크기에 따라 개인투자자의 위험부담행위는 달라진다.
5) 위험과 기대수익이 선택대상일 때 무차별곡선은 우상향하는 모습을 갖는다.

정답 2). 개인의 위험보유의 소득탄력성에 따라 소득효과는 달라진다. 만약 탄력성이 양(+)이라면 소득효과는 위험보유의 감소로 나타나며, 탄력성 값이 음(-)이라면 소득효과는 위험보유의 증가로 나타난다.

16. 물가상승으로 인한 구매력 이전현상을 "Inflation Tax"의 문제라 하는데 소득세의 경우 인플레이션의 부작용과 관련된 설명 중 올바른 것은?

1) 정부, 즉 징세당국이 유리하다.
2) 개인, 즉 납세자가 유리하다.
3) 공채(公債)를 구입한 개인이 가장 유리하다.
4) 일반 채권을 구입한 개인이 가장 유리하다.
5) 안정된 회사(會社)의 채권을 구입한 기업이 가장 유리하다.

정답 1). 물가상승으로 인플레이션세의 문제가 발생하면 납세자인 개인의 실질 조세부담은 증가하고 징세당국인 정부의 경우 실질 조세수입이 많아진다. 따라서 민간부문의 구매력이 정부부문으로 이동한다는 것이다.

17. 인플레이션과 조세의 관계에 대한 설명으로 틀리는 것은?

1) 누진세율이 적용되며 명목소득을 과세대상으로 할 때 인플레이션은 실질적 조세부담을 상승시킨다.
2) 인플레이션기, 감가상각공제액의 크기를 물가에 연동시켜 변화시키지 않는 한 법인세의 실질부담은 상승하게 된다.
3) 인플레이션기에 실질소득의 변화가 없음에도 실질 조세부담이 상승하는 현상을 "세율구간상승의 문제"라 한다.
4) 인플레이션세의 문제를 해결하는 방법 중 하나는 "indexation방식"을 도입하는 것이다.
5) 소득세의 경우 명목소득을 기준으로 과세하므로 세율이 비례세율이라면 어떤 경우라도 인플레이션으로 인한 실질 조세부담 증가효과가 나타나지 않는다.

정답 5). 소득세율이 비례세율이라면 일반적으로 실질세부담의 증가는 없다. 법인세의 경우 비례세율이라도 인플레이션세의 문제가 있는 것과는 대조적이다. 그러나 이자소득에 과세하는 경우 소득세율에 변화가 없다면 비례세율이라도 실질조세-부담증가의 문제가 있다.

18. 정부가 통화량을 증가시킨 결과 물가수준이 상승했다고 하자. 물가수준의 상승으로 민간부문의 구매력(purchasing power)이 정부부문으로 옮겨가게 되었을 때 이런 현상과 가장 가까운 것은?

1) 인플레이션세의 문제
2) 동결효과
3) 자산효과
4) 대체효과
5) 소득효과

정답 1). 물가상승이 또 다른 조세부담 증가의 원인이 되어 실질 조세부담의 상승효과를 낳게 되는데 이를 인플레이션세의 문제라 한다. 소득세율이 초과누진세율이므로 이와 같은 현상이 발생하는 것이다.

19. 다음의 설명 중 틀리는 것은?

1) 중립세(中立稅)가 부과되면 근로의욕이 증가하나 초과부담은 존재한다.
2) 비근로소득에 과세하면 소득효과만 나타난다.
3) 부가가치세는 일반소비세이다.
4) 지출세는 인세(人稅)이며 직접세(直接稅)이다.
5) 소득세의 대체효과는 여가시간의 증가, 즉 근로의욕의 감소이다.

정답 1). 중립세(lump sum tax)는 소득효과만 있으므로 경제적 선택을 일체 교란하지 않는다. 따라서 중립세는 초과부담이 없다. 초과부담은 대체효과 때문에 나타나며 대체효과는 상대가격의 교란에 기인한다.

20. 최적비선형소득세이론가들에 의하면 최고소득자들에게 적용하는 한계세율을 영(0)으로 하자고 한다. 그 이유로 타당한 것은?

1) 최고소득계층의 대체효과가 크다고 믿기 때문이다.
2) 최고소득계층의 소득효과가 크다고 믿기 때문이다.
3) 재정수지가 흑자일 것으로 평가하기 때문에 조세징수라는 제약이 필요없기 때문이다.
4) 재정수지가 적자일 것으로 평가하기 때문이다.
5) 평균세율이 일정할 것으로 예상하기 때문이다.

정답 1). 한계세율을 영(0)으로 하여 각종 의욕 증가를 기대하는 것이므로 대체효과에 초점이 맞추어져야 한다. 높은 한계세율 때문에 근로의욕, 저축의욕이 지나치게 감소된다는 현실적 인식에서 비롯된 이론임에 유의하면 된다.

21. 홍길동이 지난해 5,000만원의 소득을 신고하지 않고 누락시켰다. 소득세율이 30%이므로 그는 1,500만원의 세금을 납부하지 않아 이득을 본 셈이다. 이런 경우 홍길동의 미신고소득으로 부터 얻는 한계편익(MB)은 얼마인가?

1) 5,000만원
2) 1,500만원
3) 3,500만원
4) 30원
5) 0.3원

정답 5). 탈세의 한계편익(MB)은 소득세의 한계세율과 일치한다.

22. 탈세의 한계비용(MC)으로 올바른 것은?

1) 범칙금
2) 발각확률×벌칙금
3) 발각확률×벌칙률×벌칙금액
4) 미신고소득금액×한계세율
5) 미신고소득금액

정답 2). 한계편익은 한계세율이며 한계비용은 발각확률에 벌칙금을 곱한 값이다.

23. 이전가격조작(transfer pricing)과 가장 가까운 것은?

1) 외국에서 벌어온 소득의 일정비율을 과세대상에서 공제한다.
2) 외국소득의 일정비율을 산출세액에서 공제한다.
3) 다국적 기업의 가격조작을 통한 조세회피행동을 의미한다.
4) 국내기업이 외국기업에서 부품을 구매할 때 기업간 담합을 통해 실제보다 싼 가격으로 구입한 것으로 조작하는 경우를 말한다.
5) 국내기업이 외국기업에서 부품을 구매할 때 기업간 담합을 통해 실제보다 비싼 가격으로 구입한 것으로 조작하는 경우를 말한다.

정답 3). 다국적기업이 계열사를 통해 부품 등을 구매하면서 실제 가격과 다른 가격으로 구입한 것처럼 허위로 서류를 조작(造作)하여 조세부담을 회피하는 경우를 말한다. 실제보다 부품을 비싸게 구입한 것으로 조작하면 이윤이 과소평가되므로 조세부담이 그만큼 작아질 것이다.

24. 다음 설명 중 사실과 다른 것은?
 1) 이전가격조작에 따른 조세회피행동을 방지할 목적으로 unitary tax system(공식에 의한 이익배분방법)을 활용할 수 있다.
 2) 이전가격조작에 다른 조세회피를 방지할 목적으로 제3자 가격을 적용할 수 있다.
 3) 소득원천지국과 거주지국이 다른 경우 원천지국 과세를 우선으로 하는 것이 보통이다.
 4) 거주지국에서 원천지국 세액을 소득공제하면 이중과세가 완화된다.
 5) 외국소득에 세액공제하면 이중과세문제가 제거된다.

정답 5). 소득공제나 세액공제 하면 이중과세가 일부 조정되는 효과가 있으며 이중과세 문제를 제거하는 방법은 외국소득에 대해 면세하는 것이다.

25. 근로장려세제(EITC)의 내용과 거리가 먼 것은?
 1) 저소득근로자의 생활안정 및 근로의욕 유인에 목적을 두고 있다.
 2) 점증구간(한국의 경우 연간 소득 800만원 미만)에서 소득효과는 근로의욕의 감소로 나타난다.
 3) 대체효과는 점증구간과 점감구간에서 다르게 나타난다.
 4) 점증구간에서 근로장려금의 지급은 근로의욕을 감소시킨다.
 5) 점감구간에서 근로장려금의 지급은 근로의욕을 감소시킨다.

정답 4) 점증구간의 경우 소득효과는 근로의욕의 감소이다. 점증구간에서 스스로 번 소득이 많아질 때 근로장려금이 증가하므로 임금률 상승효과가 있다. 따라서 대체효과는 근로의욕의 증가로 나타난다. 그렇다면 점증구간에서 근로장려금이 근로의욕에 미치는 효과는 소득효과와 대체효과의 상대적 크기에 따라 달라진다.

26. 근로장려세제(EITC)의 점감구간에 대한 설명으로 올바른 것은?
 1) 소득효과는 근로의욕의 증가이다.
 2) 소득효과와 대체효과 모두 근로의욕 증가로 나타난다.
 3) 대체효과는 근로의욕의 증가이다.
 4) 소득효과는 근로의욕 감소 대체효과는 근로의욕 증가로 나타난다.
 5) 소득효과와 대체효과 모두 근로의욕을 감소시킨다.

정답 5). 소득효과는 근로의욕 감소이다. 점감구간이란 스스로 번 소득이 많아질 때 근로장려금이 점차 감소되는 구간이므로 임금률 감소효과가 나나난다. 임금률 감소에 따른 대체효과는 근로의욕 감소이므로 점감구간의 경우 소득효과와 대체효과 모두 근로의욕을 감소시키는 것이다.

기 출 문 제

[문 1] 포괄적 소득세 제도에 관한 설명 중 가장 옳은 것은? (2007 세무사)

① 정부가 생활보호 대상자에게 지급하는 생계비는 과세대상 소득에 포함되지 않는다.

② 개인의 경제적 능력을 높이는 것은 모두 과세대상에 포함되므로 동결효과(lock-in effect)가 발생하는 문제점이 있다.

③ 동일한 조세수입 확보를 위해 더 낮은 세율 적용이 가능하므로 초과부담이 낮아지는 장점이 있다.

④ 미실현자본이득은 모두 과세대상에 포함되지만 귀속소득은 과세대상에 포함되지 않는다.

⑤ 세원과 관계없이 소득이 동일한 사람은 동일한 세금을 납부하므로 수평적 공평성에 문제가 발생한다.

정답 ③. 포괄적 소득세 과세대상은 경제력 증가에 기여한 모든 원천이 다 포함된다. 말 그대로 포괄적 소득을 기준으로 과세한다면 과세베이스가 커지며 따라서 동일한 조세수입을 확보하기 위해 더 낮은 한계세율을 적용할 수 있다.

한계세율이 낮아지면 초과부담의 크기가 작아지며(초과부담은 세율의 제곱에 비례) 탈세로부터 기대할 수 있는 한계편익도 작아져 탈세유인까지 감소시킬 수 있다.

[문 2] 다음 중 소득을 부담능력의 척도로 삼는 이상적인 세제로서의 포괄적 소득세제에 관한 설명으로서 옳지 않은 것은? (2005 세무사)

① 헤이그-사이먼즈(Haig-Simons)의 소득 정의에 기초한 소득세제이다.

② 모든 종류의 소득을 과세대상으로 삼되, 미실현 자본이득은 과세대상에서 제외한다.

③ 소비할 수 있는 능력을 증가시키는 것이면 소득으로 간주한다.

④ 포괄적 소득에는 자가주택의 귀속소득(imputed income)도 포함된다.

⑤ 포괄적 소득에는 사내유보를 통해 나타나는 자본이득도 포함된다.

정답 ②. 포괄적 소득에는 '경제력 증가의 원천'이 모두 다 포함되어야 한다. 소득의 실현 여부와 관계없이 모든 소득이 과세베이스에 포함되어야 함은 물론이다. 측정 곤란한 귀속소득도 과세베이스에 포함되어야 한다.

[문 3] 다음 설명 중에서 헤이그-사이먼즈(Haig-Simons)의 소득정의와 가장 거리가 먼 것은? (2003 세무사)

① 자가소유 주택의 가격상승분은 매각시점에서 소득에 포함되어야 한다.

② 자가소유 승용차에서 발생하는 귀속임대료는 소득에 포함되어야 한다.

③ 고용주가 근로자에게 부여한 헬스클럽 이용권의 가치는 근로자의 소득에 포함되어야

한다.

④ 모든 소득은 원천에 관계없이 동일하게 과세되어야 한다.

⑤ 소득이 소비되건 저축되건 모두 과세대상이 되어야 한다.

정답 ①. 매각시점에 소득에 포함된다는 것은 실현주의(實現主義) 과세를 의미한다. 포괄적 소득세이론에 의하면 경제력 증가의 원천이 되는 모든 것은 실현여부에 상관없이 과세대상에 포함되어야 하므로, '발생주의(發生主義)'에 따른 과세를 요구하는 것이다.

[문 4] 헤이그-사이먼즈(Haig-Simons)의 포괄적 소득(comprehensive income)과 이에 기초한 포괄적 소득세의 내용으로 거리가 먼 것은? (2002 세무사)

① 발생된 자본이득은 매매를 통해 실현되지 않아도 과세되어야 한다.

② 모든 소득은 소비되거나 저축되거나에 관계없이 동일하게 과세되어야 한다.

③ 주택 등 내구재의 구입비용은 경제적 감가상각률에 따라 비용으로 공제한다.

④ 자가주택으로부터의 귀속임대료는 명목적인 소득이기 때문에 과세소득에 포함되지 않는다.

⑤ 포괄적 소득은 일정기간동안의 소비와 순가치의 변화분의 합으로 정의된다.

정답 ④. 귀속소득(imputed income)도 다른 소득과 마찬가지로 과세대상에 포함되어야 한다. 귀속소득은 자가생산소비액, 주부들의 가사노동가치와 같이 실제 개인의 주머니 속에 들어온 소득은 아니나 소득증가와 동일하게 취급할 수 있으므로 경제력증가의 원천으로 간주되어야 한다. 그러나 현실적으로 귀속소득이 과세대상이 되는 것은 아니다.

[문 5] 다음 중 과세대상 설정방식으로서 '포괄주의'에 대한 내용으로 가장 적합하지 않은 것은? (2003 세무사)

① 소득의 종류에 관계없이 모든 소득을 똑같이 취급하여 과세한다는 측면에서 수평적 공평의 원칙이 잘 구현된다고 할 수 있다.

② 경제적 이득을 무상으로 얻었다고 판단되는 경우 세금을 물릴 수 있어 일부 부유층의 탈세를 막을 수 있다.

③ 과세대상이 명확하게 제시되지 않는다는 점에서 위헌의 논란이 있다.

④ 법률에서 구체적으로 열거한 소득만을 과세대상으로 하는 포지티브시스템(positive system)이다.

⑤ 우리나라의 법인세는 포괄주의의 적용을 받고 있다.

정답 ④. 포괄주의 과세란 모든 소득을 동일하게 과세하는 것이다. 세법에 열거된 소득에만 과세하자는 것이 아니라 경제적 능력의 증가에 기여한 것으로 간주되면 모두 과세대상에 포함시켜야 한다는 것이다. 따라서 자의성(恣意性) 논란과 위헌논란이 있다.

[문 6] 소득세의 각종 공제제도 및 면세점에 대한 설명 중 가장 적절하지 못한 것은?

(2004 세무사)

① 소득공제의 경우 한계세율이 높은 사람일수록 유리하다.

② 근로소득에 대한 소득공제는 비근로소득에 비해 근로소득이 상대적으로 불리해지는 것을 완화하는 정책이기도 하다.

③ 근로소득에 대한 세액공제를 없애면 저소득층은 고소득층에 비해 상대적으로 불리해진다.

④ 비용공제는 수직적 형평을 제고시키기 위해 도입된 제도라 할 수 있다.

⑤ 우리나라의 경우 근로소득자의 면세점은 사업소득자의 면세점보다 높다고 볼 수도 있다.

정답 ④. 비용공제란 소득과세에서 개인사정을 고려하는 장치(소득공제)로 이해할 수 있다. 소득을 기준으로 과세하되 결혼 여부, 자녀의 존재여부, 학자금 지출 여부 등이 개인별로 다를 수밖에 없으므로 이를 고려하기 위한 장치이다. 따라서 비용공제는 "동일한 처지"를 확인하기 위한, 즉 수평적 공평을 도모하기 위한 현실적 장치로 이해되어야 한다.

[문 7] 소득분배적 측면에서 소득공제(deduction)와 세액공제(tax credit)의 효과에 대한 다음 설명 중 가장 옳은 것은? (2003 세무사)

① 공제대상의 성격 때문에 소득공제가 역진적이다.

② 공제대상의 성격 때문에 소득공제가 누진적이다.

③ 누진세율체계 때문에 소득공제가 역진적이다.

④ 누진세율체계 때문에 소득공제가 누진적이다.

⑤ 조세탈루의 가능성을 배제하면 소득공제와 세액공제의 효과는 서로 동일하다.

정답 ③. 동일한 금액의 소득공제를 하면 고소득자가 저소득자에 비해 유리하다. 그 이유는 소득세율이 누진적(한국의 경우 8%-35%)이므로 높은 한계세율을 적용받는 고소득자가 저소득자에 비해 더욱 절세혜택이 많아지기 때문이다.

[문 8] 누진적 소득세제하에서 과세단위 선택문제와 관련된 설명 중 적합하지 않은 것은?

(2002 세무사)

① 기본적으로 개인별로 과세할지 가족단위로 과세할지의 선택문제를 뜻한다.

② 가족을 과세단위로 삼을 경우 주부들의 가외(家外)노동 근로의욕에 나쁜 영향을 줄 수 있다.

③ 가족을 과세단위로 삼을 경우 소득과 기타조건이 동일한 가족은 똑같은 세금을 낸다는 뜻에서 수평적 공평성이 충족되어야 한다.

④ 개인을 과세단위로 선택하면 결혼에 대한 결정을 교란하는 문제가 발생한다.

⑤ 가족을 과세단위로 삼을 경우 결혼을 함으로써 조세부담이 더욱 무거워질 수 있다.

정답 ④. 개인을 기준으로 과세하면 결혼여부가 조세부담에 미치는 영향은 없다. 가족을 기준으로 과세하는 경우 부부가 모두 소득이 있는 경우 주부(또는 남편)의 소득에 무거운 세율로 조세가 부과되므로 조세부담이 많아지는 소위, 결혼벌금의 문제가 발생할 수 있다.

[문 9] 근로소득에 대한 소득세에 대해서 바르게 설명한 것은? (2002 세무사)

① 부의 소득세(negative income tax)가 부과될 때 소득효과는 노동공급을 증가시키는 방향으로 작용한다.

② 일정한 금액의 소득공제에 따른 세부담 절감액은 단일세율소득세(flat tax)의 경우에도 소득이 높아질수록 커진다.

③ 비례소득세가 부과될 때 대체효과는 노동공급을 감소시키는 방향으로 작용한다.

④ 모든 근로소득에 대해서 동일한 세율이 부과되는 경우 초과부담은 발생하지 않는다.

⑤ 비례소득세가 부과될 때 소득효과와 대체효과가 서로 상쇄되어 노동공급이 변하지 않는 경우 초과부담은 발생하지 않는다.

정답 ③. 근로소득에 비례세율을 적용하면 여가의 상대가격이 하락한다. 여가의 가격이 하락하면 상대적으로 값싼 여가소비량이 증가(대체효과)하게 되며 근로의욕이 감소한다. 과세 이후 여가의 상대가격이 변화한다는 것은 선택에 교란이 있다는 의미이므로 초과부담이 있는 것이다.

[문 10] 근로소득세가 노동공급에 미치는 영향에 대한 다음 설명 중 옳지 않은 것은? (2006 세무사)

① 비례적인 근로소득세가 부과될 때 소득효과와 대체효과는 서로 반대방향으로 작용한다.

② 근로소득세 부과시 노동공급이 변하지 않거나 오히려 증가한다면 사회적 잉여의 순손실은 발생하지 않는다.

③ 누진적인 근로소득세가 부과될 경우에 대한 분석방법은 비례적인 근로소득세가 부과될 경우와 크게 다르지 않다.

④ 근로소득세가 노동공급에 미치는 영향을 분석하기 위한 일반적인 방법으로는 계량적 추정, 설문조사, 실험 등의 방법이 있다.

⑤ 소득세율이 상승할 때 노동공급이 어떻게 변화하는지는 가격소비곡선을 그려봄으로써 고찰할 수 있다.

정답 ②. 근로소득세를 부과할 때 노동공급의 크기는 소득효과와 대체효과의 상대적 크기에 따라 달라진다. 사회적 잉여의 손실 또는 후생손실(초과부담)은 대체효과에 기인되어 나타나는 것이다. 따라서 근로소득과세 이후 근로의욕이 증가했다는 것은 소득효과가 대체효과보다 컸다는 의미일 뿐 초과부담의 원인인 대체효과가 없다는 것은 아니다.

근로소득과세 이후 소득효과와 대체효과의 크기가 동일한 경우 개인의 근로의욕에는 변화가 없으나 초과부담의 원인인 대체효과가 엄연히 존재한다는 점에 유의해야 한다.

[문 11] 어떤 근로자의 효용함수는 U = min{3L, Y}이라고 하자 (L=여가, Y=소득). 이 경우 조세가 노동공급시간에 미치는 영향에 관해 옳은 것은? (2006 세무사)

① 비례소득세의 도입은 노동공급에 영향을 미치지 않을 것이다.
② 비례소득세의 도입은 노동공급을 줄일 것이다.
③ 세수중립 하에서 선형누진소득세가 비례소득세보다 노동공급을 더 감소시킬 것이다.
④ 세수중립 하에서 선형누진소득세가 비례소득세보다 노동공급을 더 증가시킬 것이다.
⑤ 세수중립 하에서 소득세의 형태에 관계없이 노동공급은 같을 것이다.

정답 ⑤. 문제의 효용함수가 롤즈적 효용함수라는 것을 이해하면 된다. 롤즈적 관점에서 무차별곡선은 그리면 L자가 된다. 무차별곡선이 L자라는 것은 두 재화 사이에 대체가 불가능하다는 의미이다. 즉 대체효과가 일체 없다는 의미이다.(등량선이 L자인 경우에도 두 생산요소 사이에 대체가 불가능하다는 의미이다.)

대체효과가 없다면 비례소득세, 선형누진세 및 정액세의 노동공급효과에 차이가 있을 수 없다. 일반적인 경우, 즉 여가와 소득사이에 대체가능한 상황에서 비례세보다 누진세가 근로의욕을 더욱 저해한다고 말한다. 그 이유는 누진세의 대체효과가 비례세의 대체효과보다 크기 때문이다.

[문 12] 어떤 근로자의 하루 시간부존량은 8시간이고 임금은 시간당 1원이며 비근로소득은 2원이라고 하자. 근로자의 효용함수는 U = LY(L=여가, Y=소득)이라고 하자. 근로소득에 대해서만 20%의 비례소득세가 부과될 경우 이 근로자의 노동시간은 어떻게 변할까? (2005 세무사)

① 변화가 없을 것이다.
② 0.25시간 늘어날 것이다.
③ 0.25시간 줄어들 것이다.
④ 0.5시간 늘어날 것이다.
⑤ 0.5시간 줄어들 것이다.

정답 ③. 소득(Y)의 제약을 표시하면 Y=2+(8-L)×1로 나타난다. 과세 전 효용함수는 U=LY이므로 U=L[2+(8-L)×1]=10L-L2이 된다. 일차미분 값을 영(0)으로 하는 L은 5시간이다. 10-2L=0을 충족하는 L이 5이기 때문이다.

20%의 세율로 소득세를 적용하면 효용함수가 U=L[2+(8-L)×0.8]=8.4L-0.8L2이 되며 일차미분값을 영(0)으로 하는 L값은 5.25가 된다. 따라서 20%의 세율로 비례소득과세하면 개인의 근로의욕이 감소한다.

[문 13] 화장품 가게에서 시간제 일을 하고 있는 영숙이의 여가와 소득에 관한 선호체계는 원점에 대해서 볼록한 무차별곡선의 형태로 나타나며, 근로소득 이외의 다른 소득은 없다고 한다. 영숙이는 시간당 10,000원의 세전임금을 받고 있으며 현재는 한 달에 100시간 일하고 있는데, 10%의 비례소득세가 부과되고 있어서 한 달에 10만원의 소득세를 내고 있다. 영숙이로 하여금 계속적으로 10만원의 세금을 내도록 하면서 조세의 형태만 '정액세(lump-sum tax)' 또는 '선형누진세(flat rate tax: 일정소득 공제 후 고정

세율 적용)'로 전환할 경우 영숙이는 자신의 노동시간을 어떻게 결정하겠는가?

(2003 세무사)

① 세금이 10만원으로 변화가 없기 때문에 노동시간은 조세의 형태에 관계없이 계속 100시간을 유지할 것이다.

② 정액세 하에서는 100시간보다 더 일할 것이고 선형누진세 하에서는 100시간보다 적게 일할 것이다.

③ 정액세 하에서나 선형누진세 하에서나 영숙이의 노동시간은 100시간 이하로 감소할 것이다.

④ 정액세 하에서는 100시간보다 적게 일할 것이고 선형누진세 하에서는 100시간보다 많이 일할 것이다.

⑤ 정액세 하에서나 선형누진세 하에서나 영숙이의 노동시간은 100시간 이상으로 증가할 것이다.

정답 ②. 정액세란 대체효과가 없는 조세이며 선형누진세란 비례소득세보다 대체효과가 더욱 큰 조세이다. 따라서 동일한 금액의 조세수입을 확보한다는 가정을 하면 정액세를 도입하면 노동시간은 증가할 것이며 선형누진세를 도입하면 노동시간은 감소하게 될 것이다.

[문 14] 소득은 담세능력의 평가기준으로 널리 쓰이고 있는데 실제 운영과정에서의 특징에 대한 다음 설명 중 옳지 않은 것은? (2006 세무사)

① 소득세는 소득과 여가의 선택문제에 있어서 여가보다는 소득을 선택한 사람에게 더 높은 세부담을 적용하므로 개인의 선택에 대한 간섭이 된다.

② 소득의 성격과 내용이 복잡하여 사실상 파악이 매우 어렵다.

③ 귀속소득이나 미실현소득의 경우 과세 타당성을 떠나 정치적, 행정적 부담이 지나치게 커서 대부분의 국가에서 과세되지 않는다.

④ 공제가 있는 누진소득세제 하에서는 인플레이션이 발생하면 명목소득의 증가에 따라 세부담이 높아지는 현상이 발생한다.

⑤ 공제가 없는 비례소득세제 하에서는 인플레이션이 발생하면 명목소득의 증가에 따라 세부담이 높아지는 현상이 발생하지 않는다.

정답 ⑤. 세율구간상승(bracket creeping)의 문제에 대해 이해하면 된다. 물가수준이 상승할 때 물가상승률만큼 명목소득이 증가해도 조세부담이 더욱 빠르게 상승하여(세율구조가 초과누진율이므로) '세율구간상승'의 문제가 생기는 것이다. 일반적인 경우 소득세율이 비례세율이라면 문제가 나타나지 않으나 이자소득세의 경우에는 세율이 비례세율이라도 '실질조세 부담증가'의 문제가 발생한다.

예를 들어보자. 물가상승 전 명목(실질)이자율이 5%이다. 물가상승률이 5%이므로 명목이자율이 10%로 증가했다면 실질이자율은 5%로 불변이다. 그런데 모든 이자소득에 대해 20%의 일률 비례세율이 적용된다고 하자.

물가상승이 없을 때 이자소득 5%의 20%인 1%를 세금으로 납부하고 실질이자소득 4%를 가지게 된다. 물가상승 이후 명목 이자 10% 중 20%인 2%를 세금으로 납부하고 8%를 얻게 되는데, 물가상승률 5%를 감안(8%-5%)하면 실질이자소득은 3%에 불과하므로 소득세율이 비례세율임에도 불구하고 1%point 만큼 이자소득이 감소하게 된 셈이다. 이를 표로 정리하면 다음과 같다.

	명목이자율	실질이자율	세액(세율 20%)	가처분이자소득
물가상승률=0	5%	5%	1%	4%
물가상승률=5%	10%	5%	2%	3%

[문 15] 누진적 소득세제 하에서 물가상승으로 인하여 납세자의 실질소득은 불변임에도 조세부담이 증가하는 현상을 일컫는 말은? (2007 세무사)

① lock-in effect
② tax arbitrage
③ bracket creep
④ inflation tax
⑤ tax credit

정답 ③. 물가상승은 명목소득을 높이는 역할을 하며 명목소득이 상승하면 높은 한계세율을 적용받게 되어 실질 조세부담이 증가한다. 이를 세율구간의 상승(bracket creep)이라 한다. 실질 조세부담의 증가는 민간부문의 구매력을 정부부문으로 이동시키는 역할을 하는데 이를 인플레이션세(inflation tax)의 문제라 한다.

[문 16] 정부가 통화팽창(중앙은행 차입)을 통하여 정부지출을 증대시킬 경우 인플레이션이 유발됨으로써 구매력이 민간부문으로부터 정부부문으로 이전되는 현상을 무엇이라고 부르는가? (2003 세무사)

① 이전지급(transfer payments)
② 구축효과(crowding-out effect)
③ 인플레이션세(inflation tax)
④ 조세전가(tax shifting)
⑤ 조세쐐기(tax wedge)

정답 ③. 물가상승이 구매력을 감소시켜 실질 소득의 감소에 영향을 미치는 일체의 문제를 "인플레이션세"의 문제라 한다.

[문 17] 노동의 공급곡선이 후방굴절 형태일 때, 근로소득세 경감조치로 인해 나타나는 효과에 관한 설명 중 옳은 것은?(단, 여가는 열등재로 가정한다.) (2007 세무사)

① 소득효과에 의해 노동공급은 증가하는 반면, 대체효과에 의하여 노동공급은 감소한다.
② 소득효과와 대체효과는 상쇄되므로 노동공급은 변하지 않는다.
③ 소득효과에 의해 노동공급은 감소하는 반면, 대체효과에 의하여 노동공급은 증가한다.
④ 소득효과와 대체효과 모두 노동공급이 감소하는 방향으로 작용한다.
⑤ 소득효과와 대체효과 모두 노동공급이 증가하는 방향으로 작용한다.

정답 ⑤. 노동공급곡선이 후방으로 굴절되는 부분에서 근로소득세의 경감(임금률 인상)은 반드시 노동시간을 감소시킨다. 그러나 일반적인 경우는 다르다. 임금률 인상에 따른 소득효과는 여가시간의 증가(노동시간 감소), 대체효과는 여가시간의 감소(노동시간 증가)이다. 만약 여가가 열등재라면 소득효과도 대체효과와 같이 노동시간의 증가로 나타난다.

그러나 후방으로 굴절되는 부분에서 소득세 경감이 노동시간을 증가시킬 수 없다. 여가가 열등재인 상황에서는 절대로 후방굴절현상이 나타날 수 없다는 것이다. 따라서 이 문제는 "노동공급이 후방굴절일 때"라는 말이 빠져야만 정답이 정확히 성립될 수 있는 "잘못된 문제"로 생각된다.

[문 18] 여가와 소득의 선택문제에 직면해 있는 대표적 개인이 있다고 하자. 정액세(lump-sum tax)를 동일한 세수를 가져다주는 비례소득세로 대체했을 경우 이 개인의 경제적 행위에 미치는 효과를 바르게 설명한 것은?(단, 여가는 정상재라고 가정한다.)

(2005 세무사)

① 소득효과가 발생하지 않으므로 노동공급은 증가한다.
② 소득효과와 대체효과가 상쇄되어 노동공급에 대한 영향이 없다.
③ 대체효과가 발생하며 노동공급은 감소한다.
④ 상대가격 구조는 여전히 불변이다.
⑤ 동일한 세수를 유지하기 때문에 효용수준은 불변이다.

정답 ③. 정액세는 대체효과가 없어 경제적 선택을 교란하지 않는 유일한 조세이다. 정액세를 대체효과가 있는 비례소득세로 대체하면 근로의욕에 부정적인 효과가 나타나 비효율적일 수밖에 없다.

[문 10] 현재와 미래만이 있는 시점간 자원배분모형(inter-temporal resource allocation model)에서 이자소득에 소득세를 부과하는 경우 대표적 개인의 현재소비와 미래소비에 대한 선택에 미치는 효과를 바르게 설명한 것은? 단, 현재소비는 정상재이고, 자본시장은 완전경쟁이며, 미래소비의 이자율탄력성은 무시하기로 가정한다.

(2005 세무사)

① 대체효과는 현재소비 증가, 소득효과는 현재소비 감소
② 대체효과는 현재소비 증가, 소득효과는 현재소비 증가
③ 대체효과는 현재소비 감소, 소득효과는 현재소비 증가
④ 대체효과는 현재소비 감소, 소득효과는 현재소비 감소
⑤ 소득효과만 존재하며, 소득효과는 현재소비 감소

정답 ①. 이자소득과세를 하면 현재소비의 가격이 하락한다. 값싼 현재소비를 추가적으로 소비하는 것(저축의욕의 감소)이 대체효과이며 소득세 때문에 가처분소득이 감소하므로 현재소비의 소비량이 감소하게 되는 것(저축의욕의 증가)은 소득효과이다.

[문 20] I. Fisher가 제시한 시점간 자원배분모형에서 이자소득과 근로소득을 모두 포함하는 종

합소득에 대해 동일한 세율로 과세한다고 하자. 이 과세가 개인의 현재소비와 미래소비 선택행위에 미치는 효과를 가장 올바르게 설명한 것은?(단, 현재소비는 정상재이며 현재소비와 미래소비에 대한 개인의 무차별곡선은 원점에 대해 볼록한 일반적인 형태로 가정한다.) (2004 세무사)

① 전체적으로는 현재소비가 증가할지 또는 감소할지 알 수 없다.
② 이자소득에 대한 과세로 인해 나타나는 소득효과는 현재소비를 증가시킨다.
③ 근로소득에 대한 과세로 인해 나타나는 대체효과는 현재소비를 감소시킨다.
④ 근로소득에 대한 과세로 인해 나타나는 소득효과는 현재소비를 증가시킨다.
⑤ 이자소득에 대한 과세로 인해 나타나는 대체효과는 현재소비를 감소시킨다.

정답 ①. 근로소득에 과세하면 현재소비의 상대가격(이자율)과 무관하므로 대체효과가 없으며 이자소득세만이 이자율을 변화시켜 현재소비의 상대가격 변화에 영향을 미친다. 이자소득과세 이후 대체효과는 저축의욕에 부정적으로 작용하며 소득효과는 저축에 긍정적으로 작용한다. 다라서 이자소득과세 이후 저축의 증감여부는 소득효과와 대체효과의 상대적 크기에 따라 달라진다.

[문 21] 한 신입사원이 연봉 3,000만원을 받아서 그 일부를 저축하고 있다(단 소득세는 없다고 가정하자). 정부에서 저축에 대한 비과세정책을 포기하고 이자소득세를 부과하기로 할 경우 신입사원의 경제적 행위에 미치는 영향으로 옳지 않은 것은? (2007 세무사)

① 이자소득세가 부과되면 과세 후 소득이 감소하므로 현재소비와 미래소비가 정상재라면, 소득효과로 현재소비와 미래소비는 감소하게 된다.
② 이자소득세의 부과는 대체효과를 가져와 초과부담을 발생시킨다.
③ 이자소득세의 부과는 미래소비의 가격을 인상하게 되어 대체효과로 미래소비는 감소하게 되고 현재소비는 증가하게 된다.
④ 현재소비와 미래소비가 정상재라면, 미래소비는 소득효과와 대체효과의 상대적 크기에 따라 증가하거나 감소한다.
⑤ 현재소비와 미래소비가 정상재라면, 대체효과가 소득효과보다 클 경우 현재소비는 증가하고 현재저축은 감소하게 된다.

정답 ④. 저축에 비과세하다 다시 이자소득세를 부과하기로 했다면 이자율이 감소한 것과 효과는 동일하다. 이자율이 감소하면 현재소비의 상대가격은 하락하며 상대적으로 미래소비의 상대가격은 상승한다. 조세부과에 따라 현재소비의 가격이 하락하면 대체효과 때문에 현재소비 증가. 소득효과는 (조세=소득감소이므로) 현재소비의 감소로 나타난다. 소득효과와 대체효과의 상대적 크기에 따라 현재소비의 크기가 달라진다.

미래소비의 경우 이자소득세 부과로 상대가격이 상승하므로 대체효과는 미래소비 감소. 소득효과 역시 조세 즉 소득감소이므로 미래소비의 감소로 나타난다. 대체효과와 소득효과 모두 미래소비의 감소로 나타난다.

[문 22] '현재'와 '미래' 두 기간으로만 구성되어 있는 단순한 소득-소비모형을 생각하자. 소비자는 오로지 현재근로소득만을 가질 뿐이며 미래근로소득은 없다고 가정한다. 그리고 현재소비와 미래소비에 대한 소비자들의 시간선호체계는 원점에 대해서 볼록한 무차별곡선으로 표시된다고 가정한다. 정부는 지금까지 실시하여 오던 「종합소득세」(근로소득세 + 이자소득세) 대신에 「근로소득세」 제도만을 채택하려고 한다. 이러한 조세정책의 전환이 경제에 미치는 영향에 대한 설명 중에서 타당한 것은?(단, 세제 변화에 따른 세수와 정부지출의 변동은 없다고 가정한다.) (2003 세무사)

① 총국민저축(가계저축+정부저축)은 증대될 것이다.

② 미래소비가 상대적으로 더 비싸지게 된다.

③ 소비자의 현재소비가 증대될 것이다.

④ 소비자의 가계저축은 반드시 감소할 것이다.

⑤ 정부저축이 감소할 것이다.

정답 ①. 문제의 내용이 이자소득에 대한 조세를 철폐한다는 것과 같은 의미이므로 어떤 형태로든 총저축은 증가하게 된다.

[문 23] "위험한 자산의 수익에 과세한 후 위험부담행위가 증가하였다." 이러한 경제적 현상은 어느 경우에 발생하는가? (2007 세무사)

① 정부가 손실에 대해 전혀 보상해 주지 않는 경우 위험부담행위의 소득탄력성이 양의 값을 지닐 때

② 정부가 손실에 대해 전혀 보상해 주지 않는 경우 위험부담행위의 소득탄력성이 음의 값을 지니며 대체효과가 소득효과를 압도할 때

③ 정부가 손실에 대해 전혀 보상해 주지 않는 경우 위험부담행위의 소득탄력성이 양의 값을 지니며 소득효과가 대체효과를 압도할 때

④ 정부가 손실에 대해 전혀 보상해 주지 않는 경우 위험부담행위의 소득탄력성이 음의 값을 지니며 소득효과가 대체효과를 압도할 때

⑤ 정부가 손실에 대해 전혀 보상해 주지 않는 경우 위험부담행위의 소득탄력성이 음의 값을 지닐 때

정답 ④. 위험자산 보유로부터 발생한 손실에 대해 전액 보상(full-loss offset)하는 제도가 있다면 과세 이후 위험자산의 비중은 반드시 증가한다. 보상이 없어도 위험부담행위의 소득탄력성이 양(+)의 값이면 과세 이후 위험자산의 보유는 반드시 감소한다.

그러나 소득효과가 대체효과와 다른 방향, 즉 위험보유의 증가로 나타나려면 위험부담행위의 소득탄력성 값이 0보다 작아야 한다. 이 경우 소득효과와 대체효과의 상대적 크기에 따라 위험자산의 보유규모가 결정된다. 문제와 같이 위험보유가 증가하려면 소득효과가 대체효과보다 커야 한다.

[문 24] 완전손실상쇄제도(full loss offset)가 실시되지 않으면서 개인의 투자수익에 대해 비례소득세를 부과할 경우 나타나는 경제적 변화를 옳게 설명한 것은? 단, 개인은 효용극대화를 추구하며, 자산은 위험한 자산과 안전한 자산 두 가지로 구성되고, 안전한 자산의 수익률은 0(零), 위험부담행위의 소득탄력성이 양(陽)의 값을 가진다고 가정한다. (2004 세무사)

① 대체효과는 위험부담행위 감축, 소득효과는 위험부담행위 감축
② 대체효과는 위험부담행위 감축, 소득효과는 위험부담행위 증가
③ 대체효과는 위험부담행위 증가, 소득효과는 위험부담행위 증가
④ 대체효과는 위험부담행위 증가, 소득효과는 위험부담행위 감축
⑤ 대체효과는 위험부담행위 불변, 소득효과는 위험부담행위 불변

정답 ①. 대체효과는 항상 위험자산보유의 감소이나 소득효과는 위험보유에 대한 소득탄력성의 크기에 따라 달라진다. 위험부담행위의 소득탄력성이 양(+)의 값을 갖는 경우 소득효과는 위험자산의 감소로 나타나며 따라서 소득효과 대체효과 모두 위험부담행위의 감소로 귀결된다.

[문 25] 명목이자율이 10%이고 인플레이션(율)도 10%라고 가정하자. 저축이자에 대한 세율이 25%일 때, 세후 실질이자율은 얼마인가? (2006 세무사)

① -2.5%
② 0%
③ 2.5%
④ 7.5%
⑤ 10%

정답 ①. 인플레이션율이 10%인데 명목이자율이 10%이라면 실질이자율(0%)은 없다. 따라서 명목 이자소득에 대해 25%의 세율로 소득세를 징수(2.5%)하면 이자소득자가 수령하는 실질이자율(소득)은 -2.5%가 된다.

이자소득을 수령하는 것이 아니라 세율만큼 정부에 헌납하는 셈이다. 소득세율이 비례세율이라도 "인플레이션으로 실질 조세부담 상승의 문제"가 발생할 수 있음을 보여주는 아주 좋은 예이다.

[문 26] 정기예금의 명목금리가 연 5%인데 소비자 물가지수는 연 3%씩 올라간다. 정기예금에 대한 이자소득세율이 20%라고 한다면 실질이자소득에 대한 실효세율은 얼마인가? (2004 세무사)

① 10%
② 20%
③ 30%
④ 40%
⑤ 50%

정답 ⑤. 명목금리가 5%인데 인플레이션율이 3%이므로 실질이자율은 2%이다. 명목이자소득 중 20%를 소득세로 납부해야 하므로 세액은 1%이다. 따라서 세후 실질 이자소득은 1%에 불과하다. 실질이자소득(2%)에 대한 소득세액(1%)의 비율은 50%임을 알 수 있다.

[문 27] 스턴(N. Stern)은 최적선형누진소득세에서 최적한계세율이 여러 요인에 의해 영향을 받는다고 하였다. 스턴이 최적선형누진소득세에서 주장한 최적한계세율과 각종 요인과의 관계를 틀리게 설명한 것은? (2005 세무사)

① 최적한계세율은 평등성에 대한 선호도와 정(正)의 관계에 있다.
② 최적한계세율은 노동공급의 탄력성과 역(逆)의 관계에 있다.
③ 최적한계세율은 조세수입과 정(正)의 관계에 있다.
④ 최적한계세율은 각 개인간의 능력 차이와 역(逆)의 관계에 있다.
⑤ 최적한계세율은 사회후생함수의 형태에 따라 달라진다.

정답 ④. 소득세의 최적세율은 개인간 능력차이와 정(+)의 상관이 있어야 한다. 능력격차가 크다는 것은 그만큼 소득격차기 크다는 의미이므로 계층간 불평등을 해소하기 위해 소득세의 한계세율은 높아야 하기 때문이다.

[문 28] 최적조세와 관련하여 옳지 않은 것은? (2006 세무사)

① 사회구성원들의 불평등회피도가 작을수록 선형누진소득세제 하에서 세율은 낮아야 한다.
② 동질적 소비자경제에서는 여가와 상대적으로 보완재일수록 세율이 높아야 한다.
③ 가격탄력성이 낮은 물품에 대하여는 높은 세율을 부과하고, 소득탄력성이 낮은 물품에 대하여도 높은 세율을 부과해야 한다.
④ 최적 비선형누진소득세의 이론에 의하면 가장 높은 소득수준에 대한 한계세율이 가장 높아야 하는 것은 아니다.
⑤ 선형누진소득세제 하에서는 여가와 소득간의 한계대체율이 작을수록 세율이 높아야 한다.

정답 ③. 최적 상품세율의 결정에 영향을 미치는 요인은 재화수요의 가격탄력성이다. 재화수요의 소득탄력성과 상품세율 사이에는 직접적인 관련이 없다. 여가보완재에 중과세하자는 주장(idea)은 콜렛과 헤이그(Corlett & Hague)의 제안이다.

최적 선형소득세에서 최적 소득세율의 크기는 노동과 여가의 대체탄력성, 세수목표, 불평등회피정도, 소득획득의 능력분포상황 등에 의존한다.

[문 29] 최근 부부합산과세에 대한 위헌판결은 우리 소득세제의 운용에 있어서 과세단위의 선택에 지대한 영향을 미치고 있다. 과세단위의 선택에 대한 다음 설명 중 옳은 것은? (2006 세무사)

① 소득이 같고 가족 수가 다르면 가족 수가 적은 가정이 더 적은 세금을 부담하여야 한다.
② 부부합산과세나 가족단위과세는 결혼세의 의미를 가지지 않는다.
③ 부부합산과세는 2차 소득자(부소득자)의 근로의욕에 나쁜 영향을 미친다.
④ 개인단위과세는 부부합산과세에 비하여 수평적 공평성을 보장해 준다.
⑤ 결혼세의 문제는 2분2승법에 의하여 해소된다.

정답 ③. 부부합산 과세는 2차 노동공급자의 근로의욕에 나쁜 영향을 주게 된다. 예를 들어 보자. 만약 홍길동씨 아내의 소득금액이 8,000만원이라면, 홍길동씨는 자신이 버는 모든 소득에 대해 한계세율 35%를 적용받는 셈이므로 근로의욕에 부정적으로 작용할 수밖에 없다.

[문 30] 부(負)의 임금세(negative wage tax)라 일컫는 임금보조(wage subsidy)에 대한 설명으로 적절하지 않은 것은? 단, 임금보조 제도의 운용에 소요되는 예산은 부(負)의 소득세와 동일하고, 공제제도는 없다고 전제한다. 그리고 여가는 정상재이고 여가와 소득에 대한 무차별곡선은 원점에 대해 볼록한 일반적 형태로 표시된다고 가정한다.

(2004 세무사)

① 임금보조 제도는 수평적 공평성을 제고한다.
② 임금보조로 인해 여가의 가격은 상승한다.
③ 소득효과와 대체효과가 모두 작용한다.
④ 부(負)의 소득세보다 항상 노동시간이 많다.
⑤ 부(負)의 소득세에 비해 더욱 높은 사회적 후생을 달성한다고 단정할 수 없다.

정답 ①. 부의 임금세는 임금률 중 일정비율을 보조하는 형태이므로 여가의 상대가격이 상승하고 따라서 소득효과와 대체효과가 함께 나타날 것이다. 임금보조는 수혜대상이 저소득계층이므로 보조 이후 계층간 수직적 형평성을 제고할 수 있음이 특징이다.

[문 31] 어떤 사람의 2005년도 소득이 7,000만원이라 가정하고, 소득세의 인적공제는 1,000만원이며 소득세의 세율구조는 다음과 같다고 하자. 2006년도의 인플레이션율이 30%이고 이 사람의 명목소득도 30% 상승하였다. 지수화(Indexation)되지 않음으로써 발생하는 인플레이션세는 2006년도 물가를 기준으로 얼마인가? (2006 세무사)

과 세 가 능 소 득	한 계 세 율
1,000만원까지	10%
1,000만원~3,000만원까지	20%
3,000만원~5,000만원까지	30%
5,000만원 초과	40%

① 390만원
② 450만원
③ 840만원
④ 1,500만원
⑤ 1,950만원

정답 ①. 첫째, 2005년의 소득세액은 총소득 7,000만원 인적공제액 1,000만원이므로 소득금액 6,000만원을 기준으로 초과누진율을 적용하여 계산하면 다음과 같다.

1,000×10%+2,000×20%+2,000×30%+1,000×40%=1,500만원

둘째, 물가가 30% 인상된 이후 명목소득금액은 9,100만원(7,000*1.3) 인적공제액은 1,000만원이므로 8,100만원으로 기준으로 초과누진율을 적용하여 소득세액을 계산하면 다음과 같다.

$$1,000\times10\%+2,000\times20\%+2,000\times30\%+3,100\times40\%=2,340\text{만원}$$

셋째, 인덱세이션이란 면세점과 계급구간을 물가상승률만큼 상향 조정하여 인플레이션세의 문제를 해결하고자 하는 것이므로 indexation 이후 공제규모는 1,300만원이며, 계급구간은 1,300 이하 10%, 1,300 초과 3,900 이하 20%, 3,900 초과 6,500 이하 30%, 6,500 초과 40%로 각각 변화되어야 한다. 인덱세이션 이후 소득금액은 7,800만원(9,100-1,300)이므로 이를 기준으로 초과누진율을 적용하여 소득세액을 계산하면 다음과 같다.

$$1,300\times10+2,600\times20\%+2,600\times30\%+1,300\times40\%=1,950\text{만원}$$

따라서 인덱세이션을 하지 않아 야기된 인플레이션세의 크기는 390만원이다.

(2,340만원-1,950만원=390만원)

[문 32] 근로소득보전세제(EITC : Earned Income Tax Credit)하에서 근로소득이 아주 낮은 경우에는 근로소득이 증가함에 따라 EITC 급여가 증가하지만, 근로소득이 상당수준을 초과하면 근로소득이 증가함에 따라 EITC 급여가 감소하는 점감구간(phase-out range)이 발생한다. 이러한 점감구간에서 발생하는 EITC의 효과에 대한 설명 중에서 옳은 것은? (2006 세무사)

① 대체효과는 노동공급을 증가, 소득효과는 노동공급을 감소
② 대체효과는 노동공급을 감소, 소득효과는 노동공급을 증가
③ 대체효과는 노동공급을 증가, 소득효과는 노동공급을 증가
④ 대체효과는 노동공급을 감소, 소득효과는 노동공급을 감소
⑤ 노동공급의 변화가 없음

정답 ④. 근로소득보전세제(근로장려세제)에 의하면 저소득계층에게 보조금을 지급하므로 일단 소득효과는 근로의욕의 감소로 나타난다. EITC의 구성은 점증구간, 평행구간, 점감구간으로 나누어진다.

스스로 번 소득이 많을수록 더 많은 보조금을 지급하는 점증구간에서는 임금률 인상효과가 있으므로 대체효과가 근로의욕의 증가로 나타난다. 이 구간이 설정된 이유는 보조금을 지급하지만 근로의욕을 유인하기 위해서이다.

문제의 점감구간, 즉 스스로 번 소득이 많아질 때 보조금을 삭감하는 구간에서는 임금률 감소와 동일한 효과가 나타난다. 임금률 감소의 대체효과는 근로의욕의 감소이다.

[문 33] 다음 설명 중 옳지 않은 것은? (2005 세무사)

① 부의 소득세(negative income tax)는 음(-)의 세율이 적용되는 세제이다.
② 부의 소득세제에 있어서 기초수당(basic allowance)이 클수록 재분배효과가 커진다.
③ 부의 소득세가 적용되는 경우 노동공급은 감소한다.
④ 미국식 근로소득보전세제(EITC)의 점증구간에서 소득효과는 노동공급을 감소시키는 방향으로 작용한다.
⑤ 미국식 근로소득보전세제(EITC)의 점증구간에서 대체효과는 노동공급을 증가시키는

방향으로 작용한다.

정답 ①. 부의 소득세는 소득세율을 이용하여 특정 소득에 미치지 못하는 저소득계층에게 보조금을 지급하는 일종의 사회보장 프로그램이다. 기초수당이 클수록 재분배효과가 강하게 나타나며 소득세의 한계세율이 높을수록 초과부담이 많아져 효율성은 떨어지게 된다.

[문 34] 납세자가 기대소득의 극대화를 추구하는 탈세모형에서 납세자의 탈세 행동에 관한 내용을 틀리게 설명한 것은? 단, 납세자는 탈세가 적발될 확률과 벌금률 결정체계를 알고 있으며, 탈세시도금액 1원당 벌금률은 탈세시도금액이 커짐에 따라 체증적으로 증가한다고 가정한다. (2005 세무사)

① 납세자는 탈세의 한계편익과 한계비용이 같아지는 점에서 탈세시도금액을 결정한다.
② 이론적으로는 탈세의 한계비용이 커질 경우 납세자의 탈세시도 금액은 0(零)이 될 수 있다.
③ 납세자는 적발 확률이 증가하면 탈세시도금액을 줄인다.
④ 납세자는 한계세율이 인상되면 탈세시도금액을 줄인다.
⑤ 납세자는 벌금률이 오르면 탈세시도금액을 줄인다.

정답 ④. 한계세율은 탈세의 한계편익(MB)이며 탈세의 한계편익이 커질수록 탈세유인은 많아진다. 한계비용(MC)은 적발확률과 범칙금에 의존하며 한계비용이 커질수록 탈세유인은 감소하게 된다.

[문 35] 다음 중 조세조약의 맹점을 이용하여 세금을 회피하는 행위를 지칭하는 적절한 용어는? (2006 세무사)

① unitary taxation
② treaty shopping
③ tax haven
④ transfer pricing
⑤ tax resorting

정답 ②. 다국적 기업의 조세회피행태에 나오는 용어들을 문제로 출제한 것이다. 첫째, unitary tax란 공식에 의한 이익배분방법을 말한다. 어떤 국내기업이 자사와 관련되어 세계 각처에 많은 수의 기업을 가지고 있다고 하자. 모든 기업들이 얻은 이익의 총액을 이윤기여도에 따라 세계 각처의 각 기업에 배분한 뒤, 국내에 있는 기업의 해당 이익만큼만 과세대상으로 제시하여 이득을 보는 것이다.

둘째, treaty shopping은 유령회사를 이용하여 각 국 간 조세조약의 맹점을 이용하는 행위를 말한다. 조세조약이 유리하게 체결되어 있는 나라에 유령회사(paper company)를 차려 마치 그들과 거래한 것처럼 꾸며 조세부담을 회피하는 것이다.

셋째, tax haven이란 세율이 지극히 낮거나 아예 조세가 없는 나라에 유령회사를 차려두고 마치 그 회사에서 모든 생산 활동을 하는 것처럼 위장하여 조세부담을 회피하는 경우를 말한다. 아예 직접세가 없는 나라로 바하마, 버뮤다, 케이만 군도 등이 있고 이런 지역은 조세낙원(tax paradise)이라 한다. 세율이 지극히 낮거나 외국소득에 면세혜택을 주는 경우를 조세안식처(tax shelter)라 하며 특정 기업이나 특정 사업 활동에 대해 세제상의 특혜를 주는 경우를 조세휴양지(tax resort)라는 표현을 쓴다.

넷째, transfer pricing이란 이전가격조작을 의미하며 객관적인 가격보다 아주 낮게 또는 아주 높게 가격을 적용하여 이익이나 자금의 이전을 가능하도록 만든 경우를 말한다. 버뮤다 현지에서 1,000원짜리 부품의 가격을 2,500원에 구입한 것으로 서류상 위장하면 기업의 이익은 그만큼 작아질 수 있으며 탈세가 용이하게 이루어질 수 있다.

[문 36] 국제조세에서 이중과세의 조정은 매우 중요한 문제가 되고 있다. 다음에 나오는 이중과세조정에 대한 설명 중 옳지 않은 것은? (2006 세무사)

① 원천지국과 거주지국이 모두 과세하려고 하는 경우 거주지국이 과세의 우선권을 갖는 것이 보통이다.

② 세액공제의 경우 원천지국 세율이 거주지국보다 높으면 거주지국 세율에 해당하는 세액까지만 세액공제하는 것이 일반적 관행이다.

③ 소득공제의 경우 이중과세의 조정이 완전히 이루어지지 않는다.

④ 면제의 경우 항상 완전한 이중과세조정이 이루어진다.

⑤ 이중과세조정은 거주지국이 일방적으로 국내세법에 의하여 조정하는 방법과 쌍무적 조약에 의하여 조정하는 방법이 있다.

정답 ①. 국제간 이중과세를 조정하는 방법으로 거주지국이 일방적으로 국내 세법에 의해 이중과세를 배제하는 방법, 쌍무적 이중과세방지조약에 의한 방법이 있다. 원천지국과 거주지국이 모두 과세하려 할 때 일반적으로 소득의 원천지국(host country)이 과세의 우선권을 가지며 거주지국(home country)의 경우 원천지국에서 과세한 이후 과세하게 되는 것이 보통이다.

외국에서 벌어들인 소득이 100원이고 원천지국의 세율이 40% 거주지국의 세율이 50%라고 하자. 첫째 '세액공제'를 하면 원천지국에서 세금 40원, 거주지국의 세금은 50원, 총 90원에서 원천지국 세액 40원을 세액공제하면 총 50원만 납부하면 된다.

둘째, '소득공제'를 하면 거주지국에서 과세할 때 원천지국의 세액 40원을 소득공제하므로 60원에 대해서만 50%의 세율을 적용하므로 거주지국의 세액은 30원이 되어 총 조세부담은 70원이 된다. 따라서 소득공제는 이중과세의 조정이 완전하게 이루어지지 않는다.

셋째, '면세'를 하는 경우 원천지국 세액 40원만 부담하고 거주지국에서는 일체 과세하지 않으므로 항상 완전한 조정이 이루어진다.

[문 37] 외국에 투자한 어떤 기업의 원천지 소득은 100원인데 세후 소득은 다음과 같은 네 가지 경우로 나타났다. 원천지국 세율은 40%이고, 거주지국 세율은 50%이다. 이중과세 조정을 어떻게 해준 결과인지 순서대로 맞게 된 것은? (2004 세무사)

세후소득	10원	30원	50원	60원
①	이중과세 미조정	소득공제	세액공제	외국소득 면세
②	이중과세 미조정	소득공제	외국소득면세	세액공제
③	이중과세 미조정	세액공제	소득공제	외국소득 면세
④	이중과세 미조정	세액공제	외국소득면세	소득공제
⑤	외국소득 면세	세액공제	소득공제	이중과세 미조정

정답 ①. 첫째, 이중과세 미조정시 원천지국 세액 40, 거주지국 세액 50이므로 세후 순소득은 10원이다. 둘째, 소득공제 하면 원천지국 세액 40원, 이를 거주지국에서 소득공제하면 거주지국세액은 30원이므로 세후 순소득은 30원이다. 셋째, 세액공제 하면 원천지국 세액 40원, 거주지국 세액 50원 중 40원을 세액공제하면 거주지국의 결정세액은 10원이므로 세수 순소득은 50원이다.

[문 38] 물품세율이 증가할 때의 초과부담과 소득세율이 증가할 때의 조세수입은 일반적으로 각각 어떤 모양으로 변화하는가? (2003 세무사)

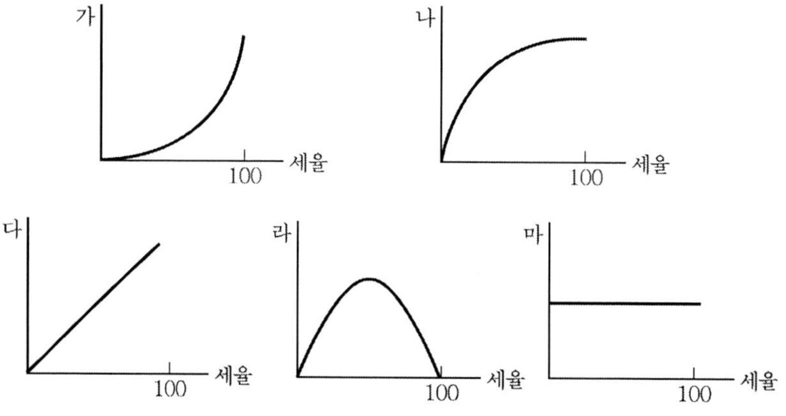

① 초과부담 : 가, 조세수입 : 나
② 초과부담 : 가, 조세수입 : 라
③ 초과부담 : 나, 조세수입 : 가
④ 초과부담 : 나, 조세수입 : 라
⑤ 초과부담 : 다, 조세수입 : 라

정답 ②. 초과부담은 세율의 제곱에 비례하므로 세율과 초과부담의 관계는 지수함수와 같은 모양이 된다. 소득세의 한계세율이 높아지면 일정수준까지는 조세수입의 증가에 기여하지만 일정수준을 초과하여 계속 상승하면 (대체효과의 크기가 크게 나타나)소득세수입은 크게 감소하게 된다.

제12장

법인소득세 이론과 경제적 효과

1. 법인세의 의의와 구조

1-1. 법인세의 의의

▸기업의 이윤에 대한 조세

▸과세베이스의 선정에서 청산소득 등까지 과세대상에 포함하므로 소득세보다 포괄적 소득세이론에 더욱 부합됨

1-2. 법인세의 구조

▸기업의 이윤을 대상으로 초과누진세율을 적용함

▸한국의 경우 1억원을 기준으로 2단계 초과누진세율(13%, 25%) 적용

2. 법인세의 존재에 대한 찬반논쟁

2-1. 반대입장; 법인의제설(통합주의)

▸법인세의 존재는 이중과세의 소지가 있으므로 소득세로 통합되어야 함

▸'법인도관설' 등의 이름으로 법인세 부과에 반대함

▸소득이 동일한 근로소득자와 배당소득자 사이의 차등과세 문제도 거론

2-2. 찬성입장; 법인실재설(절대주의)

▸능력원칙: 법인은 개인과 구분되는 엄연한 법적 실체이므로 법인격(法人格)은 개인격과

달리 취급되어야 함

- 현대사회에서 법인은 스스로의 영역을 가진 독자적 법적 실체로 간주되어야 함

▸편익원칙: 공공서비스의 편익에 대한 대가 또는 사회적 비용에 대한 대가

- 개인과 같이 공공서비스의 편익을 향유하므로 이에 대한 대가로 조세부담 함
- 생산활동의 결과 오염 등 사회적 비용(social costs)을 야기하므로 이에 대한 대가로 조세부담함

▸소득세의 보완세: 사내유보로 인한 자본이득(주식가격의 상승)에 대해 적절히 소득과세하지 못하므로 이를 법인세로 보완함

- 주주에 배당된 부분에는 소득과세 하나 사내유보로 인한 주식가격 상승(개인의 능력증가)에는 적절히 과세하지 못하는 소득세의 현실을 보완

▸정부가 기업을 규제할 목적

- 경제력 집중은 권력의 집중과 같으므로 이를 규제하고자 함

3. 법인세의 귀착문제

3-1. 법인세를 경제적 이윤세로 간주

▸법인세 부과 이후 이윤극대생산량(MR=MC) 및 소비자가격 불변

▸법인세가 경제적 이윤세라면 전가 또는 교란에 따른 초과부담의 문제가 없음

3-2. 법인세를 자본과세 간주

▸자본공급이 고정된 경우(단기) 자본소유자 부담

- 자본공급의 고정이란 공급이 완전 비탄력적인 경우를 의미함

▸자본공급이 가변적인 경우 자본소유자가 자본의 사용자 또는 소비자에게 전가 가능

- 자본공급이 가변적이란 공급이 탄력적인 경우를 의미한

▸부분요소과세로 간주하는 경우 자본의 소유자에게 귀착

- 요소대체효과: 자본요소에 대한 과세이므로 자본의 부담(r/w하락)으로 귀착
- 산출효과: 법인부문의 생산방식이 자본집약적이라면 자본의 부담(r/w하락)으로 귀착

3-3. 법인세를 일반매상세로 간주

▸대부분 소비자가격상승의 형태로 소비자에게 전가됨

▸실증분석 결과 소비자에게 전가된다는 것이 현실임
 • mark-up pricing(마크업 가격 결정방식)으로 설명할 수 있음

4. 인플레이션과 법인소득세

4-1. 인플레이션에 따른 문제

▸초과누진세율이므로 인플레이션의 폐해, 즉 세율구간 상승의 문제가 있음
▸법인세율이 비례세율일지라도 인플레이션이 감가상각의 실질가치를 하락시켜 기업의 실질 조세부담은 증가하게 됨
▸선입선출법보다 후입선출법을 선택하여 재고자산을 평가하는 것이 과세대상이 작아 기업에 유리함

5. 법인세의 통합문제

5-1. 완전통합: 법인세 폐지 논의

▸자본이득방식: 포괄적 소득세이론과 유사함
 • 배당부분은 즉시 소득과세하고 사내유보부분은 주식가격의 상승에 영향을 미치는 시점에 '경제력 증가'로 간주하여 소득과세함
 • 실현된 소득 뿐 아니라 미실현 소득까지 모두 과세하자는 것
▸조합방식: 주주를 조합원으로 간주함
 • 기업의 모든 이윤을 주식보유비율에 따라 주주에게 귀속시킨 뒤 소득과세 함

5-2. 불완전통합

▸소득세 과세단계에서 조정(귀속방식 또는 그로스업방식)
 • 소득세와 법인세를 모두 부과하나 개인소득세만 부과된 경우와 조세부담은 동일함
 • 소득과세시 기납부 법인세액까지 그로스업하여 소득세액을 산출하고 기납부 법인세액을 세액공제함
▸법인세 과세단계에서 조정
 • 지급배당공제법: 기업이 주주에게 배당할 부분을 법인세 과세대상에서 공제하자는 것으로 기업의 배당을 촉진하여 기업저축에 불리(사내유보 감소)하게 작용함

- 지급배당경과법; 법인이윤 중 배당부분에 낮은 법인세율

6. 법인세가 기업의 투자에 미치는 효과

6-1. 신고전파 투자이론: Jorgenson모형

▸자본의 사용자비용

- 자본재의 보유 및 관리에 소요되는 기회비용

▸사용자비용을 인하하여 기업의 투자를 촉진할 수 있다는 주장

- 투자세액공제, 지급이자공제, 감가상각공제 등이 사용자비용을 인하하는 조치들임

6-2. 한계실효세율접근법

▸한계실효세율의 의미

- 한계적 투자계획에 대한 "(세전 실질수익률-세후 실질수익률)/세전 실질수익률"이며 조세의 투자효과를 일반적으로 분석할 수 있고 여러 다른 유형의 투자효과에 대한 구체적 분석도 가능함

▸법인세에서 기업 우대조치 많으면 한계실효세율은 낮아지며 한계실효세율이 낮을수록 기업의 투자에 유리하게 작용함

- 한계실효세율이 음(-)인 경우 투자수익 뿐 아니라 추가 이득까지 더 주는 셈이므로 조세가 확실하게 투자를 촉진하는 효과 있음

6-3. 중립적인 법인과세 방법

▸법인세가 부과되어도 자본의 사용자비용에 아무런 변화가 없는 경우를 말함

▸중립적인 과세를 위한 두 가지 방법

- 경제적 이윤에 과세: 제 비용의 정확한 공제
  - 진정한(경제적) 감가상각비용을 공제하고 타인자본에 대한 이자 뿐 아니라 자기자본에 대한 귀속이자까지 공제함
- 현금주의과세
  - 자본재 구입비용은 즉시 경비처리 해 주고 지급이자에 대한 비용공제는 일체 허용하지 않음

7. 기타

7-1. 법인세와 기업의 부채-자본비율

▸현실적으로 존재하는 세제상의 각종 우대조치들에 유의

▸타인으로부터 차입한 자금에 대한 이자비용을 공제하면 타인자본 의존도를 증가시키는 것이 기업에 유리함

▸'M-M 정리'에 따르면 기업의 부채/자본비율이 기업의 가치에 아무 영향이 없음

- 모딜리아니-밀러의 제 1명제: 자본구조와 관련하여 기업이 내린 어떠한 결정도 주주에게는 아무 의미가 없음
- 배당무의미성 이론: 기업의 배당정책이 기업의 가치와 아무 관련이 없음
  - 신주발행을 통해 추가로 배당하면 배당소득 증가로 이득이 있으나 주식가격하락에 따른 소득감소로 결국 상쇄됨

7-2. 조세지출의 문제

▸조세지출(tax expenditure)의 정의

- 정책목적 달성을 위한 각종 비과세/감면조치로 정부가 마땅히 거두어들여야 할 조세수입 중 포기된 조세수입의 크기를 의미함
- 기부금 소득공제조치를 도입하면 소득세 수입이 감소하게 되는 경우가 좋은 예

▸조세지출의 필요성과 문제점

- 경제개발 초기 자본축적을 목적으로 필요함. 대한민국도 1960년대와 1970년대 고도성장기 기업의 자본축적을 목적으로 다양한 비과세감면조항이 있었음
- 그러나 장기적으로(필요성이 없음에도 불구하고) 이 제도가 존재한다면 비효율적이며 불공평한 결과를 낳게 됨
  - 조세지출의 혜택을 얻는 부문과 그렇지 못한 부문 사이의 상대가격교란 때문에 비효율적임
  - 조세지출 혜택의 귀착이 노동소득보다는 자본소득에 집중되므로 고소득자들에게 많은 이득이 돌아가므로 불공평함

▸조세지출예산제도의 도입

- 조세지출을 예산에 기록하여 세제상 혜택을 얻는 부문에 또 다른 정부지출의 혜택은 배

제할 수 있으므로 중복지원은 방지할 수 있음

- 비과세/감면 부문이 드러나므로 불필요한 지원이 사라질 가능성이 큼

연 습 문 제

1. 법인세의 특징에 대한 설명으로 틀리는 것은?
   1) 초과누진세율이 적용된다.
   2) 이중과세의 문제가 있다.
   3) 기업의 사업으로부터 발생한 소득에 대해 과세한다.
   4) 현실적으로 경제적 이윤세로 간주할 수 있다.
   5) 개인소득세에 비해 포괄주의에 더욱 가깝다.

   정답 4). 현실적으로 법인세는 세법상 이윤을 기준으로 과세하는 것이다. 경제적 이윤을 기준으로 과세한다면 초과부담의 문제가 나타나지 않는다.

2. 우리나라 법인세의 세율구조로 올바른 것은?
   1) 비례세율
   2) 다단계 비례세율
   3) 단순누진세율
   4) 다단계 누진세율
   5) 초과누진세율

   정답 5). 우리나라의 법인소득세는 과세표준 1억원을 기준으로 1억원 미만에는 13%, 1억원을 초과하는 경우 25%의 한계세율을 적용하는 2단계 초과누진세율이다.

3. 법인소득세의 존재에 반대하는 근거(법인의제설)로 가정 적합한 것은?
   1) 법인은 개인과 마찬가지로 경제적 능력을 갖춘 인격체이다.
   2) 공공서비스의 편익에 비례하는 조세부담을 하는 것이 공평하다.
   3) 소득세가 있으면서 법인세를 별도로 부과하면 동일한 원천에 두 번 과세하여 이중과세 문제가 야기된다.
   4) 정부가 기업을 규제해야 하므로 법인세의 존재가 부적절하다.
   5) 소득세가 제 기능을 다하고 있으므로 법인소득세가 별도로 필요없다.

   정답 3). 법인세의 반대이유 중 가장 중요한 것이 이중과세의 문제이다. 기업이윤에 법인과세한 뒤 주주에게 배당하면 다시 소득세를 부과하기 때문이다.

4. 소득세와 별도로 법인세가 존재해야 한다는 법인세에 대한 "긍정적 시각"을 정리한 것 중 잘못된 설명은?
   1) 법인은 개인과 다른 경제력을 주체이므로 별도로 법인세가 부과되는 것이 마땅하다.
   2) 법인도 개인과 같이 공공서비스 소비로부터 편익을 얻고 있으므로 편익에 비례하여 법인세부담을 하는 것이 마땅하다.

3) 정부가 기업을 규제할 목적으로 법인소득세를 활용할 수 있다.
4) 법인은 기업의 이윤을 흘려보내는 '도관'이므로 법인세가 부과되는 것은 마땅하다.
5) 개인소득세가 모든 과세베이스에 정확하게 과세하지 못하므로, 개인소득과세 단계에서 포착하지 못한 것을 법인소득세로 포착해야 하기 때문에 법인세가 필요하다.

정답 4). 법인도관설은 법인세의 존재에 부정적인 입장이다.

5. 법인세의 부과가 정당하다는 견해, 즉 법인실재설의 근거에 대한 설명으로 타당하지 않은 것은?

1) 주식소유자는 그렇지 않은 사람에 비해 고소득자이므로 중과세되어야 마땅하다.
2) 법인은 개인과 다른 법적 실체이므로 과세되어 마땅하다.
3) 법인의 생산활동에 사회적 비용(social costs)이 수반되므로 과세되어야 한다.
4) 개인소득세에서 사내유보로 인한 자본이득(capital gains)에 적절히 과세하지 못하므로 이를 보완하는 의미에서 법인세가 존재해야 한다.
5) 정부가 기업을 규제(regulation)하는 수단으로 법인세가 필요하다.

정답 1). 주주(株主)를 고소득자로 간주하는 것은 설득력을 가질 수 없다.

6. 다음 중 초과부담이 없는 경우는?

가. 수요가 가격에 완전비탄력적인 재화에 물품과세한다.
나. 경제적 이윤을 대상으로 법인과세한다.
다. 정액세(lump-sum tax)를 부과한다.
라. 이자소득을 제외한 모든 소득에 종합소득과세한다.

1) 가, 나
2) 가, 다
3) 나, 다
4) 가, 나, 다
5) 가, 나, 다, 라

정답 4). 종합소득세는 여가가 선택대상에 포함되므로 초과부담이 있다. 경제적 이윤에 과세하는 형태로 법인소득세가 부과되면 전가나 초과부담의 문제가 없다.

7. 사용자비용(user cost of capital)에 대한 설명으로 가장 타당한 것은?

1) 이자비용을 의미한다.
2) 감가상각비용을 의미한다.
3) 타인자본에 대한 지급이자를 뜻한다.
4) 가속적인 감가상각에 따른 경제적 비용을 의미한다.
5) 감가상각비용과 이자비용이 모두 포함된다.

정답 5). 사용자비용이란 이자비용과 감가상각비용의 합이다. 기업가가 자본의 보유 및 관리에 필요한 모든 기회비용을 의미하는 것으로 해석하면 된다.

8. 자본의 사용자비용(user cost of capital)에 대한 설명으로 올바른 것은?

1) 기업이 지불하는 공과금 및 세금을 의미한다.
2) 자본재(資本財)의 보유 및 관리에 필요한 모든 기회비용이다.
3) 자본재 구입비용과 수리비용 그리고 자본재를 관리하는 직원에게 지급되는 모든 비용을 포함하는 개념이다.
4) 자본재의 구입에 필요한 이자비용을 의미하며 감가상각비용과 무관하다.
5) 자본재의 구입에 필요한 감가상각비용을 의미하며 이자비용과 무관하다.

정답 2). 기업이 생산을 위해 구입해야만 하는 자본재의 구입, 보유 및 관리에 소요되는 모든 기회비용을 의미한다. 조르겐슨(Jorgenson) 모형에서 제시된 사용자비용의 구성요소는 이자율과 감가상각률이다.

9. 사용자비용(user cost of capital)이란 무엇인가?

1) 토지를 포함한 모든 자본재의 보유 및 관리에 따른 기회비용을 말한다.
2) 여가를 포함한 모든 생산요소의 보유 및 관리에 따른 기회비용을 말한다.
3) 자본재의 보유 및 관리에 따른 기회비용을 말한다.
4) 소비재 및 자본재의 보유 및 관리에 따른 기회비용을 말한다.
5) 자본요소의 구입가격과 감가상각비용을 합계한 금액이다.

정답 3). 토지가 과세대상이 되는 것은 아니다. 자본재 보유에 따른 기회비용이다.

10. 한계실효세율 접근법에 대한 설명으로 타당하지 못한 것은?

1) 한계실효세율이 높을수록 투자계획에 불리하게 작용한다는 의미이다.
2) 한계실효세율은 일반적으로 양(+)의 값을 갖는다.
3) 한계실효세율이 높다는 것은 기업수익 중 조세로 거두어가는 부분이 많다는 의미이다.
4) 한계실효세율이 음(-)의 값을 가지면 정부가 기업에 대해 많은 혜택을 준다는 의미이다.
5) 한계실효세율이 음(-)의 값을 가진다해도 조세가 투자를 촉진한다는 보장은 없다.

정답 5). 한계실효세율이 음(-)의 값을 가진다면 조세가 기업으로부터 수익 중 일부를 세금으로 가두어 가는 것이 아니라 기업에게 일종의 덤을 더 준다는 의미이므로 기업의 투자촉진에 매우 효과적이다.

11. King과 Fullerton이 주장하는 한계실효세율이란 무엇인가?

1) 감기상각과 이자비용공제에 따른 기업의 절세규모를 의미한다.
2) 세전 수익률에서 세후 수익률을 차감한 값을 세전 수익률로 나눈 값이다.
3) 세전 수익률에서 세후 수익률이 차지하는 비중이다.

4) 세후 수익률에서 세전 수익률이 차지하는 비중이다.

5) 세후 수익률에서 세전 수익률을 뺀 값이다.

정답 2). 한계실효세율이란 한계적 투자계획으로부터 나오는 세전 실질수익률과 세후 실질 수익률의 격차를 세전 수익률로 나눈 값이다. 실효세율이 높을수록 조세가 투자에 불리하게 작용한다는 의미이다.

12. 법인세와 관련된 설명으로 틀리는 것은?

1) 인플레이션이 진행되면 법인세율이 비례세율이라도 감가상각금액의 실질적 하락으로 법인세부담이 많아진다.

2) 선입선출법을 채택하면 후입선출법에 비해 법인세부담이 많아진다.

3) 법인세의 이중과세 문제해결을 위한 자본이득방식은 배당부분에 대한 조정만 이루어지는 불완전 조정방식이다.

4) 기업의 자본축적을 장려할 목적으로 법인세제도 내에 각종 비과세 감면조치가 있어 발생하는 세수차질 금액을 조세지출이라 한다.

5) 조세지출의 문제 해결을 위해 조세지출예산제도가 운영된다.

정답 3). 자본이득방식은 조합방식과 더불어 완전조정 방식이다. 배당된 부분은 즉시 소득과세하고 유보된 부분은 주식가치의 상승으로 소득이 발생할 때 소득과세 하자는 것이다.

13. 중립적인 법인과세의 방법으로 올바른 것은?

1) 자본재는 구입 즉시 공제하고 자기자본에 대한 귀속이자까지 비용으로 공제한다.

2) 자본재는 구입 즉시 공제하고 이자비용은 일체 공제하지 않는다.

3) 경제적 감가상각비용을 정확히 공제하고 자기자본의 귀속이자까지 비용으로 공제한다.

4) 위의 1과 3

5) 위의 2와 3

정답 5). 법인과세 이후 초과부담의 문제가 없으려면 경제적 이윤에 과세(지문 3)하거나 또는 현금주의 과세방식(지문 2)을 채택하면 된다.

14. 지속적인 물가상승현상이 있으면 '실질조세부담 상승'의 문제가 나타난다. 소득세의 경우 세율이 비례세율이면 실질조세부담 상승의 문제가 없는데 법인세에서는 단일 비례세율이 적용되어도 '실질조세부담 상승'의 문제가 있다. 그 이유로 올바른 것은?

1) 감가상각방식으로 정액법을 채택하기 때문이다.

2) 감가상각방식으로 정률법을 채택하기 때문이다.

3) 실질 감가상각의 가치가 하락하기 때문이다.

4) 실질 감가상각의 가치가 상승하기 때문이다.

5) 물가상승시 공제대상의 범위가 축소되기 때문이다.

정답 3). 물가상승에 따라 감가상각금액의 실질가치가 감소되어 실질 과세대상이윤이 커지기 때문이다.

15. 투자세액공제가 "Tobin-q"에 미치는 영향으로 올바른 것은?

1) 자본재의 구입비용을 낮추어 토빈-q값을 작게 만든다.
2) 자본재의 취득비용을 낮추어 토빈-q값을 크게 만든다.
3) 자본재의 대체비용을 인상시켜 토빈-q값을 크게 만든다.
4) 자본재의 구입가격을 낮추어 토빈-q값을 작게 만든다.
5) 투자세액공제는 토빈-q의 값과 무관하다.

정답 1). 투자세액공제하면 자본재의 구입가격을 낮추는 효과가 있으므로 시장평가가치는 일정하나 구입가격이 낮아지면 토빈-q의 크기가 커진다.

16. 귀속방식(Imputation method)으로 이중과세 조정을 하는 경우에 대한 설명으로 올바른 것은?

1) 이중과세 문제가 완전하게 해결된다.
2) 사내유보 부분에 대한 이중과세문제는 없다.
3) 배당부분에 대한 이중과세문제는 없다.
4) 법인세 부담이 주주에게 전가되므로 이중과세의 소지가 없다.
5) 소득세가 존재하므로 이중과세의 문제는 이체 해결될 수 없다.

정답 3). 귀속방식에 따라 조정을 하면 부분적으로 조정이 되는 것이며, 배당소득부분에 대해서는 이중과세의 문제가 해결된다.

17. 법인세 과세 이후 주주에게 배당된 금액이 2,000원이며 법인세율은 50%이다. 개인소득세율이 60%라고 가정하면 개인소득세의 결정세액은 얼마인가?(단, 귀속방식에 의해 이중과세 조정이 이루어지며 법인과세 이후 이윤을 모두 배당한다고 가정하자.)

1) 400원
2) 2,000원
3) 2,400원
4) 1,200원
5) 1,750원

정답 1). 이미 납부한 법인세액까지 그로스-업(gross-up) 하면 개인소득세의 과세 대상은 4,000원이 된다. 여기에 60%의 세율을 적용하면 2,400원의 개인소득세액이 산출된다. 산출세액 2,400원에서 이미 납부한 세액 2,000원을 세액공제하면 최종 결정세액은 400원이다.

18. 조세가 기업의 자본구조(資本構造)에 미치는 영향에 대한 설명으로 틀리는 것은?

1) 모딜리아니-밀러의 정리에 따르면 기업의 자본구조와 기업의 가치 사이에는 아무런

상관관계가 없다.

2) 부채에 다른 감세효과(tax shield)만을 고려하면 부채비율이 높을수록 기업의 가치가 더욱 크다.

3) 감세효과만 본다면 타인자본의 비중이 큰 기업일수록 조세부담의 경감규모가 크므로 기업가치 또한 크다고 결론지을 수 있다.

4) 감세효과 뿐 아니라 재무적 곤경의 위험까지 고려한다면 부채-자본비율의 상승이 바람직스러운 것만은 아니다.

5) 법인소득세가 기업의 자본구조에 영향을 미치는 것은 사실이나 개인소득세는 기업의 자본구조와 무관하다.

정답 5). M-M정리에 의하면 기업의 자본구조와 기업의 가치는 무관하므로 조세부담만을 고려할 때 높은 부채비율을 선택하는 것이 유리하다. 그러나 재무적 곤경도 간과할 수는 없는 문제이다. 개인소득세도 자본구조의 선택에 영향을 미칠 수 있다. 주주의 배당소득이나 자본이득 등에 개인소득세가 부과되므로 사내유보와 배당의 규모를 결정할 때 개인소득세의 영향도 무시할 수 없다.

19. 다음 내용과 가장 가까운 것은?

웅지사료(주)에서 주주에게 100억원의 추가 배당을 결정하고 신주(新株) 발행을 통해 그 재원(財源)을 마련하기로 하였다. 그런데 추가 배당 이후 주주들은 100억원의 배당소득을 추가로 얻게 되지만 주주가 보유하고 있는 주식의 가치가 하락하여 주주의 재산상태에는 아무런 변화가 없다.

1) 배당을 많이 하는 기업의 주식이 높은 가치를 유지한다.
2) 높은 배당률을 유지하는 기업의 주식에 높은 가격을 지불할 하등의 이유가 없다.
3) 신주발행액이 많을수록 기업의 가치는 높아진다.
4) 주식가격은 불변이나 기업의 가치는 높아진다.
5) 단기에 주식가격과 기업의 가치는 불변이나 장기적으로 기업의 가치는 높아진다.

정답 2). 모딜리아니-밀러의 "배당 무의미성이론"을 설명한 내용이다. 어떤 기업이 신주발행을 통해 주주에게 배당을 많이 하여 기업 가치를 높이려 해도 주식가격이 하락하게 되므로 주주의 총재산에 아무런 변화가 없다는 것이다. 따라서 주주에게 많은 배당을 하는 기업이라 해서 그 기업의 주식가격이 높아야 할 이유는 없는 것이다.

20. 배당을 많이 받을수록 주주들의 조세부담이 무거워짐에도 불구하고 배당금지급을 요구하는 소위 "배당금의 수수께끼"의 이유로 적합하지 않은 것은?

1) 소액투자가들이 안정된 배당금 흐름을 선호하기 때문이다.
2) 비영리단체가 주주인 경우 안정된 배당흐름을 선호하기 때문이다.
3) 소유와 경영이 분리되어 있어 경영진이 주주에게 기업의 성장가능성을 전달하고자 하는 의미에서 배당을 한다.
4) 미래의 불확실성 때문에 주주들이 미래의 불확실한 배당보다 현재 배당을 선호하기

때문이다.

5) 경영자들의 역선택 가능성 때문에 주주들이 자신의 이익을 보호할 목적으로 배당을 원하기 때문이다.

정답 5). 본인-대리인 문제에서 비롯되는 도덕적 해이의 문제가 나타날 경우 주주들 자신들이 챙길 이익이 없다고 생각할 수 있다. 소유와 경영이 분리된 상태에서 주주가 경영자를 신뢰하지 못하면 배당금을 선호하게 된다.

21. 조세지출(tax expenditure)을 정의한 것으로 올바른 것은?

1) 각종 공제나 감면 때문에 포기된 조세수입의 크기이다.
2) 정책목적상 이루어진 각종 세제상의 지원조치를 말한다.
3) 정부가 징수하여 우선적으로 지출한 금액을 말한다.
4) 정부지출 중 조세수입을 통한 모든 지출을 말한다.
5) 조세가 곧 지출이라는 의미로 균형재정을 강조하는 내용이다.

정답 1). 조세지출은 정책목적상 이루어진 각종 세제상의 지원 결과 상실된 조세수입의 크기를 의미한다.

22. 조세지출예산제도에 대한 설명으로 올바르지 못한 것은?

1) 조세지출의 문제를 해결할 수 있는 실마리가 된다.
2) 선진국에서도 이미 시행하고 있는 제도이다.
3) 예산에 조세지출 항목을 반영하여 의회의 심의를 거치게 만들어 예산의 효율적 운용을 도모하자는 것이다.
4) 조세지출과 정부의 직접지출을 비교할 수 있는 기회를 제공한다.
5) 조세지출 예산제도를 도입하면 표면적으로 세출예산의 크기는 대폭 감소한다.

정답 5). 조세지출예산은 조세지출 항목들을 예산에 반영하자는 것이다. 조세지출 예산의 편성목적은 이중지원의 방지, 비과세 감면의 타당성 검토 등을 통해 장기적으로 예산운용의 효율성을 배가시키자는 것이다. 따라서 세출예산의 크기와 직접 관련을 갖는 것은 아니다.

기출문제

[문 1] 법인세가 소득세와 별도로 존재하는 체제가 바람직하지 않다는 견해를 가진 학자들이 내세우고 있는 근거가 아닌 것은? (2003 세무사)

① 법인세는 법인부문과 비법인부문간 자원 배분의 왜곡을 초래한다.
② 법인세는 자본과 노동간 요소배합의 왜곡을 초래한다.
③ 동일한 소득에 대해서 이중과세가 이루어진다.
④ 공평과세의 개념은 개인에 대해서만 적용할 수 있다.
⑤ 법인세는 법인의 유한책임을 과도하게 조장한다.

정답 ⑤. 법인세를 별도로 부과하는데 반대하는 가장 중요한 이유는 동일한 원천에 대해 두 번 과세(이중과세)한다는 것이다.

[문 2] 법인세의 과세 베이스에 관한 설명 중 옳지 않은 것은? (2007 세무사)

① 순수한 경제적 이윤에 대하여 과세하면 법인세는 전부 주주에게 귀착되며 초과부담도 발생시키지 않는다.
② 법인세는 직접세의 일종이므로 개인에 대한 과세와 마찬가지로 능력에 따른 세금 부과가 용이하다.
③ 자기자본에 대한 귀속이자를 경비로 인정하지 않기 때문에 차입경영을 조장하는 측면이 있다.
④ 인플레이션은 감가상각의 실질가치를 감소시켜 법인세 부담을 증가시키게 된다.
⑤ 재고청산이 없는 경우 재고자산평가가 선입선출법에 의해 이루어지면 인플레이션 상황에서 후입선출법에 비해 법인세 부담이 증가하게 된다.

정답 ②. 법인세는 개인소득세와 마찬가지로 조세분류상 직접세(直接稅)에 해당된다. 그러나 법인세의 실증분석 결과를 보면 대부분 제품가격의 상승을 통해 소비자에게 전가(轉嫁)된다는 것이다. 그렇다면 법인세 부담의 배분을 두고 능력에 따른 세금여부를 가늠하기란 불가능한 것이다.

[문 3] 법인세 부담의 귀착에 관한 설명 중 적합하지 않은 것은? (2002 세무사)

① 법인세가 법인부문에 투자된 자본에 대한 과세라고 볼 때 산출효과는 법인부문과 비법인부문 사이의 요소집약도 차이에 따라 그 효과의 방향이 달라진다.
② 법인세가 법인부문에 투자된 자본에 대한 과세라고 보는 견해에서 요소대체효과는 일반적으로 자본의 상대가격을 떨어뜨리는 방향으로 나타난다.
③ 법인세가 경제적 이윤에 대한 과세라는 견해에 따르면 법인세의 부담은 전액주주에게

귀착될 수 있다.

④ 법인세가 경제적 이윤에 대한 과세라는 견해는 법인세 부과 후에도 기업의 극대화 선택에 아무런 변화가 일어나지 않는다는 점을 중시한다.

⑤ 법인부문에 투자된 자본에 대한 과세라고 보는 견해와 경제적 이윤에 대한 과세라는 견해 모두가 법인세의 부담이 근로자에게 전가된다고 본다.

정답 ⑤. 법인세를 경제적 이윤에 대해 조세로 간주하면 전가문제나 초과부담의 문제가 없다. 법인부문에 투자된 자본에 대한 과세, 즉 부분요소과세로 간주하는 경우에도 근로자에게 전가될 가능성은 크지 않다.

[문 4] 법인부문에 투자된 자본으로부터의 소득이 법인단계와 배당단계에서 이중과세되기 때문에 발생하는 자원배분상의 왜곡은 법인세에서 중요한 문제가 되어 왔다. 다음 중 이중과세를 해소함으로써 나타날 수 있는 효과로 옳지 않은 것은? (2006 세무사)

① 타인자본 조달을 유리하게 만드는 유인을 없애준다.

② 배당을 유인하고 사내유보를 억제하는 효과가 있다.

③ 자본소득에 대한 세부담을 완화시켜 준다.

④ 저축에 관련된 의사결정을 왜곡시키는 것을 막아준다.

⑤ 법인부문에 투자한 사람들에게 일시적인 자산가치의 감소를 초래한다.

정답 ⑤. 소득세와 법인세의 이중과세 문제가 있을 때 이를 해소하므로 얻을 수 있는 효율성 향상효과는 다음과 같다. 첫째, 자본소득에 대한 조세부담이 완화되는 효과가 있다. 둘째, 자본소득에 대한 조세부담의 완화로 저축과 관련된 왜곡이 감소될 것으로 예상된다. 자본소득세 부담의 정도에 따라 자본이 민감하게 이동할 수 있기 때문이다.

셋째, 이중과세는 배당을 억제하므로 이중과세를 조정하면 배당이 많아지고 사내유보가 억제되는 효과가 있을 것이다. 넷째, 부채에 의한 자금조달을 유리하게 하는 유인이 사라질 것이다. 이중과세가 조정되면 지급이자의 손비인정 때문에 발생하는 타인자본과 자기자본과의 자본비용격차는 근본적으로 발생할 수 없기 때문이다.

끝으로 이중과세문제가 있으면 법인부문에 투자한 사람들이 비법인부문에 투자한 사람들에 비해 더욱 불리해지는 효과가 있을 수 있다. 따라서 이중과세문제가 조정되면 법인부문에 투자한 사람들은 자산가치의 증대라는 일시적 이득을 기대할 수 있다.

[문 5] 법인세와 관련된 다음 설명 중 가장 옳지 않은 것은? (2003 세무사)

① 경제적 순이윤에 대한 과세라면 법인의 생산량 결정에 왜곡이 발생하지 않는다.

② 법인의 투자를 장려하기 위한 방법으로 가속상각제도가 있다.

③ 물가가 상승하는 시기에는 법인세 부담 측면에서 선입선출법이 후입선출법에 비해서 법인에 유리하다.

④ 투자세액공제는 자본의 사용자비용을 감소시킨다.

⑤ 상각자산의 내용연수를 단축하는 경우 자본의 사용자비용이 감소한다.

정답 ③. 선입선출법을 적용하면 나중에 들어온(명목가격이 높은 자산) 자산이 과세대상에 포함되므로 법인세부담이 많아지게 된다.

[문 6] 법인세가 부분요소세라는 사실은 여러 가지 측면에서 자원배분을 왜곡시키는 효과가 있음을 가르쳐준다. 법인세의 자원배분 왜곡효과에 대한 다음 설명 중 옳지 않은 것은? (2006 세무사)

① 자기자본에 대한 부분요소세이므로 비법인부문으로의 자본이동을 유인하여 비효율을 초래한다.

② 모든 부문의 생산이 줄어드는 산출효과(output effect)가 발생한다.

③ 자본의 비용을 상승시켜 자본과 노동간의 최적배분을 왜곡시킨다.

④ 법인부문의 생산요소 결합을 왜곡시키는 요소대체효과(factor substitution effect)가 발생한다.

⑤ 법인의 생산물이 노동집약적이고 산출효과가 요소대체효과보다 큰 경우, 법인세의 부과는 오히려 자본가에게 더 유리하다.

정답 ②. 부분요소과세의 일반균형적 귀착에 관한 내용이므로 산출효과와 요소대체효과로 나누어 분석하면 된다. 산출효과는 과세된 재화의 가격상승으로 해당 재화의 생산량이 감소하고 과세되지 않은 부문의 재화생산량은 증가하는 효과이며 과세된 부문에서 집약적으로 사용된 생산요소의 상대가격이 하락하며 귀착이 결정된다.

요소대체효과란 과세된 요소의 상대가격이 하락하며 귀착이 결정된다. 과세된 요소 대신 과세 되지 않은 요소로 대체하는 과정에서 생산의 Pareto효율성 조건은 충족할 수 없게 된다. 부분요소과세가 특정 부문의 특정 요소에만 과세하기 때문이다.

[문 7] 인플레이션이 지속적으로 진행되고 있을 때, 인플레이션이 기업의 법인세 부담에 미치는 효과와 그 대책에 대한 다음의 설명 중 옳은 것은? (2005 세무사)

① 감가상각의 실질가치가 하락하므로 법인세 부담은 증가한다.

② 후입선출법(後入先出法)에 비해 선입선출법(先入先出法)을 채택하는 경우 법인세 부담은 감소한다.

③ 후입선출법(後入先出法)과 선입선출법(先入先出法) 중 어느 방식을 택하더라도 법인세 부담은 동일하다.

④ 부채 비중이 높은 기업의 경우 인플레이션으로 인해 법인세 부담은 반드시 증가한다.

⑤ 인플레이션으로 인한 법인세 부담의 증가를 완화하기 위해서는 법인세법상 감가상각의 내용연수를 길게 하는 방법이 효과적이다.

정답 ①. 인플레이션으로 감가상각의 실질가치는 작아진다. 감가상각의 실질가치가 작아지면 과세대상 이윤이 커지게 되므로 그만큼 법인세부담은 증가하게 된다.

[문 8] 다음 중 조겐슨(D. Jorgenson)의 신고전파 투자모형에서 법인세가 부과될지라도 기업의 투자에 영향을 주지 않는 조건, 즉 법인세가 기업의 투자행위에 대해 중립적인 성격을 갖도록 하는 조건을 바르게 제시한 것은?(단, 자본재 구입비용과 지급이자비용 이외의 요소는 고려하지 않는다.) (2005 세무사)

① 자본재 구입비용 즉시경비처리 허용 + 지급이자비용공제 허용
② 자본재 구입비용 즉시경비처리 허용 + 지급이자비용공제 불가
③ 자본재 구입비용 즉시경비처리 불가 + 지급이자비용공제 허용
④ 자본재 구입비용 즉시경비처리 불가 + 지급이자비용공제 불가
⑤ 자본재 구입비용 즉시경비처리만 허용

정답 ②. 중립적 법인과세의 방법에 대한 질의이다. 중립적 법인세가 되기 위한 두 가지 과세방법이 있다. 첫째, 자본재는 구입 즉시 경비처리하고 이자비용은 일체 고려하지 않는 방법, 둘째, 진정한 감가상각비용을 고려하고 차입자금에 대한 지급이자는 물론 자기자본에 대한 귀속이자까지 비용으로 인정하는 방법이다.

[문 9] 법인세와 소득세의 통합에 관한 다음의 서술 중 옳지 않은 것은? (2005 세무사)

① 조합방식(partnership method)은 법인의 주주를 법인화되지 않은 조합의 조합원과 같이 취급한다.
② 조합방식(partnership method)은 완전통합방식의 하나이다.
③ 자본이득방식(capital gains method)은 실현된 자본이득에만 소득세를 부과함으로써 실질적으로 두 조세를 통합시킨 효과를 내게 된다.
④ 부분적 통합은 배당되는 부분에 대한 이중과세만이라도 제거하려는 것을 주목적으로 삼고 있다.
⑤ 우리나라에서는 배당세액공제제도를 통해 부분적 통합을 시행하고 있다.

정답 ③. 자본이득방식은 배당으로 실현된 이득은 물론 사내유보 때문에 주식가치가 상승한 부분, 즉 실현되지 않은 소득에도 함께 과세한다.

[문 10] 어떤 나라는 법인세와 배당소득세의 이중과세 문제를 해소하기 위해서 전액그로스업제도를 시행하고 있다. 법인세 후 당기순이익을 전부 배당하는 어떤 기업의 주주가 1,000원을 배당금으로 받았을 때 납부해야 할 소득세를 계산하면? 단, 법인세율은 60%이고 이 주주의 개인소득세 한계세율은 70%라고 한다. (2004 세무사)

① 800원 ② 700원
③ 250원 ④ 100원
⑤ -100원

정답 ③. 법인세율이 60%이므로 법인세 공제 이후 1,000원의 배당을 받았다면 세전 배당총액은 2,500원

이다. 2,500원에 소득세율 70%를 적용하여 소득세액 1,750원을 산출한다. 그런데 법인세로 이미 1,500원을 납부했으므로 이를 세액공제하면 소득세 결정세액은 250원이 된다.

[문 11] 조세가 투자에 미치는 효과에 관한 설명 중 옳지 않은 것은? (2007 세무사)

① 신고전학파 투자모형에 의하면, 자본의 한계생산물가치가 자본의 사용자비용과 일치할 때 기업의 적정자본량이 결정된다.

② 신고전학파 투자모형에 의하면, 자본재 구입비용은 즉시 경비처리를 허용하고 지급이자비용은 공제를 불허할 때 법인세는 기업투자행위에 중립적이 된다.

③ 한계실효세율 접근방법은 조세가 한 가지 투자유형에만 미치는 효과를 분석하는 단점이 있다.

④ 한계실효세율이 음(-)의 값을 갖는 것으로 나타나면 법인세 부과가 투자행위를 촉진시킨다고 해석할 수 있다.

5) 법인세가 부과된 후 자본의 사용자비용에 변화가 없으면 투자에 대한 효과는 중립적이라고 해석할 수 있다.

정답 ③. 한계실효세율이란 세전과 세후 수익률의 격차(조세 쐐기)가 세전 수익률에서 차지하는 비율을 의미한다. 실효세율은 각 투자계획에 대해 독자적으로 산출하여 조세의 투자효과를 분석할 수 있을 뿐 아니라 다른 여러 유형의 투자에 동일한 방법을 통해 분석이 가능하다. 한계실효세율이 높으면 높을수록 조세가 투자에 부정적으로 작용한다.

[문 12] 법인세 부과가 기업의 투자행위에 미치는 영향에 관한 설명 중 적합하지 않은 것은? (2002 세무사)

① 법인세가 부과된 후 자본의 사용자비용(user cost of capital)에 변화가 없으면 투자행위에 중립적이라고 해석할 수 있다.

② 법인세가 부과된 후 자본의 사용자비용이 내려가면 법인세 부과가 투자행위를 촉진시킨다고 해석할 수 있다.

③ 가속상각제도의 채택은 자본의 사용자비용을 크게 만드는 결과를 가져온다.

④ 이 문제와 관련한 한계실효세율 접근법은 법인세 부과가 세후 투자소득에 어떤 영향을 주는지에 주목한다.

⑤ 한계실효세율이 음(-)의 값을 갖는 것으로 판명되면 법인세 부과가 투자행위를 촉진시킨다고 해석할 수 있다.

정답 ③. 가속상각을 한다는 것은 과세대상에서 많은 비용을 인정해 준다는 의미이므로 법인세부담을 감소시키는 효과를 갖는다. 따라서 가속상각은 사용자비용의 인하요인이다.

[문 13] 감가상각제도에 대한 설명 중 옳은 것은? (2004 세무사)

① 선입선출법이 채택되는 경우 인플레이션 상황에서는 후입선출법에 비해 법인세 부담이 무거워진다.

② 우리나라 법인세에서 규정하는 감가상각은 상각자산의 대체비용(replacement cost)에 기초하여 이루어지고 있다.

③ 가속상각이 이루어지더라도 감가상각되는 총액은 정상적인 감가상각의 경우와 같기 때문에 투자에 미치는 영향은 동일하다.

④ 세법상 감가상각의 내용연수가 단축되는 경우 투자가 위축된다.

⑤ 물가상승이 있다면 세법상 인정되는 감가상각의 실질가치가 커지게 된다.

정답 ①. 우리나라의 감가상각은 자본재 구입비용(구입가격)에 기초하여 이루어진다. 가속상각을 할 때 절세액의 현재가치가 커지므로 투자에 긍정적으로 작용한다.

[문 14] 스티글리츠의 기대효용모형에 근거하여 투자소득에 대한 조세의 부과가 위험자산에의 투자비율에 미치는 영향에 대한 설명 중 옳은 것은? (2006 세무사)

① 조세의 부과는 위험자산에 대한 투자비율을 증가시킬 것이다.

② 조세의 부과는 위험자산에 대한 투자비율을 감소시킬 것이다.

③ 투자자가 절대위험기피체감 유형일 경우, 조세의 부과는 위험자산에 대한 투자비율을 증가시킬 수도 있고 감소시킬 수도 있다.

④ 투자자가 절대위험기피불변 유형일 경우, 조세의 부과는 위험자산에 대한 투자비율에 영향을 미치지 않을 것이다.

⑤ 어떠한 경우에도 조세의 부과는 위험자산에 대한 투자비율에 영향을 미치지 않을 것이다.

정답 ③. 절대위험기피체감이란 소득이 증가할 때 위험기피가 점차 작아진다는 의미, 즉 위험자산을 좀 더 많이 보유한다는 뜻이다. 절대적인 개념과 상대적 개념이 있는 바, 절대적 위험기피체증이란 소득이 증가할 때 위험의 절대적인 규모가 증가한다는 의미이다.

따라서 절대적 위험기피 체감의 경우 소득세를 부과할 때 나타나는 소득효과는 위험보유의 증가이다. 조세의 대체효과는 투자소득에 과세하여 위험자산의 기대수익률이 하락하므로 위험자산보유의 감소로 나타난다. 결국 소득효과와 대체효과의 상대적 크기에 따라 위험자산의 보유규모가 결정된다.

(조세부과가 위험부담에 미치는 영향은 위험기피체증(체감)정도에 따라 달라지게 된다. 상대위험기피 체증의 경우 재산세는 위험부담행위를 촉진시키며 상대위험기피 체감의 경우 재산세는 위험부담행위를 위축시킨다. 절대위험기피 불변 또는 체증의 경우 재산세는 위험부담행위를 부추기며 절대위험기피 체감의 경우 조세의 효과가 어떻게 나올지 분명하게 말할 수 없다.)

[문 15] 다음 중 법인세 폐지의 논거가 아닌 것은? (2002 세무사)

① 법인은 실체가 아닌 허구이기에 세금의 부과 자체가 잘못된 것이다.

② 법인세는 자기자본에 의한 재원조달보다 타인자본에 의한 재원조달을 우대하는 결과로 되어 기업의 재무구조를 악화시키는 요인이 된다.

③ 법인세는 기업의 과다 광고비, 접대비, 기부금 지출 등 낭비를 조장한다.

④ 법인세로 인해 사내유보보다 배당이 더 촉진되는 '배당의 역설(dividend paradox)'이 발생한다.

⑤ 법인세는 법인과 비법인 기업의 자본에 대해 세제상 차별을 초래하여 자원배분의 왜곡을 가져온다.

정답 ④. "배당의 역설"이란 배당을 하면 소득세를 부담해야 하므로 사내유보를 하는 것이 조세부담 측면에서 이득임에도 불구하고 배당을 하는 현상을 두고 하는 말이다. 안정적인 배당흐름을 선호하는 계층이 있고 경영자가 자신의 경영성과를 주주에게 알리기 위해 조세부담을 감수하면서 배당이 이루어지고 있다 생각하면 된다.

[문 16] 기업의 적정 자본구조에 대한 모딜리아니-밀러(Modigliani-Miller)의 제1명제는 조세가 없다는 것을 가정하고 있다. 만약 이 모형에서 법인세가 부과된다면 최적 자본구조는 어떻게 변화하는가? (2003 세무사)

① 결론에 아무 영향이 없다.

② 타인자본의 비중을 증가시켜야 한다.

③ 자기자본의 비중을 증가시켜야 한다.

④ 총자본 규모를 증가시켜야 한다.

⑤ 총자본 규모를 감소시켜야 한다.

정답 ②. 모딜리아니의 명제에 따르면 기업의 부채-자본비율이 주주의 의사결정에 아무런 영향을 미치지 않으므로 타인자본의 비중을 증가시켜 공제혜택을 많이 받는 것이 조세부담 측면에서 가장 유리하다.

[문 17] 조세와 기업의 자본구조 사이의 관계에 관한 설명 중 적합하지 않은 것은? (2002 세무사)

① 모딜리아니-밀러(Modigliani-Miller)정리에 따르면 자본시장이 완전한 경우 기업가치와 자본구조 사이에 아무런 관계가 없다.

② 모딜리아니-밀러정리는 기업의 수익에 아무런 조세가 부과되지 않는다는 비현실적 가정을 채택하고 있다.

③ 법인세의 특성상 부채를 갖고 있는 기업은 감세효과(tax shield)를 누릴 수 있다.

④ 소득세도 자본구조 선택에 영향을 줄 수 있다.

⑤ 부채에서 나오는 감세효과는 세율이 높을수록 작아진다.

정답 ⑤. 법인세율이 세율이 높을수록 동일한 금액의 이자비용공제라 하더라도 감세효과는 커지게 된다. 이자비용 1,000만원을 공제받는다 할 때 법인세율이 20%이면 200만원 절약하는 것이며 법인세율이 30%이면 300만원을 절약하기 때문이다.

제13장

소비세의 이론과 경제적 효과

1. 소비세의 의의와 종류

1-1. 개별소비세

▸전화세, 특별소비세 등이며 규제목적이 강함
 • 재화수요가 가격에 탄력적일수록 규제효과가 크게 나타남
▸한국의 주세, 담배소비세 등의 규제효과 크지 않음
 • 술이나 담배 등은 기호성이 강하므로 수요가 가격에 비탄력적임

1-2. 일반소비세

▸모든 재화와 용역에 일정한 세율로 과세하며 세수확보 목적
 • 부가가치세(VAT)가 대표적인 일반소비세임
▸일반소비세의 귀착은 역진적이므로 역진성완화를 위한 장치 필요

1-3. 개인종합소비세

▸개인을 기준으로 모든 소비지출액을 종합하여 과세
▸직접세이며 인세, 누진세율구조

2. 부가가치세

2-1. 의의와 도입배경

▸매단계 순부가가치를 기준으로 과세함

▸거래고세의 누적효과, 환급의 애로, 유통과정의 통합문제 등을 해결하기 위해 도입

2-2. 부가가치세의 유형

▸GNP형, NNP형, 소비형 등으로 구분됨

▸GNP형(총소득형)

• 최종 생산물가치에 과세: 소비재 및 자본재의 총가치(감가상각 포함)가 과세대상

▸NNP형(순소득형)

• NNP가 GNP에서 감가상각을 공제한 것이므로 소비재 및 순자본재(감가상각 제외)가 과세대상임

▸소비형

• 자본재에 대한 과세가 경재성장(經濟成長)을 저해한다고 판단하여 소비재에만 과세

• 소비형 부가가치세가 대부분이며 투자 및 성장 촉진효과 있음

2-3. 부가가치세액의 산정방식

▸합산형: 생산요소의 소득을 모두 합산하여 해당 단계의 부가가치를 계산

▸직접 공제형: (매출액-매입액)×세율

▸간접 공제형: 매출세액-매입세액

• 세금계산서 수수(授受)로 근거과세 확립 가능

• 상호견제효과 있어 탈세방지에 효과적임

2-4. 부가가치세의 세율

▸기본세율: 10% 단일세율을 원칙으로 함

▸면세: 부가가치세 부담의 경감 효과

• 최종단계에 면세되면 조세부담의 경감효과 있으나 중간단계에 면세하면 환수효과 및 가산효과가 함께 나타남.

- 생필품에 면세하여 공평성증진에 기여하나 재화간 상대가격의 변화에 영향을 미쳐 선택을 교란하는 효과 있음

▸영세율: 부가가치세에서 완전한 비과세효과

- 최종단계에 영세율을 적용하면 완전한 비과세효과 있으나 중간단계에 영세율 적용하면 비과세효과 없음
- 수출재에 영세율 적용하여 환급하며 "소비지 과세원칙"에 충실

3. 개인종합소비세

3-1. 개인종합소비세의 의의

▸모든 소비지출액을 개인을 기준으로 합산하여 과세함

▸개인효용의 원천이 소비에 있다고 간주함(공평성 근거)

3-2. 개인종합소비세의 특징

▸재화간 선택에 교란이 없음

▸현재소비와 미래소비의 선택에 교란 없음

- 소득세의 경우 현재소비와 미래소비의 선택을 교란하여 저축의욕에 부정적임
- 지출세가 소득세보다 우월하다는 근거

▸여가가 선택대상에 포함되면 정액세(lump sum tax)를 제외한 모든 조세는 교란 있음

3-3. 개인종합소비세의 문제점

▸유동성문제: 차입에 의한 소비지출도 과세대상이 되므로 고가의 내구재(주택, 승용차) 구입시 조세부담이 일시에 많아짐

▸행정비용: 개인사정을 고려하므로 소득세와 마찬가지로 행정비용이 과다함

4. 소득세와 소비세 비교

4-1. 임금소득세와 일반판매세

▸재화간 선택에 교란이 없음: 지출세와 동일한 효과

▸현재소비와 미래소비의 선택에 교란이 없음: 지출세와 동일한 효과

4-2. 비례적 지출세와 임금소득세

▸ 재화간 선택에 교란이 없음: 지출세와 동일한 효과

▸ 현재소비와 미래소비의 선택에 교란 없음: 지출세와 동일한 효과

4-3. 개인종합소득세와 지출세의 비교

▸ 지출세가 효율적이라는 주장의 근거

- 현재소비와 미래소비의 선택에 교란이 없으므로 저축의욕에 긍정적임

▸ 지출세가 공평하다는 주장의 근거

- 저축성향의 차이에 따른 차등과세 없음

연 습 문 제

1. 주세, 담배소비세 등은 규제목적의 조세인데 과세 이후 규제효과가 거의 없다는 비판을 많이 받는다. 이들 조세의 규제효과가 작은 이유로 올바른 것은?
   1) 재화수요가 가격에 비탄력적이기 때문이다.
   2) 재화공급이 가격에 비탄력적이기 때문이다.
   3) 재화수요가 소득에 탄력적이기 때문이다.
   4) 재화수요가 소득에 비탄력적이기 때문이다.
   5) 재화수요와 공급이 함께 가격에 비탄력적이기 때문이다.

   정답 1). 수요의 가격탄력성이 작다는 점 때문에 규제효과가 거의 나타나지 않는다. 과세 후 가격이 상승해도 수요량에 큰 변동이 없기 때문이다.

2. 부가가치세는?
   1) 단일단계 순과세이다.
   2) 다단계 순과세이다.
   3) 다단계 총과세이다.
   4) 다단계 순과세이며 행정비용이 작은 간접세이다.
   5) 다단계 총과세이며 행정비용이 많은 간접세이다.

   정답 2). 거래의 모든 단계에 과세가 이루어지므로 다단계 과세이며, 매 단계 순부가가치를 기준으로 과세하므로 아무리 여러 단계에 과세해도 조세부담이 누적되는 일은 없다. 부가가치세는 징세점이 많아 행정비용이 많이 드는 간접세이다.

3. 부가가치세는 모든 재화와 용역을 대상으로 과세함에도 불구하고 선택의 교란문제가 있다고 한다. 부가가치세에서 교란(distortion)문제가 나타나는 이유로 올바른 것은?
   1) 수출품에 대한 영세율 때문이다.
   2) 면세조치 때문이다.
   3) 10%의 단일세율 때문이다.
   4) 거래의 매단계에 과세하기 때문이다.
   5) 특별소비세가 보완세로 존재하기 때문이다.

   정답 2). 생필품에 대한 면세조치는 공평성의 도모에는 기여하나 재화간 상대가격을 교란하여 비효율의 원천이 된다.

4. 부가가치세에 대한 다음의 설명에서 옳지 못한 것은?
   1) 중간단계에 면세하면 환수를 넘어 가산되는 효과까지 나타난다.
   2) 부가가치세에서 일차생필품에 대한 면세(免稅)는 공평하며 효율적인 결과를 낳는다.
   3) 최종단계에 영세율을 적용하면 완전 비과세효과가 나타난다.
   4) 부가가치세의 귀착이 역진적인 이유는 평균소비성향(APC)이 체감하기 때문이다.
   5) 거래단계가 아무리 많아도 누적효과는 나타나지 않는다.

   정답 2). 면세하면 면세대상 상품과 그렇지 않은 상품 사이에 상대가격체계가 교란된다. 상대가격의 교란은 대체효과를 가져와 비효율성의 원인이다. 따라서 부가가치세에서 면세는 공평성 증진에는 기여하는 반면 효율성 측면에서는 부정적이다.

5. 부가가치세는 역진적인 조세부담 때문에 비난의 대상이 된다. 부가가치세의 부담배분이 역진적인 이유로 가장 타당한 것은?
   1) 면세나 영세율과 같은 각종 특례조항 때문이다.
   2) 수출품에 우대하고 수출품산업에 종사하는 기업이 주로 대기업이기 때문이다.
   3) 고소득계층일수록 소비지출액이 많기 때문이다.
   4) 평균소비성향(APC)이 체감하기 때문이다.
   5) 한계소비성향(MPC)이 체감하기 때문이다.

   정답 4). 평균소비성향이 체감하기 때문이다. 소비지출액은 고소득자들이 많으나, 고소득일수록 소득에서 소비지출이 차지하는 비중이 작으므로 소득의 증가에 따라 조세부담률(평균부담률)은 낮아지는 것이다.

6. 거래단계를 제조, 도매 및 소매 3단계로 구분할 때 중간단계인 도매단계에서 면세할 때 나타나는 현상으로 올바른 것은?
   1) 가산효과가 나타나 조세부담액이 많아진다.
   2) 환수효과가 나타나 조세부담액이 많아진다.
   3) 가산효과와 환수효과가 동시에 나타나 조세부담액이 많아진다.
   4) 면세효과가 나타나 소비자가격이 하락한다.
   5) 면세효과가 나타나 공평성의 증진에 크게 기여한다.

   정답 3). 중간단계에 면세하면 최종단계에서 전단계의 세액을 환수함은 물론 추가되는 가산효과까지 나타나 소비자부담은 정상적인 경우에 비해 더욱 커진다.

7. 부가가치세의 세율구조에 대한 설명으로 타당하지 못한 것은?
   1) 면세제도는 수직적 공평을 도모하며 자원의 효율적 배분에도 기여한다.
   2) 영세율은 최종단계에 적용될 때 완전한 비과세효과가 있다.
   3) 평균소비성향(APC)이 체감하면 부가가치세율이 비례세율이라도 조세부담의 배분은

역진적으로 나타난다.

4) 우리나라는 10% 단일세율을 원칙으로 한다.

5) 간이과세자의 부가가치세 실효세율은 일반납세자에 비해 낮다.

정답 1). 생필품에 대해 면세조치를 취하면 생필품 가격이 하락하므로 저소득계층에게 유리한 효과가 있으므로 공평성은 증진된다. 그러나 특정 재화에 대한 가격하락은 상대가격 체계에 교란을 가져와 선택을 교란하게 된다. 따라서 효율성 측면에서는 부정적이다.

8. 개인종합소비세는 개인종합소득세에 비해 효율성 측면에서 우위를 갖는다고 하는데, 그 이유로서 가장 적당한 설명은?

1) 현재소비와 미래소비의 선택에서 개인종합소비세가 우위에 있기 때문이다.

2) 현재소비와 미래소비의 선택과 노동과 여가의 선택에서 개인종합소비세가 우위에 있기 때문이다.

3) 현재소비와 미래소비의 선택, 여가와 소득의 선택 그리고 두 재화 간 선택에서 모두 개인종합소비세가 우위에 있기 때문이다.

4) 현재소비의 상대가격을 상승시켜 저축의욕에 긍정적으로 작용하기 때문이다.

5) 미래소비의 상대가격을 상승시켜 저축의욕에 아무런 영향을 미치지 않기 때문이다.

정답 1). 지출세가 유리하다는 이유는 현재소비와 미래소비의 선택에서 교란이 없기 때문이다. 저축의욕에 긍정적으로 작용하기 때문이다.

9. 다음 설명 중 가장 타당성이 작은 것은?

1) 개인소득세는 포괄적 소득을 기준으로 과세하므로 수평적 공평과 수직적 공평의 도모에 유리하다.

2) 이자비용을 일체 공제하지 않고 자본재는 구입 즉시 100% 감가상각공제하면 법인소득과세 이후 자본의 사용자비용에 아무런 변화가 없다.

3) 투자세액공제 또는 가속적인 감가상각을 제도화하면 Tobin-q를 증가시켜 기업의 투자에 유리하게 작용한다.

4) 부가가치세에서 세금계산서의 수수가 의무화되고 제대로 지켜진다면 상호 견제효과로 탈세를 방지할 수 있다.

5) 개인종합소비세의 경우 효율성 측면에서 소득세에 비해 우위에 있지만 공평성 측면에서 볼 때 개인종합소득세가 우위에 있다.

정답 5). 소득세가 공평성 측면에서 우위에 있다는 어떠한 근거도 없다. 이자소득이 있는 자와 그렇지 않은 자를 비교할 때, 이자소득이 있는 경우 소득세부담의 현재가치가 저축을 하지 않아 이자소득이 일체 없는 사람의 개인소득세 부담에 비해 높다. 이런 부분에서는 소득세가 불공평하다고 비판받는다.

10. 개인종합소비세(지출세)에 대한 설명으로 잘못된 것은?

1) 인세이다.
2) 직접세이다.
3) 개인을 기준으로 소비지출액을 종합하여 과세하며 개인사정을 고려하는 것은 아니다.
4) 세율구조는 초과누진세율구조이다.
5) 개인종합소득세에 비해 효율적이라 말하는 이유는 지출세가 저축의사결정에 중립적이기 때문이다.

정답 3). 모든 지출액을 개인을 기준으로 종합한 뒤 개인사정을 고려하여 과세한다. 따라서 지출세는 인세(人稅)이며 직접세이다.

기출문제

[문 1] 한 출판사의 올해 총 매출액이 4억이고 이윤이 1억이었다. 이 출판사는 풀, 종이 등을 구입하는데 1억, 인건비 1억 5천, 새 장비 구입에 5천만 원을 지출했다. 세율이 10%인 소비형 부가가치세의 경우 이 출판사의 조세부담액은 얼마인가? (2007 세무사)

① 1천만원 ② 1천 5백만원
③ 2천 5백만원 ④ 3천 5백만원
⑤ 4천만원

정답 ③. 부가가치는 매출액에서 매입액을 공제하여 계산하면 된다. 매출액은 4억원, 매입액은 재료구입 1억원 및 장비구입 5천만원 총 1.5억원이다. 따라서 2.5억원이 부가가치이며 이 중 10%인 2,500만원이 세금이다. 인건비는 생성된 부가가치가 생산요소인 노동에게 배분된 것이므로 부가가치 2.5억원 속에 포함되므로 별도로 추가하면 안 된다.

[문 2] 제조단계, 도매단계, 소매단계의 3단계에 걸쳐 각각 10%의 부가가치세가 부과된다고 하자. 다음 중 어느 경우에 각 단계별 부가가치세 부담의 총합이 0(零)이 될 수 있는가? 단, 매입액은 전단계 매출액과 동일하다고 가정한다. (2005 세무사)

① 도매단계에서 면세제도를 적용하는 경우
② 소매단계에서 면세제도를 적용하는 경우
③ 제조단계에서 면세제도를 적용하는 경우
④ 도매단계에서 영세율제도를 적용하는 경우
⑤ 소매단계에서 영세율제도를 적용하는 경우

정답 ⑤. 거래의 최종단계에 영세율을 적용하면 전단계 세액이 모두 환급되어 조세부담이 일체 없어진다. 수출품에 부과된 국내법에 의한 조세부담 전액을 환급하기 위해 마련된 것이 영세율제도이다.

[문 3] 부가가치세의 영세율과 면세제도에 관한 다음 설명 중에서 가장 옳지 않은 것은? (2003 세무사)

① 행정적인 측면에서 부가가치세의 적용이 힘든 경우도 면세의 대상이 될 수 있다.
② 전단계세액공제법에 의할 때 도매단계에서 면세하는 경우 최종소비자에게 추가적인 세부담이 발생한다.
③ 영세율을 적용하면 전단계세액이 환급된다.
④ 면세제도는 효율성 상실을 가져오지 않으면서 역진성을 완화하는 제도이다.
⑤ 최종소비단계에 영세율을 적용할 경우 완전비과세효과가 나타난다.

정답 ④. 면세제도는 최종단계에 면세조치 해야 소비자가격이 하락하는 효과가 있다. 가격이 하락한다는 것은 부가가치세의 세율이 10%에 못미친다는 의미이므로 면세대상품목과 그렇지 않은 품목 사이에 선택의 교란을 가져오게 된다.

[문 4] 다음은 부가가치세에 대한 설명이다. 이 중 가장 적합하지 않은 것은? (2003 세무사)

① 다단계거래세(multi-stage turnover tax)와 달리 부가가치세는 수직통합을 부추기지 않는다.

② 부가가치세는 간접세로서 조세저항이 낮아 조세수입확보에 유리하다.

③ 우리나라의 부가가치세제는 전단계세액공제법을 채택하고 있다.

④ 소비형 부가가치세제 하에서는 자본재가 과세대상에서 제외되므로 총소득형 부가가치세제 하에서보다 기업의 투자가 촉진된다.

⑤ 순소득형 부가가치세제는 자본재에 대한 감가상각비를 부가가치로 간주한다.

정답 ⑤. 순소득형 부가가치세는 총소득에서 감가상각비를 공제한 것에 대한 과세이다. 따라서 모든 소비재와 감가상각을 공제한 모든 자본재(순자본재)를 과세대상으로 한다.

[문 5] 두 기간 생애주기모형(현재소비와 미래소비의 선택모형)하에서 (개인)지출세(expenditure tax)에 관한 설명 중 옳지 않은 것은? (2007 세무사)

① 납세자의 경제적 능력에 따라 세율조정이 가능하다.

② 이자소득세가 0이면서 현재와 미래소비에 대해 과세하는 조세이다.

③ 납세자의 행위 또는 물적 대상에 대해 부과하는 대물세(in rem tax)의 성격을 지닌다.

④ 소득세를 지출세로 대체하면 동일한 조세수입을 올리면서도 납세자가 더 높은 효용을 얻는다.

⑤ 초과부담이 발생하지 않는다.

정답 ③. 개인종합소비세는 개인을 기준으로 모든 소비지출을 종합하여 과세하는 것이므로 개인소득세와 마찬가지로 인세이며 직접세이다. 그러나 현재의 소비지출에 대해서만 과세하므로 많은 부(또는 저축)를 축적해 놓은 사람에게 유리하게 작용한다는 문제도 있다. 지출세의 경우도 재화 간 선택에는 교란이 없으나 여가가 선택대상에 포함되면 초과부담을 야기한다.

제14장

자산과세와 경제적 효과

1. 자산과세의 유형

1-1. 의미

▸자산과세는 저량, 즉 stock에 대한 과세임

▸소득이나 소비와 같은 유량(flow)에 대한 과세에 비해 설득력이 약함

• 저량에 과세하면 원본침식의 가능성이 있기 때문임

1-2. 구분

▸자산의 보유사실에 대한 과세

• 대표적 보유세; 재산세

• 포괄적 보유에 대한 과세; 순자산세(인세이며 포괄적 자산세임)

▸자산의 이전사실에 대한 과세

• 국세 중 상속/증여세, 지방세 중 등록세 및 취득세 등

▸자본이득(capital gains)에 대한 과세

• 소득세와 자산과세의 성격을 모두 갖춤

• 양도소득세가 가장 대표적임

2. 자산보유과세의 의의

2-1. 사용자비용

▸교육재정과 연결하여 사용자비용 개념으로 접근함

▸많은 재산세를 납부하면 지자체에서 양질의 교육이 가능함

 • 재산세를 편익원칙에 입각한 조세로 간주하는 경우

▸소위 "교육요금"을 재산세(財產稅)의 형태로 걷는다는 사고

2-2. 소득세의 보완세

▸자가보유자산으로부터 귀속소득(inputed income)이 발생함

▸개인소득세에서 귀속소득에 대해 제대로 과세하지 못하므로 재산세로 보완한다는 의미

2-3. 소비세의 보완세

▸귀속임대료는 귀속서비스의 자가소비로 간주할 수 있음

▸자가소비에 비과세되므로 이를 자산보유과세로 보완함

2-4. 능력원칙의 구현

▸자산과세가 순자산세(일명 부유세)의 형태라면 능력원칙을 반영할 수 있음

▸현재의 재산세는 즉 순계기준이 아니며 부분적이며 그리고 물세이므로 재산세가 능력원칙의 구현 수단이 될 수는 없음

2-5. 기타

▸부의 집중을 완화하기 위한 수단

▸부동산 투기의 억제 또는 부동산 이용의 촉진을 위한 수단

▸재산세가 지방재정의 주요 세입원이므로 지방세입의 수단

3. 자산이전에 대한 과세의 의의

3-1. 상속세 및 유산세

▸소득의 공평한 분배를 추구할 목적

3-2. 상속세의 유형

▸유산과세형(유산세 또는 사망세)

 • 유산액 전체를 과세베이스로 하여 세액을 산출함

▸유산취득과세형(상속세)

 • 유산 중 본인에게 상속된 부분만을 기준으로 세액을 산출함

4. 자본이득에 대한 과세

4-1. 양도소득세

▸실현된 자본이득에 대한 과세의 대표적인 형태임

4-2. 양도소득세의 의미

▸소득의 발생시점에서 과세하는 것이 경제적 관점에서 더욱 합리적임

▸생산요소소득과는 구분되며 따라서 GDP에 포함되지 않음

▸양도소득은 납세자의 소비능력의 증가에 기여하므로 능력원칙이 반영될 수 있음

연 습 문 제

1. 우리나라의 지방세 중 재산 보유사실에 대한 과세로 올바른 것은?

1) 취득세
2) 등록세
3) 종합부동산세
4) 종합토지세
5) 자동차세

정답 4). 재산 이전사실에 대한 과세는 등록세와 취득세이며 재산 보유사실에 대한 과세는 재산세와 종합토지세이다. 재산세라 함은 재산 보유사실에 대한 과세를 의미하는데 우리나라의 경우 재산 보유사실에 대한 과세 비중에 비해 재산 이전사실에 대한 과세의 비중이 높아 비판의 대상이 된다.

2. 다음 중 실현된 자본이득에 과세되는 세목으로 올바른 것은?

1) 개인종합재산세(부유세)
2) 종합토지세
3) 종합부동산세
4) 양도소득세
5) 상속세

정답 4). 국세 중 자본이득에 대한 조세는 양도소득세가 대표적이다. 양도소득세란 실현된 소득에 대한 과세 중 가장 대표적이다. 타인에게 양도하여 실현된 소득 중 일정 비율을 조세로 징수하는 것이다.

3. 재산보유사실에 대한 과세와 관련된 설명으로 타당하지 못한 것은?

1) 유산세의 형태로 징수하는 것이 유산취득세에 비해 조세부담이 많다.
2) 재산보유과세는 교육재정과 관련하여 사용자비용으로 해석되기도 한다.
3) 만약 재산보유과세가 부유세(富裕稅, 순자산세)의 형태를 띠면 능력원칙을 구현하는 조세가 된다.
4) 보유자산으로부터 비롯되는 귀속소득에 제대로 과세하지 못하는 현실을 감안할 때 재산세는 소득세의 보완세(補完稅) 역할을 한다.
5) 보유자산으로부터 비롯되는 귀속임대료에 제대로 과세하지 못하는 현실을 감안하면 재산세는 소비세의 보완세 역할을 한다.

정답 1). 유산세가 유산 취득세에 비해 징수액이 많은 것은 사실이다. 그러나 유산세와 유산취득세는 상속세의 유형이며 상속세란 재산의 이전사실을 기준으로 과세하는 것이다. 따라서 재산보유사실에 대한 과세와는 무관하다.

4. 자산이전에 대한 과세를 설명한 것으로 틀리는 것은?

1) 상속세는 소득세를 보완하는 조세이다.
2) 상속세를 유산세(遺産稅)의 형태로 과세하면 상속재산 전체가 대상이 된다.
3) 유산취득세(遺産取得稅)라면 본인에게 상속된 재산만을 기준으로 과세한다.
4) 상속재산의 크기가 동일하다면 유산세와 유산취득세 중 어떤 형태로 부과하든 개인의 조세부담에 차이가 없다.
5) 상속세를 보완하게 위해 증여세(贈與稅)가 존재한다.

정답 4). 유산세는 상속재산 전체를 대상으로 하고 유산취득세는 총 상속분 중 개인에게 상속된 재산만을 기준으로 과세한다. 상속세의 세율이 초과누진세율이므로 총 상속분을 기준으로 과세(유산세)하여 배분할 때 조세부담이 커진다. 소득세의 보완세가 상속세이며 상속세의 보완세가 증여세임은 물론이다.

5. 내년부터 개인이 보유하고 있는 모든 토지에 평당 1만원의 토지세를 부과할 예정이다. 이에 대한 설명으로 올바르지 못한 것은?

1) 현재의 토지소유자가 부담한다.
2) 토지의 보유사실에 과세하면 조세부담은 후전된다.
3) 토지와 같이 공급이 고정된 재화에 과세할 때 나타나는 극단적인 후전(後轉)현상을 조세의 자본화(capitalization)라 한다.
4) 환원액은 연간 세액, 즉 1만원을 이자율로 나눈 금액과 일치한다.
5) 토지보유 사실에 대해 과세하지만 토지구입자도 일부 조세부담을 한다.

정답 5) 토지와 같이 공급이 고정된 재화에 과세하면 이론적으로 소비자에게 전가(전전)되는 일은 없다. 토지라는 완전 비탄력적인 요소에 과세하는 것이므로 생산요소(토지)의 소유자가 타인에게 조세부담을 전가시키는 것은 불가능하다.

기출문제

[문 1] 다음 중 경제이론상 부동산가격의 안정화에 도움이 되지 않을 수도 있는 조치는? (2006 세무사)

① 재산세(보유세)의 강화
② 금리의 인상
③ 신도시개발로 부동산 공급의 확대
④ 종합부동산세의 실시
⑤ 양도소득세의 강화

정답 ⑤. 부동산에 대한 공급의 확대 또는 수요의 감소 정책으로 합당하지 않은 것을 고르면 된다. 보유세의 강화나 종합부동산세의 실시는 부동산의 보유에 대해 중과세 하는 것이므로 보유욕구를 감소시킬 것이다. 금리(金利, 이자율)인상은 자금의 상당부분을 은행으로 유인하여 부동산에 대한 수요를 감소시키는 요인이 된다. 양도소득세는 처분(자산의 양도차익)에 대한 조세이므로 오히려 양도를 억제하여(재산의 보유를 더욱 유인하는 효과가 있어) 부동산 가격의 인상요인으로 작용할 수 있다. 출제 당시 "모두 정답" 처리되었던 문제이다.

[문 2] 다음 중 임대용 부동산에 대해 재산세가 부과될 때 나타나는 귀착의 결과에 대해 바르게 설명한 것은? 단, 귀착에 대한 분석은 전통적인 부분균형분석 방법을 따르고, 자본의 공급은 완전탄력적이며, 토지의 공급은 고정되어 있다고 가정한다. (2005 세무사)

① 토지에 대한 재산세는 토지소유자와 토지이용자가 분담한다.
② 건물에 대한 재산세는 세입자에게 전가된다.
③ 토지에 대한 재산세는 토지의 세후수익률에 영향을 주지 않는다.
④ 건물에 대한 재산세는 건물의 세전수익률에 영향을 주지 않는다.
⑤ 전통적 견해에 따르면 토지에 대한 재산세는 역진적이다.

정답 ②. 전통적 견해에 다르면 토지과세는 소유자에 전액 귀착되나 건물에 대한 과세는 세입자에게 전가되어 조세부담의 배분이 역진적이다.

[문 3] 우리나라에서 재산세 실효세율을 대폭 인상하여야 한다는 주장이 꾸준히 제기되어 왔으나 재산세를 통하여 공평을 증진하는 데에는 여러 가지 문제가 뒤따르는 것도 사실이다. 이에 대한 이유로 타당하지 않은 것은? (2004 세무사)

① 일부 재산만을 과세대상으로 하고 있기 때문에 재산보유 형태에 따라 수평적 불공평이 발생할 수 있다.
② 순자산을 기준으로 과세되는 것이 아니기 때문에 차입에 의해서 재산을 취득한 사람과 그렇지 않은 사람간에 불공평이 발생할 수 있다.
③ 인세가 아니므로 누진세율을 적용하기 어렵고 설사 누진세율을 적용한다고 해도 뚜렷

한 소득분배 개선효과를 기대하기 어렵다.

④ (재산세 과세대상이 되는 부동산 보유액)/(소득수준)의 비율이 모든 구간에서 소득이 커질수록 높아지지 않는다면 재산세 세율의 인상이 소득분배 개선을 가져오지 못한다.

⑤ 재산세가 자본환원될 경우, 향후 재산세 부담 때문에 주택가격이 지속적으로 상승할 것이다.

정답 ⑤. 조세환원(capitalization)이란 미래조세부담 흐름의 현재가치만큼 토지거래가격이 하락하는 현상을 말한다. 따라서 조세환원이 발생하면 토지소유자가 환원액 만큼 조세부담을 하게 되므로 모든 조세부담은 현재 토지소유자에게 귀착된다. 조세환원금액은 연간세액을 이자율로 나눈 값이다.

[문 4] 어떤 기업의 공장용 건물에 대한 재산세 세율이 인상되었을 때 이 기업의 한계비용곡선은? (2002 세무사)

① 위로 이동한다.
② 아래로 이동한다.
③ 기울기가 급해진다.
④ 기울기가 완만해진다.
⑤ 변하지 않는다.

정답 ⑤. 재산세부담이 추가되면 기업 입장에서 고정비용이 상승한다. 고정비용의 상승은 한계비용과 무관하다. 따라서 재산세율의 인상이 기업의 한계비용곡선에 미치는 영향은 없다.

[문 5] 어떤 토지에 대한 보유과세의 연간 부담액이 1년 뒤부터 X원 인상될 예정이며, 인상이 이루어진 n년 뒤에 해당 토지를 매각하기로 결정한 경우 인상된 세부담은 누구에게 얼마나 귀착되는가? (세부담의 자본화가 이루어지며 할인율은 r이고, 토지의 공급은 고정되어 있다고 가정함) (2002 세무사)

① 기존의 소유자가 $\frac{X(1+r)}{r}$ 만큼 부담한다.

② $\frac{X(1+r)}{r}$ 만큼의 총부담을 기존소유자와 신규소유자가 보유기간에 비례하여 나누어진다.

③ 기존의 소유자가 $\frac{X}{r}$ 만큼 부담한다.

④ $\frac{X}{r}$ 만큼의 총부담을 기존소유자와 신규소유자가 보유기간에 비례하여 나누어진다.

⑤ 신규소유자가 $\frac{X(1+r)}{r}$ 만큼 부담한다.

정답 ③. 조세환원액을 계산하는 문제이므로 현재 소유자가 "연간세액을 이자율로 나눈 금액"만큼 토지거래가격이 하락하는 형태로 조세부담을 한다. 문제에서 연간세액은 X원이며 이자율은 r이므로 환원액은 X/r이다.

제 15 장

소득분배이론 및 재분배정책

1. 소득의 분배와 재분배

1-1. 소득분배

▸일차적 분배를 의미하며 노동이나 자본 등 생산요소 투입의 대가

▸개인간 능력(노동생산성)의 차이 또는 자본생산성의 차이 등 때문에 최초 분배상태는 불균등한 것이 보통임

1-2. 소득재분배

▸일차 분배 이후의 재분배(이차 분배)를 의미하며 정부가 개입하는 것이 보통임

▸조세정책이나 정부지출정책 등을 정책수단으로 사용함

1-3. 정부개입의 정당성

▸일반적으로 재분배 목적의 정부지출은 정당화됨

▸정부개입의 범위나 정도 등에 대해서 합의된 결과는 없이 다양한 견해가 존재함

2. 소득분배 및 재분배에 대한 견해

2-1. 공리주의적 정의관

▸사회 전체의 총 후생을 극대화할 수 있는 분배상태가 최적임

▸일반적으로 평등한 상태에 대해 긍정적으로 생각하고 있음

- 그러나, 소득의 한계효용이 체감하지 않는다면 불평등한 상태가 정당화될 수 있음
- 개인간 효용비교를 전제로 하므로 개인간 효용비교의 객관적 근거를 찾는 것이 곤란하므로 비판의 대상이 됨
- 저소득자에 대한 적절한 배려(가중치)가 있는 것은 아님

2-2. 평등주의적 정의관

- 모든 사람이 재산과 소득을 고루 나누어 가지는 것이 바람직하다는 사고
- 저소득자에게 높은 가중치(weights)를 부여함
- 평등한 분배를 추구하는 과정에서 개인의 정당한 권리를 침해할 가능성 있음

2-3. 롤즈주의적 정의관

- 한 사회의 가장 열악한 처지에 있는 사람에게 가장 큰 이득이 돌아갈 수 있도록 분배되는 것이 바람직함
- 저소득자에게 극단적인 가중치를 부여하는, 즉 극단적 평등주의로 간주할 수 있음
- 무지(無知)의 장막에서 출발하는, 현실에서 존재하지 않는 "원초적 상황"으로부터 정의를 도출한다는 점이 문제임

2-4. 자유주의적 정의관

- 모든 사람이 정당하게 가질 권리가 있는 것들만을 소유해야 정의로운 상태임
- 노직(Nozick)의 정의관이며 "정당한 권리의 원칙"으로 요약됨
- 정부의 재분배정책에 강력하게 반대하는 입장

3. 최적 소득재분배 이론

3-1. 공리주의적 입장을 가정

- 사회후생은 개인 효용의 합으로 정의됨
- 한계효용이 체감하며 모든 사람의 효용함수는 동일함
- 총소득이 일정할 때 균등분배가 총효용을 극대화하는 최적상태임

3-2. 소득의 불확실성(Lerner의 동등확률 가정)을 가정

- '동일한 효용함수를 가진다.'는 비현실적 가정 대신 "특정 효용함수를 가질 확률이 동일하다."는 가정으로 대체
- 균등 분배상태에서의 기대효용이 불균등 분배상태에서의 기대효용보다 큼
- 따라서 불균등한 상태보다 균등한 상태를 선호함

4. 소득분배의 불평등을 측정하는 지표

4-1. 가치판단이 필요 없는(최소한의 가치판단만 있는) 경우

- 로렌츠곡선
  - 사회구성원의 소득을 오름차순으로 배열한 뒤 인구비율과 소득점유비율의 관계를 나타내는 점들을 모아 연결한 곡선
  - 균등분배선을 기준으로 아래로 멀어질수록 불균등한 상태를 의미함
  - 다양한 상태를 객관적으로 비교할 수 있다는 장점이 있음
  - 그러나 서수적 평가만 가능하며 로렌츠곡선이 교차하면 아무런 판단을 할 수 없다는 단점이 있음
- 지니계수(G)
  - 균등분배선의 아래쪽 삼각형 면적에서 균등분배선과 로렌츠곡선 사이의 면적이 차지하는 비율로 측정함
  - G값은 영(0)에서 1 사이의 값을 가지며 G 값이 클수록 불균등한 분배상태를 의미함
- 십분위분배율(D)
  - 하위 40%의 소득점유율이 상위 20%의 소득점유율에서 차지하는 비중을 의미함
  - D 값은 영(0)과 2 사이의 값을 가지며 D 값이 클수록 균등한 상태를 의미함
  - 유사지표: 오분위배율 = 하위 20%의 소득/상위20%의 소득

4-2. 앳트킨슨(Atkinson)지수 (가치판단이 내재된 경우)

- Atkinson지수(A): 1-[균등분배대등소득/평균소득]
  - A값이 클수록 불균등분배를 의미함
  - 평균소득과 균등분배 대등소득을 이용하여 측정함
- 균등분배대등소득: 지금과 동일한 사회후생을 얻기 위해 모든 구성원이 균등하게 나누어

가진 소득의 크기

• 분배상태가 균등한 사회일수록 평균소득과 균등분배대등소득의 크기가 유사하므로 A값이 0에 근접함

▸불평등을 싫어하는 사람일수록 분배매개변수가 커질 것이며 분배매개변수가 클수록 동일한 상황이라 할지라도 불평등도는 더욱 크게 나타남

5. 소득재분배 정책

5-1. 재분배정책에 대한 찬반의견

▸찬성입장

• 윤리적 관점: 자유주의를 제외한 평등주의적 정의관이나 롤즈적 정의관에 따르면 재분배정책은 타당한 것임

• 공평한 분배를 공공재로 간주하는 경우: 재분배의 편익이 공공재의 성격이 있다면 정부가 개입하는 것이 바람직함

• 사회보험으로서의 재분배정책: 누구나 빈곤의 수렁에 빠질 수 있으므로 일종의 안전장치로서 재분배정책 필요함

• 정치적 관점: 소수에 집중된 부(富)의 분산을 위해 재분배정책 필요함

▸반대입장

• 윤리적 관점: 자유주의자들의 경우 개인의 권리침해를 이유로 재분배정책에 반대함

• 효율성이 미치는 부정적 영향: 강력한 재분배를 목적으로 높은 한계세율을 적용할 때 근로의욕이나 저축의욕 등이 저해됨

• 정치적 현실의 관점: 복잡한 이해관계 속에서 재분배정책에 관한 적절한 합의가 어렵다는 점과 계층간 갈등을 조장할 수 있다는 점에서 반대함

5-2. 조세정책

▸초과누진세율의 적용하여 고소득자와 저소득자의 소득격차를 해소함

▸간접세보다 직접세의 비중이 커야 재분배효과 기대할 수 있음

• 그러나 각종 조세회피 가능성 때문에 표면적 누진세율이 실질적으로 누진효과를 가진다는 보장은 없음

▸사치재, 즉 수요의 소득탄력성이 1보다 큰 재화에 과세

▸불로소득(unearned income)에 중과세

5-2. 사회복지제도

▸사회보험

- 국민연금, 국민건강보험 등의 사회보험이 직접 재분배를 목적으로 제공되는 것은 아니지만 '운용의 묘'를 통해 재분배효과를 가질 수 있음
- 예) 국민건강보험의 경우 보험료는 소득에 비례하여 납부하나 질병에 걸린 사람만 수혜자가 될 수 있으므로 저소득계층의 질병확률이 높다면 재분배효과 있음

▸공공부조

- 우리나라의 국민기초생활보장제도와 같이 극빈 계층에 초점을 맞추므로 재분배효과는 극대화될 수 있음
- 소득수준 이외 기타 요인까지 고려하여 '범주적 공공부조'의 형태로 운용됨
- 한국의 기초생활 보장제도의 경우 월 소득이 최저생계비에 미치지 못하는 경우 그 차액을 정부가 보조해 주는 형식을 취하고 있음
- 저소득계층에 혜택이 돌아가므로 지분배지향성은 크나 빈곤이나 실업의 탈피를 위한 노력을 게을리하게 만드는 소위 '빈곤함정'과 '실업함정'에 빠뜨릴 위험이 있음

5-3. 부의 소득세제도

▸기본 성격

- 저소득자에게 세금을 부과하는 대신 보조금을 지급한다는 것을 특징으로 함
- 음(-)의 세율을 보조금 지급계획으로 간주하면 됨
- 기초수당과 한계세율의 크기에 따라 수혜범위가 달라짐

▸장점

- 일종의 권리에 의해 수혜하므로 수치감이 없음
- 별도의 수혜자격심사가 필요 없고 행정적으로 단순함
- 현금을 지급하여 수혜자가 자유롭게 처분할 수 있음

▸단점

- 일반 조세제도의 틀 속에서 소득세제도와 함께 운용되므로 특수한 집단의 특수한 요구에 쉽게 부응할 수 없음
- 빈곤계층이 적지 않으므로 재정부담이 큼

- 분기소득점(기초수당/한계세율) 근처의 소득자의 근로의욕이 감소될 우려 있음
- 빈곤의 굴레를 벗을 수 있는 근본적인 대책은 아님
- 소득효과와 대체효과 모두 근로의욕에 부정적으로 작용함

▸부의 소득세의 운용
- 기초수당(스스로 번 소득이 없을 때 지급되는 보조금)과 한계세율의 크기에 따라 보조금액과 수혜대상 범위가 달라짐
- 기초수당이 클수록 재분배효과는 커짐
- 한계세율이 높을수록 효율성 상실의 문제가 커짐

5-4. 유형별 보조금의 경제적 효과

▸소득보조(현금보조): 매월 일정액을 지급
- 계층간 소득격차의 해소에 유리
- 재화간 상대가격에 영향이 없으므로 효율성을 유지할 수 있음

▸가격보조: 생필품 구입시 일정비율을 지원하여 생필품 가격하락 효과
- 상대가격의 변화를 가져와 재화간 선택의 교란을 야기하므로 비효율적임

▸현물보조: 특정 물품을 지급
- 현금에 비해 가부장적 선호. 즉 수혜자의 선호가 무시됨
- 그러나 현물보조량 이상 소비하면 현금보조와 동일한 효과 얻을 수 있음
- 저소득계층의 비가치재(merit bads) 선호가 높다면 현금보조보다 오히려 유리함

6. 근로소득 보전세제(또는 근로장려세제, EITC)

6-1. 구성

▸가처분소득 = 스스로 얻은 소득 + 보조금

6-2. 보조금의 지급

▸점증구간: 스스로 획득한 소득이 많을수록 보조금액이 증가함

▸수평구간: 보조금액이 일정함

▸점감구간: 스스로 획득한 소득이 많을수록 보조금액이 감소함

6-3. 효과

▸근로의욕을 자극하는 보조금 지급정책으로 마련되었음

▸근로의욕에 미치는 효과는 소득효과와 대체효과에 의존함

- 소득효과: 보조금은 소득의 증가이므로 소득효과에 의해 여가소비량 증가함
- 대체효과: 점증구간은 임금률 상승과 동일한 효과이므로 대체효과는 여가소비량의 감소이며, 점감구간에서는 임금률 하락과 동일하므로 대체효과가 여가소비량 증가임

연 습 문 제

1. 초과누진적인 소득세율의 적용과 기초생활보장법의 제정으로 저소득계층에게 생계보조금을 지급하는 행위를 정당화 시키는 가치관(분배사조)으로 가장 적합한 것은?
   1) 공리주의적 정의관
   2) 평등주의적 정의관
   3) 자유주의적 정의관
   4) 롤즈적 정의관
   5) 엘리티스트(elitist)의 정의관

   정답 2). 저소득계층에게 높은 가중치를 부여하는 것은 평등주의적 정의관에서 비롯된 것이다. 평등주의적 성향이 극단적으로 표출되어 가장 열악한 사람의 처지만이 판단기준이 될 때 이를 '롤즈주의적 정의관'이라 한다.

2. 총효용 극대를 최대의 가치로 삼는 공리주의자들이 때론 불균등한 분배상황을 정당화시킨다고 비난받는다. 다음의 어떤 경우에 불균등한 상태가 정당화되는가?
   1) 소득의 한계효용이 일정할 때
   2) 소득의 한계효용이 서서히 체감할 때
   3) 소득의 한계효용이 빠르게 체감할 때
   4) 한계효용의 소득탄력성이 1일 때
   5) 한계효용의 소득탄력성이 영(0)과 1 사이일 때

   정답 1). 소득의 한계효용이 일정불변. 즉 소득이 증가해도 고소득자들의 한계효용이 전혀 감소하지 않아 한계효용의 소득탄력성이 영(0)인 경우를 보자. 아주 불균등한 분배상태에서도 최종단위 소득의 한계효용이 일치하므로 총효용은 극대가 된다.

3. 공리주의적 소득분배이론 중 Lerner의 "동등확률 가정"이 시사하는 바를 가장 올바르게 설명한 것은?
   1) 누구나 동일한 효용함수를 가진다는 전제하에 균등분배가 최적이다.
   2) 효용함수가 다르더라도 특정 효용함수를 가질 확률만 동일하다면 균등분배상태의 기대효용이 불균등할 때의 기대효용보다 높아 균등분배가 최적이 될 수 있다.
   3) 소득의 한계효용이 동등하게 확률분포할 때 균등한 분배가 될 수 있다.
   4) 누구나 고소득자가 될 확률과 저소득자가 될 확률이 동일하다면 성호 협상에 의해 균등분배상태에 도달할 수 있다.
   5) 사람은 누구나 동등한 상태에서 출발해야 하므로 소득의 한계효용 또한 동등하게 주

어져야 한다는 것이다.

정답 2). 최적분배이론 중 모든 사람들의 효용함수가 동일하다는 가정은 지나치게 비현실적이다. 따라서 러너는 상이한 효용함수가 있으나 특정 효용함수를 가질 확률이 동등하다고 가정했다. 그 결과 균등한 상태의 기대효용이 불균등한 상태로부터 얻는 기대효용에 비해 크므로 균등분배를 지지할 수 있다.

4. 불균등한 상태를 측정하는 지표에 대한 설명으로 타당하지 않은 것은?

1) 지니계수가 0.331에서 0.337로 바뀌었다면 분배상태가 불균등해진 것이다.
2) 십분위분배율이 IMF전 0.553에서 현재 0.543이라면 더욱 불균등해진 것이다.
3) 균등분배 대등소득을 측정한 결과 현재 평균소득과 유사하게 나타났다면 Atkinson지수가 1에 근접하여 매우 균등한 분배상태를 의미한다.
4) 로렌츠곡선은 다양한 상태를 동시에 비교할 수 있으나 기수적 평가가 불가능하다.
5) 로렌츠곡선이 균등분배선에서 멀리 위치할수록 소득분배상태는 불균등하다.

정답 3). 평균소득과 균등분배 대등소득이 유사하다면 매우 공평한 분배를 의미하며 따라서 앳킨슨지수는 영(0)에 가까워진다.

5. 정부가 시행하는 재분배정책의 결과 Atkinson지수가 영(0)이 되었다. 이와 관련된 설명으로 틀리는 것은?

1) 소득분배상태는 균등하며 십분위분배율이 영(0)인 상황을 의미한다.
2) 지니계수가 영(0)인 상황과 일치한다.
3) 모든 사회구성원들에게 소득이 균등하게 분배된 상태를 의미한다.
4) 로렌츠곡선의 모습이 기울기가 45도인 선형이다.
5) 인구누적비율과 소득누적비율이 일치하는 상태이다.

정답 1). Atkinson지수는 균등분배대등소득과 평균소득을 이용하여 측정된 소득의 불평등분배지표이다. 따라서 그 값이 영이면 완전한 균등분배상태이며 따라서 십분위분배율 값은 2가 된다.

6. 가치판단이 내재된 소득불평등지표로 Atkinson 지수가 있는데, 여기서 균등분배 대등소득과 평균소득 사이에 매우 큰 격차를 보이고 있다면 다음의 어떤 상황과 유사한 것인가?

1) 지니계수가 영(0)에 근접한다.
2) 십분위분배율이 1에 근접한다.
3) Dalton지수가 1에 접근한다.
4) 로렌츠곡선이 균등분배선에서 멀리 위치하고 있다.
5) 로렌츠곡선과 균등분배선이 일치하며 Pareto계수가 1에 근접한다.

정답 4). 균등분배 대등소득과 평균소득 사이에 격차가 크다는 것은 기존의 소득분배상태가 균등하지 못하다는 의미이다. 따라서 Atkinson지수는 매우 작은 값으로 나타난다. 로렌츠곡선이 균등분배선에서 멀리 위치한다는 것은 분배상태가 균등하지 못하다는 증거이다.

7. 최저생계비에 소득이 미치지 못하는 가구의 가장(家長)이 비가치재를 선호하여 보조금을 지급하면 술이나 마약 등에 많은 지출을 하는 경우를 가정할 때, 가장 바람직한 보조금과 가장 바람직하지 못한 보조금을 올바르게 나열한 것은?

1) 현금보조, 가격보조
2) 현물보조, 가격보조
3) 가격보조, 현물보조
4) 현금보조, 현물보조
5) 현물보조, 현금보조

정답 5). 현금으로 지급하는 것이 가장 바람직스럽지 못하다. 매월 일정액을 현금으로 지급할 때 소주 소비량만 증가하게 된다. 이런 경우 쌀 한 말이라도 현물의 형태로 지급하는 것이 보조금의 의미에 더욱 충실할 수 있다.

8. 저소득계층에게 소득재분배의 차원에서 매월 일정수준의 보조금을 지급하기로 결정하였다. 보조금을 지급하는 방법은 현금보조, 현물보조 그리고 가격보조 등이 있다. 이 때 현물보조에 대한 설명으로 가장 타당한 것은?

1) 상대가격에 교란이 없으므로 보조금 지급방식 중 가장 효율적이다.
2) 만약 보조대상자의 소비량이 현물보조량 이상이라면 현물보조와 현금보조의 경제적 효과에는 아무런 차이가 없다.
3) 보조금 지급 이후 대체효과가 나타나 비효율적이다.
4) 지방공공재의 추가공급에 가장 유리한 보조금방식이다.
5) 가장 낮은 한계세율을 적용하여 보조금을 지급할 수 있는 방법이다.

정답 2). 일정량을 지급하는 보조방식이므로 일정량 이상을 소비하는 경우 현금보조와 동일한 효과를 가지나, 현물보조로 지급되는 수량(예, 쌀 한가마니)을 다 소비하지 않는 경우에는 현금보조에 비해 비효율적이다.

9. 저소득계층에게 지급하는 보조금은 현금보조, 현물보조 그리고 가격보조 등으로 구분된다. 현금보조는 선택의 교란효과도 없어 가장 효율적인 유형의 보조금이다. 현금보조와 비교할 때 현물보조 및 가격보조가 지니는 특성을 나열한 것으로 가장 타당하지 않은 것은?

1) 재화소비량이 현물보조량을 초과한다면 현물보조는 현금보조와 동일한 효과를 갖는다.
2) 가격보조가 비효율적인 이유는 개인사정을 고려하지 않고 가격을 결정하기 때문이다.
3) 현물보조는 재화간 상대가격을 변화시키지 않는다.
4) 어떤 소비자가 비가치재(demerit goods)를 선호한다면 현금보조가 현물보조에 비해 우월한 보조방식이 아니다.
5) 보조대상에 따라 현물보조 지급 이후 재화소비량이 감소할 수도 있다.

정답 2). 가격보조가 비효율적이라 말하는 이유는 보조금 지급 이후 상대가격이 교란되어 재화선택에 교란을 가져오기 때문이다.

10. 정부가 가난한 사람들에게 지급하는 이전지출의 자원배분효과에 대한 설명 중 타당하지 못한 것은?

1) 소득보조는 대체효과가 없어 효율적이다.
2) 생필품에 대한 가격보조는 대체효과가 있어 같은 금액의 소득보조에 비해 비효율적이다.
3) 현물보조는 보조대상 재화가 열등재(inferior goods)가 아닌 한 현물보조 이후 소비량이 증가할 가능성이 많다.
4) 현물보조의 대상이 주택이라면 보조 이후 재화소비량은 더욱 크게 증가한다.
5) 현물보조가 소득보조에 비해 열등함에도 불구하고 존재하는 이유 중 하나가 저소득가구 가장의 비가치재(merit bads)에 대한 선호 때문이다.

정답 4). 보조대상 재화가 주택이라면 보조 이후 주택소비면적이 감소하게 된다. 스스로 20평 APT를 구입해 살던 저소득자가 무상으로 17평이 제공될 때 20평을 처분하고 무상 17평에 입주할 가능성이 크기 때문이다.

11. 다음의 설명 중 틀리는 것은?

1) 정액 보조금을 지급하면 근로의욕이 감소하므로 초과부담이 있다.
2) 비근로소득에 과세하면 소득효과만 나타나며 초과부담은 없다.
3) 부가가치세는 일반소비세이다.
4) 지출세는 인세이며 직접세이다.
5) 소득세의 대체효과는 여가시간의 증가이다.

정답 1). 정액보조금은 보조금 지급 이후 소득효과만 있으므로 초과부담이 없다. 모든 경우 초과부담의 원인은 교란문제, 즉 대체효과에 있다.

12. 재분배정책에 반대하는 근거로 올바른 것은?

1) 재분배정책 이후 소득격차가 더 벌어질 수 있으므로 반대한다.
2) 재분배 목적으로 높은 한계세율이 적용되면 고소득자의 근로의욕이나 저축의욕이 저해될 우려가 있어 반대한다.
3) 재분배정책의 결과 고소득계층의 한계세율이 낮아질 우려가 있어 반대한다.
4) 재분배정책 이후 최저생계비에 크게 못 미치는 계층보다 최저생계비 근처의 소득자들에게 많은 혜택이 돌아간다는 점에서 반대한다.
5) 평등주의자들이 윤리적 관점에서 반대한다.

정답 2). 재분배정책에 반대하는 근거는 효율성의 침해, 즉 근로의욕이나 저축의욕 감소에서 찾을 수 있다. 개인의 정당한 권리를 강조하는 자유주의자들도 강력한 재분배에 반대하며 정치적 현실의 관점에서 사회적 합의가 곤란하다는 점도 반대 근거 중 하나이다.

13. 재분배정책에 찬성하는 입장에 대한 설명으로 틀리는 것은?

1) 평등주의자와 공리주의자들의 주장에 따르면 재분배에 지지를 보내는 것이 보통이다.
2) 재분배가 공공재로서의 역할을 한다면 재분배를 위한 정부개입은 정당하다.
3) 재분배가 사회보험으로서 역할을 한다면 정부개입을 통한 재분배정책은 정당성이 있다.
4) 소수의 부유층에 부(富)가 집중되어 나타나는 폐해를 제거한다는 측면에서 재분배정책의 정당성을 찾을 수 있다.
5) 근로의욕이나 저축의욕 저해를 최소화한다는 측면에서 재분배정책의 정당성이 있다.

정답 5). 재분배 정책이란 누진세율을 포함한다. 누진세율은 고소득자에게 특히 높은 한계세율을 요구한다. 고소득자에게 높은 한계세율을 적용하면 그들의 근로의욕이나 저축의욕은 저해될 가능성이 크다. 재분배를 목적으로 높은 한계세율을 적용할 때 근로의욕이 저해된다는 것은 재분배정책의 부정적인 측면이다.

14. "명목적인 세율구조가 누진적이라 해도 실질적 재분배효과를 기대하기 어렵다."며 회의적 입장이 지배적이다. 그 근거로 적합한 것은?

1) 고소득자의 수(數)가 많지 않기 때문이다.
2) 합법적 조세회피 또는 탈세의 수단이 만연(蔓延)되어 있어 실제 소득세의 부담이 표면세율과 거리가 있기 때문이다.
3) 소득세의 누진세율에 의한 재분배효과 보다 정부지출에 의한 재분배가 훨씬 효과적이기 때문이다.
4) 소득세는 다른 조세에 비해 행정비용이 많이 들기 때문이다.
5) 소득세는 다른 조세에 비해 납세협력비용(compliance cost)이 많이 들기 때문이다.

정답 2). 초과누진세율이 적용된다 하더라도 각종 조세회피(tax avoidance) 수단이 많아 실제 소득세 부담은 명목세율에 규정된 것에 비해 누진적이지 못하다. 게다가 탈세와 같은 불법적 조세포탈(tax evasion)도 간과할 수 없다.

15. 사회보험이나 공공부조에 대한 설명으로 잘못된 것은?

1) 가부장적 입장에서 시작된 사회보험이 독일의 비스마르크형 사회보험이다.
2) 모든 국민에게 최소한의 권리를 주어야 한다는 보편주의적 시각을 갖는 사회보험제도는 베버리지형 사회보험이다.
3) 국민연금이나 고용보험과 같은 사회보험이 강력한 재분배효과를 갖는 것은 아니다.
4) 범주적 공공부조 프로그램은 소득과 재산 등 여러 요인을 고려하여 공공부조 대상자를 선정한다.
5) 우리나라의 국민기초생활보장제도에 따른 보조금은 최저생계비와 무관하게 결정된다

는 것이 특징이다.

정답 5). 우리나라의 기초생활 보장제도에 따라 결정되는 보조금은 자신의 월 소득과 최저생계비의 차액 중 일부이다. 따라서 최저생계비가 높을수록 저소득계층이 받아갈 보조금은 많아지며 최저생계비가 낮게 설정되어 있을수록 저소득자의 수혜액은 작아진다.

16. 부의 소득세제를 구성하는 요소에 대한 설명으로 틀리는 것은?

1) 기초수당은 최소한 보장된 소득이다.
2) 스스로 번 소득이 많아질수록 보조금액은 감소한다.
3) 스스로 번 소득이 기초수당을 한계세율로 나눈 값과 일치할 때 보조금 지급이 중단된다.
4) 빈곤인구의 비중이 높을수록 부의 소득세제 운용에 다른 재정적 부담이 커진다.
5) 기초수당이 일정하면 한계세율이 높을수록 분기소득(보조금의 지급이 중단되는 소득) 수준이 높아진다.

정답 5). 선형세수함수를 가정하고 기초수당이 20만원이라 하자. 한계세율이 20%이면 분기소득은 100만원이다. 즉 스스로 번 돈이 100만원일 때 보조금의 지급이 중단된다는 의미이다. 한계세율이 20%에서 25%로 인상되면 분기소득은 100만원에서 80만원으로 감소하게 된다.

17. 부의 소득세제가 다음과 같은 공식에 의해 보조금을 지급한다고 가정하고 S는 보조금액, m은 기초수당, t는 한계세율, E는 스스로 번 소득을 의미한다. 다음 설명 중 가장 타당성이 없는 것은?

$$S = m - tE$$

1) 한계세율이 20%이고 기초수당이 20만원이면 분기소득, 즉 조세부담과 보조금 없는 소득은 100만원이다.
2) 스스로 번 소득이 160만원에서 170만원으로 10만원 증가하면 조세부담액은 2만원 추가된다.
3) 행정적으로 단순하며 별도의 수혜자격심사가 없는 것이 장점이다.
4) 일반적 조세제도의 틀 속에서 운용되므로 특수 집단의 요구에 부응할 수 없다는 단점이 있다.
5) 대부분의 나라에서 빈곤선 이하의 소득계층이 차지하는 비중이 작아 재정부담 측면에서 큰 문제가 없다.

정답 5). 부의소득세제는 일반 조세제도의 틀 속에서 운영되어 행정비용은 많이 들지 않는다. 그러나 빈곤선 이하에 속하는 사람의 비중이 많아 재정적 부담이 큰 걸림돌이 된다. 미국과 같은 나라에서도 공식적 빈곤층이 전체인구의 15%나 된다.

18. 부의 소득세가 부과되면 개인의 근로의욕이 심각하게 저해된다고 한다. 부의 소득과세 이후 근로의욕이 크게 저해된다는 이유로서 가장 적절한 것은?

1) 소득효과가 대체효과보다 크기 때문이다.
2) 대체효과가 소득효과보다 크기 때문이다.
3) 소득효과와 대체효과가 모두 근로의욕에 부정적으로 작용하기 때문이다.
4) 소득효과만 나타나기 때문이다.
5) 대체효과만 나타나기 때문이다.

정답 3). 부의소득세는 일정소득에 미치지 못하는 계층에게 보조금 지급하여 소득효과가 근로의욕 감소로 나타나며, 임금률 중 일정비율을 소득세로 차감하므로 여가의 상대가격을 하락시키므로 대체효과 또한 근로의욕의 감소로 나타난다.

19. 빈곤선(poverty line)에 대한 설명으로 타당하지 못한 것은?

1) 라운트리 방식에 따라 빈곤선이 설정되면 절대적이며 객관적인 기준이 적용된 것이다.
2) 평균소득의 50% 또는 중위소득의 2/3 등을 빈곤선으로 설정할 때 이는 상대적 기준에 의한 빈곤선이다.
3) 라이덴(Leyden) 방식에 따라 결정된 빈곤선은 절대적이며 객관적인 기준에 따라 설정된 것이다.
4) 자신의 소득수준이 빈곤선에 미치지 못하면 빈곤계층으로 간주할 수 있다.
5) 공식적인 빈곤선은 사회 전반의 경제적 능력과 그 사회의 빈곤퇴치 의지 등이 결합되어 결정된 것이다.

정답 3). 라이덴 방식으로 설정된 빈곤선은 주관적인 것이다. 라이덴 대학교에서 설문조사에 의해 빈곤선을 결정한 바 있어 라이덴 방식이라 한다. 라이덴 방식에 따르면 "근근이 살아가기 위해 필요한 소득이 얼마입니까?"라는 설문에 응답한 것을 토대로 구체적 빈곤선을 결정한다는 것이다.

20. 복지 국가, 즉 국가에서 국민들의 생계를 책임지고 있는 경우 나태와 게으름이 활개치는 바이를 "복지병"이라 한다. 복지병이라는 사회적 병리현상을 고려할 때 재분배정책이 효율성에 미치는 영향에 대한 설명으로 올바른 것은?

1) 재분배정책은 효율성 상실을 최소화한다.
2) 재분배정책은 효율성 상실을 동반하는 것이 보통이다.
3) 재분배성책이 효율성에 미치는 영향은 불분명하다.
4) 재분배정책이 강력할수록 효율성 상실의 크기는 작아진다.
5) 재분배정책과 효율성 상실은 무관하다.

정답 2). 정부가 강력한 재분배정책으로 통해 국민들의 최소한의 생계를 책임질 때 복지병문제가 발생한다. 그렇다면 재분배정책은 개인의 근로의욕 등 각종 의욕을 저해하는 것이므로 효율성 상실을 동반(同伴)하는 것이다.

기출문제

[문 1] 에지워드(Edgeworth)는 공리주의가 소득재분배를 주장하는 근거가 될 수 있음을 보여주었다. 그의 견해가 타당하기 위해 필요한 조건이 아닌 것은? (2005 세무사)

① 모든 사람이 동일한 효용함수를 가져야 한다.
② 한계효용이 체감해야 한다.
③ 총소득이 고정되어 있어야 한다.
④ 사회후생은 개개인의 효용의 합이다.
⑤ 모든 사람이 특정한 효용함수를 가질 확률이 같다.

정답 ⑤. 한계효용이 체감하며 모든 사람의 효용함수가 동일하다는 가정을 한다. 특정 효용함수가 동일할 확률이 같다는 가정은 다른 접근방법을 택할 때의 필요한 조건이다.

[문 2] 다음 중 소득분배 상태를 평가하는 불평등도지수에 대한 설명으로 옳은 것은? (2005 세무사)

① 모든 소득이 한 사람에게 집중되어 있는 경우 지니계수는 0(零)의 값을 갖는다.
② 여러 가지 소득분배 상태를 비교함에 있어서 지니계수에 의한 평가순위와 앳킨슨지수에 의한 평가순위는 항상 동일하다.
③ 로렌츠 곡선에 의해 분배상태를 비교할 때 비교가 불가능한 상황에 직면할 경우가 있다.
④ 십분위분배율이란 소득분포상 상위 20%가 차지하는 소득점유비율을 하위 40%가 차지하는 소득점유비율로 나눈 값을 뜻한다.
⑤ 완전히 평등한 분배상태라면 앳킨슨지수가 1의 값을 갖게 된다.

정답 ③. 로렌츠곡선을 그려 분배상태를 비교할 때 로렌츠곡선이 겹치거나 교차하는 경우 어떤 것이 균등한지에 대해 판단할 수 없다.

[문 3] 불평등도지수(inequality index)에 관한 설명으로 적합하지 않은 것은? (2002 세무사)

① 모든 사람이 똑같은 소득을 갖는 것을 가장 평등한 상태로 본다.
② 앳킨슨지수(Atkinson index)는 균등분배대등소득(equally distributed equivalent income) 개념을 도입하여 불평등에 대한 가치판단을 내린다.
③ 로렌츠곡선(Lorenz curve)이 대각선과 일치할 때 지니계수는 1의 값을 갖는다.
④ 십분위분배율의 크기가 더 클수록 더욱 평등한 분배상태를 뜻한다.
⑤ 지니계수(Gini coefficient)가 0의 값을 가질 때 가장 평등한 분배가 이루어진다.

정답 ③. 로렌츠곡선이 대각선과 일치한다는 것은 소득분배상태가 완전 균등 분배상태라는 의미이다. 완전히 균등하게 분배된 상태에서 측정된 지니계수의 크기는 영(0)이다.

[문 4] 불평등도지수에 관한 설명 중 옳지 않은 것은? (2007 세무사)

① 앳킨슨 지수는 0에 가까울수록 평등하다.

② 로렌츠곡선은 서수적 평가만 가능하고 어느 정도 더 평등한지는 판단할 수 없다.

③ 로렌츠곡선이 대각선과 일치할 때 지니계수는 0의 값을 갖는다.

④ 3개 이상의 로렌츠 곡선이 있는 경우에도 서로 교차 하지 않는다면 동시에 분배상태를 비교할 수 있다.

⑤ 지니계수는 0에 가까울수록 평등하고 십분위분배율의 값은 1에 가까울수록 평등하다.

정답 ⑤. 지니계수는 0과 1 사이의 값을 갖지만 십분위 분배율은 0과 2 사이의 값을 가지며 십분위 분배율 값이 크면 클수록 평등하다는 의미이다. 십분위 분배율은 상위 20%의 소득점유율에 대한 하위 40%의 소득점유율이 차지하는 비중이다.

[문 5] 최근 한 국책연구원은 우리나라 소득분포의 지니계수(Gini coefficient)가 1995년 0.332에서 2000년 0.389로 높아졌다고 발표하였다. 지니계수에 대한 설명으로 가장 타당하지 않은 것은? (2003 세무사)

① 로렌츠곡선(Lorenz curve)으로부터 구할 수 있다.

② 소득계층간 소득점유율 비율로 표시된다.

③ 0보다 작거나 1보다 큰 값을 가질 수는 없다.

④ 이 값이 클수록 소득분배가 불평등하다는 것을 나타낸다.

⑤ 소득의 형태와는 상관없이 계층별 분배상태를 측정하는 수단이다.

정답 ②. 소득계층간 소득점유율 비중으로 측정하는 지표는 십분위 분배율로 상위 20%의 소득점유비율에 대한 하위 40%의 소득점유비율이 차지하는 비중이다.

[문 6] 다음 중 소득분배의 악화를 나타내지 않는 것은? (2004 세무사)

① 지니 계수의 상승 ② 타일 지수의 상승

③ 앳킨슨 지수의 상승 ④ 십분위 분배율의 상승

⑤ 쿠즈네츠 지수의 상승

정답 ④. 십분위 분배율과 파레토계수는 지수 값이 클수록 평등한 상태를 의미한다. 따라서 이들 지수는 그 값이 클수록 공평한 상태로 전환되었음을 의미한다. 이 밖의 다른 지표들은 지표값이 크면 클수록 분배상태가 악화되었음을 의미한다.

[문 7] 소득이 Y_1, Y_2인 두 사람으로 구성된 사회의 사회후생함수가 $W = Y_1Y_2$이라고 하자. 이 두 사람의 소득이 각각 $Y_1=9$, $Y_2=1$이라고 할 때 앳킨슨(Atkinson) 지수를 구하면 얼마

인가? (2005 세무사)

① 0.6
② 1
③ 0.5
④ 0.3
⑤ 0.4

정답 ⑤. 지금 사회후생은 9(9×1=9)이므로 지금과 동일한 사회후생을 얻는 다는 전제하에 균등하게 분배되는 소득은 3이다. 평균소득은 5이므로 앳킨슨지수는 (1-3/5)이므로 0.4이다.

[문 8] 아트킨슨(Atkinson)불평등지수와 관련하여 옳지 않은 것은? (2006 세무사)

① 같은 소득분배상태를 두고도 사회후생함수가 다르면 불평등의 정도가 달라진다.
② 균등분배대등소득이 전체평균소득에 가까워질수록 불평등도는 작아진다.
③ 소득공간상의 사회적 무차별곡선이 원점에 대해 볼록할수록 불평등도가 더 작아진다.
④ 사회구성원들의 불평등회피도가 클수록 불평등도는 더 커진다.
⑤ 두 국가 간의 상대적인 소득불평등도는 불평등회피도의 크기에 영향을 받는다.

정답 ③. 앳킨슨지수를 산정할 때 분배매개지수가 영(0)에서 무한대의 값을 가질 수 있는데 분배매개지수의 값이 클수록 앳킨슨지수의 값은 더욱 크게 나타난다. 분배매개지수가 높다는 것은 평등성에 대한 선호(불평등 회피도)가 크다는 의미이며 사회적 무차별곡선이 원점에 대해 좀 더 볼록한 모습으로 나타난다는 의미이다.

분배매개지수가 클수록 앳킨슨 지수가 커진다는 것은 다음과 같이 이해하면 된다. 분배매개지수가 클수록, 즉 저소득계층에 대한 배려를 더 하면 할수록(높은 가중치를 부여할수록) 현실의 분배상태를 기준으로 평가한 균등분배대등소득의 크기가 점차 작아지기 때문이다.

[문 9] 부(負)의 소득세(negative income tax)제도에 관한 설명 중 옳지 않은 것은? (2007 세무사)

① 부(負)의 소득세가 시행되면 대체효과와 소득효과 모두 노동공급을 감소시키는 방향으로 작용한다.
② 부(負)의 소득세는 보조금을 현금으로 지급하므로 소비자 후생 측면에서 우월하다.
③ 소득이 일정 수준 이하가 되면 그 차액만큼 조세환급을 통해 지급하는 제도이다.
④ 소득세 제도와 사회보장제도를 결합한 것으로 소득세 체계 내에서 운용되므로 특수계층의 요구에 부응하기 쉬운 장점이 있다.
⑤ 효율성 측면에서는 한계세율이 낮은 것이 바람직하다.

정답 ④. 부의 소득세제도는 소득세제도와 사회보장제도를 혼합하여 일반적 소득세제의 틀 속에서 운용하는 것이다. 일반적인 소득세제도의 틀 속에서 운용되므로 특수 계층의 요구에 부응할 수 없다는 것이 오히려 단점으로 지적될 수 있다. 부의 소득세제도의 치명적 단점은 근로의욕을 저해한다는 것이다.

[문 10] 저소득층의 특정 재화(X재) 소비를 장려하기 위하여 해당 재화가격의 일정비율을 보조금으로 지급하는 가격보조 방안과 동일한 지원금액을 현금으로 지급하는 현금보조 방안을 고려할 때 다음 설명 중 옳은 것은?
단, X재는 정상재이며 소비자의 무차별곡선은 원점에 대해 볼록한 일반적인 형태로 표시된다. (2004 세무사)

① 가격보조의 경우 현금보조에 비해서 X재의 소비량은 작아진다.
② 가격보조의 경우 현금보조에 비해서 보조금 수혜자의 후생수준은 낮아진다.
③ 가격보조를 하는 경우 대체효과가 소득효과를 압도하여 X재의 소비량이 감소한다.
④ 현금보조의 경우 대체효과가 소득효과를 압도하여 X재의 소비량이 증가한다.
⑤ 현금보조의 경우 해당 재화만이 아니라 다른 재화의 공급도 증가하는 왜곡현상으로 인하여 사회후생의 손실이 초래된다.

정답 ②. 가격보조는 상대가격을 변화시켜 대체효과를 수반하는 반면 소득보조(현금보조)의 경우 상대가격에 영향을 미치지 않으므로 소득효과만 있다. 대체효과란 선택을 교란시켜 후생을 감소시키는 요인이다. 따라서 소득효과만 있는 소득보조가 그렇지 않은 가격보조에 비해 더욱 높은 후생을 보장한다.

제16장

사회보장제도

1. 사회보장적 지출의 의의와 근거

1-1. 의의

▸자원의 효율적 배분

• 온정적 측면에서 충분한 수준의 서비스를 공급함

▸소득의 공평한 분배

• 사회보장 지출(주로 공공부조)의 혜택이 저소득계층에 집중되어 재분배효과 있음

• 사회보험의 경우도 재분배를 목적으로 운용되는 것은 아니나 재분배효과는 있음

1-2. 근거

▸온정주의(paternalism, 온정적 간섭)

• 스스로 자신의 미래, 실직 상태 또는 질병 등에 대한 대비를 할 수 있으나 정부가 판단할 때 충분하지 못하여 이에 개입하는 것

2. 사회보장제도의 유형

2-1. 사회보험

▸국민건강보험(구 의료보험), 고용보험, 산업재해보험, 연금보험 등이 있음

▸연금보험은 일정기간 기여금을 납부한 사람에게 퇴직 후 일정한 연금을 지급하는 제도이

며 공무원연금, 군인연금, 사립학교교직원연금, 국민연금 등이 있음

2-2. 공공부조

▸국민기초생활 보장법에 의해 운용되며 생활보호와 의료보호를 통한 빈민구제가 목적임

▸소득보장을 의한 생활보호와 의료보장을 위한 의료보호제도가 있음

2-3. 사회복지서비스

▸노인복지 서비스: 경로우대, 노령수당지급 등

▸아동복지 서비스: 가정보호사업(입양사업)과 시설보호(고아원운영) 등

▸장애인복지 서비스: 장애인등록제, 장애인복지시설운영 등

▸부녀복지 서비스: 재가보호(복지급여, 복지자금 대여)와 시설보호(미혼모 보호시설) 등

3. 국민연금제도

3-1. 국민연금제도의 성격

▸퇴직 이후 소득원의 불확실성을 제거할 목적으로 운용되며 중복세대모형을 이론적 기반으로 함

▸젊은 세대와 나이든 세대의 사람들이 중복되어 경제활동을 한다는 의미에서 "중복세대모형"이라 함

▸현재 젊은 세대 사람들이 나이든 세대의 사람들에게 처분가능한 자원 중 일부를 이전하고 다음 기에 당시 젊은 세대에게 자원을 이전받기로 하는 '사회적 약속'을 의미함

▸소득의 한계효용이 체감한다고 가정하면 '사회적 약속'의 효용이 더욱 큼

3-2. 국민연금제도의 정당성

▸시장실패의 보완

• 도덕적 해이와 역선택 문제 때문에 효율적인 보험시장의 운영이 어려움

• 강제적인 사회보험을 통해 역선택문제는 해소할 수 있음

▸소득재분배

• 동일 세대 내에서 재분배효과 기대할 수 있으나 재분배를 목적으로 운영되는 것은 아님.

한국의 경우 균등부분에 의한 연금지급으로 재분배효과 있음

- 세대간 재분배효과 기대할 수 있음. 본인 기여보다 많이 받는다면 후세대로 재분배효과 있는 것으로 판단할 수 있음
- 사회적 적합성(저소득자에 최소한의 생활 가능하도록 지원)과 개인적 공평성(본인 기여에 따라 배분) 사이의 적절한 절충 필요

▶온정적 간섭주의

- 개인 스스로 저축하는 것이 노후생계를 위해 충분하지 못한 수준임
- 따라서 정부가 개입하여 강제로 저축하도록 함

3-3. 국민연금제도의 운용

▶부과방식(pay as you go system)과 적립방식(funded system)이 있음

▶부과방식은 "중복세대모형"을 이론적 기반으로 하며 동세대의 소득이 있는 사람이 당시 소득이 없는 사람들을 위해 각출하는 형태

- 소위 선진국의 사회보장세가 이에 해당됨(우리나라의 국민연금도 명칭만 조세가 아닐 뿐 사회보장세와 거의 동일함)
- 지불능력의 문제(solvency)에 봉착할 수 있음
- 세대간 재분배 효과 있음
  - 사회보장세 부담액과 연금 수령액을 비교

▶적립방식은 자신이 퇴직한 이후 과거에 자신이 적립한 것을 수령해 가는 것이므로 자신의 기여에 따라 연금을 수령함

- 우리나라의 국민연금제도가 여기에 해당됨
- 자신이 스스로 적립한 것을 자신이 수령해 가는 것이므로 지불능력의 문제는 없음
- 자신의 기여에 따라 연금액이 결정되어 자부심(自負心)을 가질 수 있음

3-4. 국민연금제도의 경제적 효과

▶근로의욕효과: 소득효과와 대체효과에 의존함

- 임금의 일정비율을 각출하는 것이므로 비례소득세의 경제적 효과와 동일함
- 소득효과는 근로의욕에 유리하며 대체효과는 근로의욕에 부정적으로 작용함
  - 만약 퇴직 이후 수령하는 연금액까지 감안하면 달라질 수 있음
  - 현재 납부하는 연금각출금에 비해 퇴직 이후 받는 연금액이 더 많다고 판단하는 경우,

국민연금은 실질적 의미에서 임금률 상승효과가 있으므로 대체효과는 근로의욕의 증가로 나타남

▸저축효과: 자산대체효과 및 조기퇴직효과에 의존함(Feldstein의 주장)

• 자산대체효과: 연금의 미래 자신의 자산(asset)을 대신하므로 자발적 저축의 감소

• 조기퇴직효과: 연금제도의 도입이 빨리 은퇴하게 만드는 효과가 있어 퇴직상태에 있는 기간이 길어지므로 더 많은 저축이 필요하게 되어 자발적 저축의 증가

▸인식효과, 상속효과, 목표실현효과 등이 거론되나 이들 모두 자발적 저축의 증가에 기여한다는 것

• 인식효과: 연금이 저축의 중요성을 일깨워 스스로 저축을 더하게 된다는 것

• 상속효과: 연금제도 때문에 자식세대의 가처분소득 감소를 예상한 부모가 더 많은 상속을 해주기 위해 자발적 저축을 더하게 된다는 것

3-5. 우리나라 연금의 급여와 재분배 효과

▸적립방식으로 운영되고 있음

• 사업장 가입자와 지역가입자로 구분되며 모든 가입자는 의무적으로 가입해야 함

▸매월 표준소득급여의 9%를 적립함

▸연금의 급여에는 노령연금, 장애연금, 유족연금, 반환일시금 등이 있으나 가장 기본적인 것이 가입기간 10년 이상이며 60세를 초과한 경우 지급하는 노령연금임

• 노령연금의 지급은 균등부분과 소득비례부분으로 구성됨

- 균등부분은 전체가입자의 평균보수에 따라 연금지급액을 결정하는 것이므로 평균보수가 낮을수록 유리하여 재분배 효과 있음
- 소득비례부분은 가입기간 중 자신의 평균보수에 비례하여 지급하는 것임
- 실제 소득대체율(연금액/평균보수)을 보면 소득수준이 높을수록 낮게 나타나고 있어 재분배효과 있음

▸문제점

• 비례세율 9%가 적용되며 소득의 상한이 360만원으로 정해져 있어 역진적임

• 급속한 고령화진행으로 연금재정이 심각해질 수 있음

• 지역가입자들 중 소득을 허위로 신고하여 보험료를 제대로 납부하지 않는 계층이 있음

• 보험료 9%와 소득대체율 60%를 계속 유지하는 경우 2047년 기금이 완전 고갈될 가능성 있음

3-6. 기타

▸강제적으로 운영되어야 할 필요성

• 강제성의 이유: 역선택 문제의 해결에 유리함

▸공적인 운영의 필요성

• 참여하는 사람이 많을수록 위험의 공동부담이라는 측면에서 유리함
• 역선택 문제를 해결할 수 있음
• 지급준비금 보유가 필요 없으므로 높은 수익을 창출할 수 있음
• 행정비용이 저렴함
• 인플레이션에 대한 대응이 용이함

▸목적세 부과의 필요성

• 국민연금제도의 운용을 위한 지출을 일반지출과 구분하는 것이 좋음
• 일반조세로 연금재원조달이 곤란하므로 목적세 설치 필요함
• 본인의 기여를 되돌려 받는다는 자부심이라는 측면에서 목적세가 우월하다는 입장
  - 사회보장세의 역진성 문제 해결을 위해 일반 조세로 재원을 조달해야 한다는 주장도 있음

4. 의료보험제도

4-1. 의의

▸질병의 불확실성에 대비해 제공되는 사회보험

4-2. 경제적 효과

▸도덕적 해이의 문제: 병원에 출입할 질병이 아님에도 불구하고 병원출입을 하게 됨

▸무료로 병원에 출입하는 경우(MC=0) 적정 수준 이상으로 병원을 방문하게 됨

▸병원을 방문할 때마다 본인에게 비용부담을 요구하면 병원방문횟수가 줄어들게 되므로 본인부담요구는 도덕적 해이를 감소시키기 위한 조치임

5. 고용보험제도(실업보험제도)

5-1. 고용보험제도의 특징

▸ 선진국의 실업수당의 지급 이외에도 직업능력의 개발을 위한 방안까지 제시된 적극적이며 사전적인 제도임

5-2. 고용보험제도의 경제적 효과

▸ 도덕적 해이의 문제

 • 근로자의 경우 쉽게 사직하는 행위 또는 사업주의 경우 쉽게 해고하는 행위

▸ 자동안정효과

 • 경기의 움직임과 반대방향으로 작용하여 스스로 경기를 진정시키는 효과

 • 소득세의 초과누진세율구조와 함께 대표적인 자동안정장치

연 습 문 제

1. 다음 중 사회보장제도에 대한 설명으로 타당하지 않은 것은?
   1) 각종 사회보험은 사회보장의 일부에 속한다.
   2) 의료보장을 목적으로 제시된 사회보험은 국민건강보험과 산업재해보험이다.
   3) 연금보험에는 국인연금, 사립학교 교직원연금, 공무원연금, 국민연금 등이 있다.
   4) 공공부조는 사회보장제도와 무관하다.
   5) 노인복지 및 아동복지를 중심으로 하는 사회복지서비스도 사회보장제도의 중요한 구성요소이다.

   정답 4). 공공부조는 사회보험 및 사회복지서비스와 더불어 사회보장제도를 구성하는 요소이다. 공공부조에는 소득보장을 위한 생활보호와 의료보장을 위한 의료보호가 마련되어 있다.

2. 다음 중 사회보험의 범주에 속하지 않는 것은?
   1) 공공부조
   2) 국민건강보험
   3) 산업재해보험
   4) 고용보험
   5) 국민연금

   정답 1). 사회보험은 강제성을 특징으로 하여 역선택의 문제가 야기되지 않는다. 사회보험은 국민연금, 건강보험(구: 의료보험), 고용보험, 산재보험 등이 있으며, 사회보험 이외의 기타 사회복지프로그램 속에 공공부조도 포함되어 있다.

3. 사회보험의 의의에 관한 설명으로 합당하지 않은 것은?
   1) 자원의 효율적 배분에 기여할 수 있다.
   2) 소득의 공평한 분배에 기여할 수 있다.
   3) 온정주의적 차원에서 정당화된다.
   4) 강제적이며 공적인 형태의 사회보험에서 온정주의(溫情主義)는 성립될 수 없다.
   5) 민간부문에서 이루어지는 불확실성에 대한 대비가 충분하지 못하다는 판단에서 정부가 개입하는 것이다.

   정답 4). 자원의 효율적 배분과 소득의 공평한 분배를 목적으로 사회보험(보장)이 정당화된다. 그리고 미래의 불확실성에 대비하여 개인적으로 준비하지만 그것이 충분하지 못하다고 판단되어 온정적 측면에서 정부가 개입하는 것이다. 운영방식이 강제적(强制的)이며 공적(公的)이라 하더라도 온정적 측면이 훼손되는 것은 결코 아니다.

4. 국민연금제도를 뒷받침할 수 있는 가장 기본적인 모형인 "중복세대모형"에 대한 설명으로 타당하지 못한 것은?
   1) 소득의 한계효용이 체감한다면 두 기에 걸쳐 나누어 소비하는 것에 비해 생애 첫 기에 모두 소비하는 것이 바람직하다.
   2) 중복세대모형이란 젊은 층의 사람들과 나이 든 사람들이 공존한다는 의미에서 붙여진 이름이다.
   3) 초기부존자원이 10이라 할 때 첫 기에 5만큼을 나이 든 사람을 위해 이전하고 다음 기에 젊은 계층으로부터 이전받는 일종의 "사회적 계약"이다.
   4) 사회적 계약을 통해 모든 사람들의 후생이 증진될 수 있다.
   5) 국민연금제도란 사회적 계약을 구체화시킨 것으로 간주할 수 있다.

정답 1). 첫 기에 자신의 자원 중 일부를 나이든 사람에게 이전하고 자기가 나이 들었을 때 당시 젊은이들로부터 이전받는 것이 바람직하다는 것을 골자로 한다. 특히 소득의 한계효용이 체감한다면 첫 기에 모든 자원을 다 처분하는 것에 비해 첫 기에 일부 다음 기에 나머지 일부를 소비하는 것이 총효용 증대에 효과적이다.

5. 국민연금운용의 이론적 기반인 중복세대모형(overlapping generation model)에 대한 설명으로 가장 타당한 것은?
   1) 자신이 처분가능한 모든 자원을 생애 1기에 모두 차분할 때 효용이 극대화된다.
   2) 처분가능한 자원 중 일부는 1기에 소비하고 나머지 일부는 나이든 사람에게 이전하는 사회적 계약이 모든 사람의 후생증진에 도움이 된다.
   3) 화폐소득의 한계효용이 체감하는 처분가능한 자원의 모든 소비계획을 미래세대로 연기시키는 것이 바람직하다.
   4) 우리가 살고 있는 모든 세대를 횡단면 분석하면 젊은 층의 사람과 나이든 사람이 공존하므로 모든 사람들이 소득획득을 위해 노력하는 것이 후생증가에 기여한다.
   5) 국민연금의 지급에 있어 중복 지원되는 것이 시정되어야 사회후생이 증가한다.

정답 2). 모든 자원을 1기에 다 처분하는 것보다 일부는 1기에 처분하고 나머지 일부는 자신이 나이 들었을 때 젊은 사람들로부터 이전받기로 약조하고 지금 나이든 사람에게 이전하는 것이 후생을 증가시킨다는 이론이다. 부과방식에 의한 연금운용이 바로 중복세대 모형을 이론적 기반으로 한다.

6. 국민연금이 강제적이며 공적으로 이루어지는 근거로 적절치 않은 것은?
   1) 자신의 노후에 대해 부적절하게 설계하고 있는 사람들 때문에 정부간섭이 필요하다는 온정적 측면에서 근거를 찾을 수 있다.
   2) 국민 전체가 참여하는 프로그램이므로 규모의 경제라는 측면에서 이득을 찾을 수 있다.

3) 위험에 대한 부담을 공동으로 하여 이득(risk pooling)을 볼 수 있다.
4) 공적 프로그램 운영시 지급준비금을 많이 보유할 수 있으므로 가입자에게 높은 수익을 보장할 수 있다.
5) 인플레이션에 대한 대응이 용이하다.

정답 4). 공적 프로그램의 경우 매월 안정적인 보험료 수입이 보장되므로 별도의 보유금을 보유할 필요가 없다. 보유금이란 아무런 수익도 가져다 주지 않는 것이므로 보유금의 필요성이 없다는 것은 높은 수익보장의 전제조건이 된다.

7. 민간부문의 보험시장이 효율적으로 운용될 수 없다는 이유가 정보의 비대칭성 때문이다. 여기에서 사회보험의 공급의미를 찾을 수 있다. 다음 중 사회보험(social insurance)이 제공된 이후 나타나리라 예상되는 결과에 대한 설명으로 가장 타당한 것은?
1) 도덕적 해이의 문제는 확실하게 해소된다.
2) 역선택의 문제는 확실하게 해소된다.
3) 도덕적 해이와 역선택의 문제가 모두 해소된다.
4) 도덕적 해이와 역선택의 문제 모두 해결되지 못한다.
5) 도덕적 해이의 문제는 완전하게 제거되나 역선택의 문제는 일부만 제거된다.

정답 2). 예를 들어 사회보험 중 고용보험이 제도화되면 실직의 가능성이 낮은 사람들도 의무적으로(강제로) 가입해야만 하므로 실직 가능성이 높은 사람만 가입하여 나타나는 역선택의 문제는 사라진다. 그러나 도덕적 해이의 문제를 제거할 방법은 없다.

8. 국민연금제도의 의의 중 하나가 역선택 문제를 보완하기 위한 정부개입에 있다. 다음 중 역선택의 해소를 위한 정부의 노력으로 가장 타당한 것은?
1) 모든 사람들에게 의무적(강제)으로 가입하게 한다.
2) 임금소득에 비례하여 연금갹출금을 징수한다.
3) 자신의 부주의 때문에 조기 퇴직하게 되면 연금지급액을 삭감한다.
4) 모든 사업장의 근로자들은 물론 기업주들도 연금갹출금을 부담한다.
5) 납부하는 연금갹출금의 상한선을 설정한다.

정답 1). 역선택 문제란 사고위험이 높은 사람은 보험에 가입하고 사고위험이 낮은 사람은 보험에 가입하지 않아 발생하는 문제이다. 따라서 모든 사람이 강제로 가입해야 한다면(단체가입 또는 강제가입) 역선택 문제는 없다.

9. 국민연금의 설계에 있어 사회적 적합성과 개인적 공평성의 조화가 중요하다. 다음 중 사회적 적합성과 개인적 공평성의 내용을 올바로 나열한 것은?

사회적 적합성	개인적 공평성

1) 최소한의 생활을 영위할 수 있도록 설계　　자신의 기여에 반비례하는 수혜
2) 최소한의 생활을 영위할 수 있도록 설계　　자신의 기여에 따른 혜택 수혜
3) 사회생활 시간에 비례하는 연금지급　　자신의 기여에 따른 혜택 수혜
4) 최소한의 생계를 위한 설계　　자신의 지출에 따른 혜택 수혜
5) 최대한 생활 가능하도록 수 있도록 설계　　자신의 소득에 따른 혜택 수혜

정답 2). 사회적 적합성이란 저소득층에 대한 배려로서 누구나 최소한의 생활이 가능하도록 지급되어야 한다는 것이다. 개인적 공평성이란 자신의 기여에 따른 연급지급을 의미한다. 따라서 사회적 적합성은 재분배원리, 개인적 공평성은 보험원리로 이해하면 된다.

10. 국민연금의 운용에서 부과방식이 적립방식과 다른 점을 옳게 설명한 것은?

1) 자신이 기여한 것을 되돌려 받는다는 자부심을 갖게 한다.
2) 현재 일하는 사람들에게 세금을 징수하여 은퇴자들에게 연금을 지급한다.
3) 본인 수혜액이 자신의 기여와 일치한다.
4) 사회보장세율이 높을수록 고소득자들의 부담은 가벼워진다.
5) 부과방식에 따른 개인의 부담은 목적세가 아닌 일반세로 운용되는 것이 보통이다.

정답 2). 대부분의 선진국에서 국면연금은 부과방식으로 운용된다. 현재 일하는 사람들에게 세금을 징수하여 현재 은퇴한 사람들에게 연금을 지급한다. 물론 자신이 은퇴하면 그 때 일하는 사람들로부터 부양을 받는다는 것을 전제로 한다. 선진국의 사회보장세가 부과방식의 대표적인 징수방법이며 사회보장세는 반드시 사회보장과 관련된 부문에만 지출되어야 하는 목적세이다.

11. 국민연금의 운용방식 중 적립방식에 대한 설명으로 타당하지 않은 것은?

1) 적립방식은 기금을 적립하여 여기서 나온 수익을 기반으로 연금을 지급한다.
2) 자신이 재직 당시 맡겨둔 돈을 되찾는다는 측면에서 거부감이 작다.
3) 경제성장율, 해외의 경기 또는 실업률 등 거시경제변수가 변화할 때 지불능력의 문제에 봉착할 수 있다.
4) 특히 고령화(高齡化)시대를 맞아 부과방식에 비해 좀더 우월하다는 평가를 받는다.
5) 우리나라의 경우 적립방식으로 국민연금이 운용된다.

정답 3). 실업률 등 거시경제변수가 변화할 때 지불능력의 문제에 봉착할 위험이 있는 것은 부과방식이다. 완전 적립방식의 경우 적립된 금액 범위 내에서만 연금지급액이 결정되므로 이론상 지불능력의 문제(solvency)가 있을 수 없다.

12. 펠트스타인(Feldstein)의 실증분석에 의하면 미국은 국민연금제도 도입 이후 경제전체의 총저축이 38%나 감소되었다고 한다. 다음 중 국민연금이 총저축을 감소시킬 수 있는 경우를 올바로 설명한 것은?

1) 조기은퇴효과가 재산대체효과보다 크다.
2) 상속효과가 인식효과보다 크다
3) 조기은퇴효과보다 재산대체효과가 크다.
4) 상속효과보다 인식효과가 크다
5) 조기은퇴효과와 재산대체효과가 일치한다.

정답 3). 재산대체효과란 국민연금이 미래의 재산을 대신하므로 자발적 저축이 감소하는 현상을 말한다. 조기은퇴효과란 국민연금이 퇴직기간의 연장을 가져와 스스로 저축하는 마음이 고조되어 자발적 자축을 증가시키는 경우를 말한다. 연금도입 이후 저축이 감소하였다면 재산대체효과가 더욱 크다는 의미이다.

13. 국민연금제도에 대한 내용 중 사실과 다른 설명은 어느 것인가?

1) 부과방식에 의한 국민연금의 운용은 '본인의 기여'에 따른 수혜를 특징으로 하며 타인의 소득에 일체 의지하지 않는다는 점에서 긍정적이다.
2) 적립방식은 한국에서 사용하는 연금운용방식이며 연금지급에 있어 '지불능력의 문제'가 나타날 가능성이 작다.
3) 국민연금운용이 저축에 미치는 부정적인 효과는 자산대체효과로 대변된다.
4) 인식효과, 목표실현효과 등은 국민연금이 저축의 증가에 기여할 수 있음을 강조한다.
5) 만약 조기퇴직효과가 자산대체효과보다 크게 나타나면 국민연금 도입 이후 개인의 자발적 저축은 증가할 것이다.

정답 1). 부과방식은 선진국에서 시행하는 사회보장세라 생각하면 된다. 소득이 있는 사람들이 십시일반으로 부담하여 그 세대의 소득이 없는 사람에게 연금을 지급하자는 것이다. 따라서 세대간 재분배문제가 나타날 수 있으며 타인의 소득에 의해 본인의 부담이나 수혜액이 달라질 수 있다.

14. 국민연금이 제도화되면 민간의 자발적 저축이 감소할 것으로 예상된다. 그러나 국민연금의 도입 이후 자발적 자축이 증가할 것이라는 예상도 있다. 다음 중 국민연금이 자발적 저축의 증가에 기여한다는 주장만을 올바르게 묶어 놓은 것은?

가. 자산대체효과	나. 인식효과	다. 상속효과
라. 목표실현효과	마. 소득효과	

1) 나 라
2) 나 다 라
3) 가 나 마
4) 가 나 다 라
5) 가 나 다 라 마

정답 2). 자산대체효과는 국민연금의 도입으로 자발적 저축이 감소한다는 것을 설명한다. 반면 인식효과, 조기퇴직효과, 목표실현효과, 상속효과 등은 국민연금의 도입으로 자발적 저축이 오히려 증가한다는 주장이다.

15. 다음 중 자동안정효과를 갖는 '재정 장치'들을 올바르게 묶어놓은 것은?

가. 소득세의 초과누진세율	나. 부가가치세의 비례세율
다. 실업수당을 지급하는 고용보험제도	라. 정액적인 감가상각공제

1) 가 나
2) 가 다
3) 나 다
4) 가 라
5) 나 다 라

정답 2). 호황기 과열된 경기를 진정시키는(유동성의 억제) 불황기에는 총수요를 증가시킬 수 있는(유동성의 증가) 제도를 찾으면 된다. 대표적인 자동안정장치로는 소득세의 초과누진세율제도와 고용보험제도(실업수당제도) 등을 들 수 있다.

16. 다음 박스 안에 있는 한국의 제도 중 자동안정효과를 갖는 제도들만 올바르게 묶은 것은?

가. 개인소득세	나. 법인소득세	다. 고용보험제도	라. 재산세

1) 가, 나
2) 가, 나, 다
3) 나, 다, 라
4) 가, 다, 라
5) 가, 나, 다, 라

정답 2). 재산세는 신축성이 결여된 대표적인 세목이다. 누진적인 소득세와 법인소득세 그리고 고용보험제도는 대표적인 자동안정장치이다.

17. 질병의 불확실성에 대비하여 국민건강보험제도가 운영되고 있음에도 불구하고 병원을 방문할 때 병원비 중 일정액을 납부하고 있다. 그 이유를 가장 바르게 설명하는 것은?

1) 역선택 문제를 해소하기 위함이다.
2) 도덕적 해이 문제를 해소하기 위함이다.
3) 역선택과 도덕적 해이 모두를 해소하기 위함이다.
4) 자동안정효과를 극대화할 목적이다.
5) 승수효과를 극대화할 목적이다.

정답 2). 건강보험제도가 있음에도 본인에게 일정액의 부담을 요구하면 꼭 필요한 사람만 병원을 방문하게 된다. 이럴 경우 도덕적 해이 문제가 해소될 수 있으며 나아가 병원시설을 효율적으로 이용할 수 있을 것이다.

18. 고용보험제도에 대한 설명으로 타당하지 못한 것은?

1) 실직시 실업수당을 지급하는 것 이외에 직업능력 개발을 위한 노력도 한다.
2) 고용보험료 요율(料率)이 월 급여액의 0.6%에 불과하므로 경기안정효과는 없다.
3) 경기가 불황일 때 실업수당을 지급하므로 자동안정효과가 있다.
4) 일시적 해고를 촉진시키는 효과가 있다.
5) 실직시 실업수당을 수혜할 목적으로 매력적이지 않은 직종에도 취업 유인(誘因)이 있다.

정답 2). 고용보험제도의 자동안정효과는 호황기 실업보험료를 납부하는 계층이 많고 불황시 실업수당을 받는 계층이 많으므로 경기의 진폭을 완화시키는 효과를 의미한다. 따라서 낮은 보험료율이 자동안정효과 자체를 훼손시키는 것은 아니다.

19. 우리나라 연금의 급여에 대한 설명으로 타당하지 못한 것은?

1) 전체 가입자의 평균보수에 따라 연금급여가 결정된다.
2) 연금 가입기간 중 자신의 보수에 비례하여 연금지급액이 결정된다.
3) 기본연금액은 균등부분과 소득비례부분으로 구성되며 균등부분에 의한 연금지급액이 재분배효과를 낳는다.
4) 가입자의 보수수준이 낮을수록 소득대체율은 높다는 사실로부터 국민연금의 소득재분배효과를 알 수 있다.
5) 일단 가입기간이 20년을 초과하면 가입기간에 따른 연금급여액의 차이는 없다.

정답 5). 가입기간이 20년을 초과하면 20년을 초과하는 매 일 년당 5%씩 기본 연금액이 많아진다. 따라서 가입기간이 길수록 연금지급액은 많다.

20. 국민연금제도의 급여수준을 가늠하는 척도인 소득대체율(또는 연금급여율)을 가장 바르게 설명한 것은?

1) 연금급여액을 퇴직 이전 평균보수로 나눈 값이다.
2) 연금급여액을 총저축으로 나눈 값이다.
3) 연금급여액과 기타 부가 혜택이 퇴직 이전 총소득에서 차지하는 비율을 말한다.
4) 연금급여 총액이 조세수입에서 차지하는 비율이다.
5) 연금지급액을 목적세수입으로 나눈 값이다.

정답 1). 연금급여액을 퇴직이전 평균보수로 나눈 값을 말하며 그 값이 높을수록 퇴직 이후 가처분소득에 별 차이가 없다는 의미이다. 소득대체율이 50%라면 연금지급액이 퇴직 이전 평균보수의 절반이라는 의미이다.

기출문제

[문 1] 우리나라의 사회보험에 속하지 않는 것은? (2004 세무사)

① 국민건강보험 ② 국민연금
③ 고용보험 ④ 자동차 종합보험
⑤ 산업재해보상보험

정답 ④. 사회보험이란 강제적이며 공적인 운영을 특징으로 한다. 따라서 자동차 종합보험이란 전 국민을 대상으로 운용하는 강제적이며 공적인 보험은 아니다.

[문 2] 공공부조(public assistance) 프로그램에 대한 설명 중 적합한 것은? (2002 세무사)

① 건강보험제도가 이 범주에 들어간다.
② 여러 가지 재분배정책 중 재분배효과가 가장 미약하다.
③ 사회의 도움에 의존하려는 성향을 부추길 수 있다는 문제점을 갖고 있다.
④ 사전에 이 프로그램에 적립한 정도에 따라 혜택이 달라진다.
⑤ 이 프로그램은 빈곤의 근본적 퇴치방안이다.

정답 ③. 자신의 기여(적립)에 따라 금액이 달라지는 것은 국민연금(사회보험)이며 공공부조는 범주적으로 요건만 갖추게 되면 누구나 일정액의 혜택을 받는 제도이다. 저소득계층에게 확실하게 혜택이 돌아가므로 재분배효과는 강력하나 소득효과로 인해 근로의욕이 감소된다는 부정적 측면이 있다.

[문 3] 국민연금제도의 재원조달 방법에 대한 설명으로서 옳은 것은? (2005 세무사)

① 완전적립방식을 채택하면 제도의 지불능력에 문제가 생기지 않는다.
② 국민연금제도의 기본적인 목적은 노년인구의 노동공급을 증가시키는 것이다.
③ 완전적립방식하에서는 나이든 세대가 젊은 세대에 의존한다는 인식이 생기게 된다.
④ 부과방식하에서는 인구고령화에 따르는 문제가 발생하지 않는다.
⑤ 완전적립방식을 채택하면 이 제도에 나중에 가입한 사람일수록 유리하게 된다.

정답 ①. 적립방식의 특징이 자신의 기여에 따라 연금액을 되돌려 받는 제도이므로 지불능력의 문제가 없다는 점이 특징이다. 부과방식의 경우 세대간 분배의 문제가 발생할 수 있으며 특히 고령화가 급속도로 진행되면 지불능력의 문제에 심각하게 봉착하게 된다.

[문 4] 연금의 재원조달 방식과 관련된 설명 중 가장 옳지 않은 것은? (2003 세무사)

① 부과방식하에서는 인구증가율이 커질수록 후세대에게 유리하다.
② 적립방식하에서 수혜자는 기여한 바를 되돌려 받는다는 자부심을 가질 수 있다.

③ 이자율이 하락할 경우 부과방식보다 적립방식이 가입자에게 유리하다.

④ 완전적립방식하에서는 세대간 재분배가 발생하지 않는다.

⑤ 연금의 지불능력(solvency)과 관련하여 부과방식하에서는 불확실성과 불안정성이 존재한다.

정답 ③. 이자율이 하락하면 적립된 금액에 대한 이자소득이 감소하므로 적립방식에 다른 연금운용에 문제가 있다. 적립방식이란 기금으로 적립된 금액의 이자수익을 재원으로 운용하는 연금제도이기 때문이다.

[문 5] 국민연금제도의 도입이 저축과 노동공급에 미치는 효과에 관한 설명 중 가장 거리가 먼 것은? (2007 세무사)

① 재산대체효과로 민간의 자발적 저축은 감소한다.

② 은퇴효과와 상속효과는 저축을 증가시킨다.

③ 재산대체효과는 부과방식에서 국민 총저축(=민간의 자발적 저축+정부의 강제적 저축)을 감소시킨다.

④ 소득효과에 의해 조기은퇴하거나 노동시간이 줄어든다.

⑤ 재산대체효과는 적립방식에서 국민 총저축(=민간의 자발적 저축+정부의 강제적 저축)을 감소시킨다.

정답 ⑤. 펠트스타인(Feldstein)의 주장에 따르면 국민연금의 도입은 개인의 저축에 큰 영향을 미치며 연금의 저축효과는 재산대체효과와 조기은퇴효과로 구분할 수 있다. 자산(재산)대체효과란 국민연금의 존재로 민간의 자발적 저축이 감소하는 것을 의미하며 조기은퇴효과란 자발적 저축의 증가를 의미한다. 그러나 적립방식에 의한 연금운용은 기금형태로 해마다 (강제)축적이 되므로 총저축의 감소에 부정적 영향을 미치는 정도가 부과방식에 비해 작다.

[문 6] 국민연금제도의 도입이 저축에 미치는 영향에 대한 설명 중 옳지 않은 것은? (2002 세무사)

① 자산대체효과는 저축을 줄이는 효과를 가져온다.

② 은퇴효과는 저축을 늘리는 효과를 가져온다.

③ 상속효과는 저축을 줄이는 효과를 가져온다.

④ 인식효과는 저축을 늘리는 효과를 가져온다.

⑤ 국민연금제도의 도입이 저축을 줄인다고 단정하기는 힘들다.

정답 ③. 자산대체효과란 저축에 부정적일 뿐 조기은퇴효과, 인식효과, 상속효과 등은 저축을 증가시키는 효과이다.

[문 7] 국민연금이 저축에 미치는 영향에 대한 다음 설명 중 옳지 않은 것은? (2006 세무사)

① 정부의 강제저축 프로그램에 의하여 자발적인 저축의 필요성이 줄어드는 효과가 있다.

② 자식세대의 가처분소득 감소를 우려한 부모세대가 상속자산을 늘려주려는 시도를 해서 자발적인 저축이 늘어나는 효과가 있다.

③ 조기 은퇴를 유인하게 함으로써 은퇴에 대비한 자발적인 저축이 늘어나는 효과가 있다.

④ 일반적으로 민간저축을 감소시키는 효과가 존재한다는 연구결과물이 많다.

⑤ 위의 모든 효과를 고려할 때, 적립방식 하에서는 개인의 포트폴리오 구성만이 바뀔 뿐 국가 전체의 입장에서는 저축규모가 증대되지 않는다.

정답 ⑤. 국민연금의 자산대체효과는 저축의 감소로 조기퇴직효과는 자발적 저축의 증가로 나타난다. 인식효과, 목표실현효과 등도 자발적 저축의 증가로 나타난다. 연금운용이 적립방식(funded system)으로 이루어진다면 연금의 적립금액 자체가 국민 총저축이므로 연금운용 결과 누적되는 적립금 규모의 증가는 저축증가와 직결된다.

[문 8] 아래의 보기 중에서 국민연금 재정위기의 이유로 옳은 것으로만 짝지어진 것은? (2006 세무사)

㉠ 임금성장은 극적으로 느리다. ㉡ 시간이 지남에 따라 출생률이 증가한다. ㉢ 사람은 점점 장수한다. ㉣ 사람들이 최종적으로 퇴직하는 연령은 높아진다.

① ㉠, ㉢ ② ㉠, ㉣

③ ㉡, ㉢ ④ ㉡, ㉣

⑤ ㉢, ㉣

정답 ①. 국민연금의 위기상황은 출생율의 저하로 국민연금을 납부할 계층은 점차 감소하고 의료기술의 발달로 평균수명은 계속 높아지기 때문에 나타난다. 연금의 재원을 마련하는 데에는 한계가 있는데 연금지출액의 지속적으로 증가해야 하기 때문이다.

[문 9] 고용보험 제도를 실시할 경우 나타날 수 있는 경제적 효과로 적절하지 못한 것은? (2004 세무사)

① 경기가 호황일 경우 유효수요를 줄여 경기를 안정화시키는 기능이 있다.

② 노동인구로 분류되지 않았던 인구를 노동시장으로 유인하는 효과가 있다.

③ 불안정한 고용의 특성을 가진 업종으로의 노동력 유인효과가 감소한다.

④ 일시적 해고를 촉진하는 효과가 있다.

⑤ 새로운 일자리를 구하는 데 따른 기회비용은 줄어들 수 있다.

정답 ③. 불안정한 부문으로의 고용증대를 유발하는 효과가 있다. 과거에는 가지 않을 일자리라 하더라도 고용보험을 납부해야 실업수당을 받을 수 있으므로 노동력을 유인하는 효과가 있다.

제17장

공채와 재정적자

1. 공재발행의 근거와 정당성에 대한 견해

1-1. 근거

▸재정수지 적자의 보전을 위한 수단

▸경제안정을 위한 수단

1-2. 정당성

▸자기보상적 지출이면 정당성 있음

1-3. 이론적 근거

▸고전학파: 적자재정에 반대하였으므로 공채발행에 반대 입장

▸케인즈: 적극적 재정정책 수단으로 공채발행을 지지함

▸통화주의론자: 단기에 효과 있으나 장기적으로 "구축"되어 소득증가 효과 없음

• 구축효과: 공채발행으로 통한 지출증가가 민간의 소비와 투자를 감소시킴

2. 공채발행규모와 국가채무(공채규모가 곧 국가채무는 아님)

2-1. 사회간접자본(SOCs)의 축적에 사용된 경우

▸자본축적이 미래의 생산성향상에 기여하면 긍정적임

▸공채로 인한 적자 발생하나 전액 채무는 아님

2-2. 인적 자본(人的 資本)의 육성에 사용된 경우

▸인적자본의 축적이 미래 소득향상에 기여할 수 있음

▸미래의 소득향상에 기여하면 생산적이며, 혜택을 얻는 미래세대가 공채부담을 하는 것이 정당함

3. 공채발행의 경제적 효과

3-1. 승수효과

▸공채발행을 통해 마련된 재원으로 정부지출 또는 감세정책(減稅政策)을 사용하면 지출증가액(감세액) 이상으로 소득수준이 증가한다는 것

▸공채발행으로 마련된 재원을 정부지출 증가에 충당할 수 있음

• 승수 = 1/(1-b) [b=한계소비성향]

▸공채발행으로 마련된 재원을 감세(tax cut)재원으로 충당할 수 있음

• 승수 = b/(1-b)

▸감세로 인한 가처분소득의 증가가 총수요증가에 미치는 효과보다 정부지출 증가가 총수요의 증가에 미치는 효과가 더욱 큼

• 정부지출은 100% 지출증가효과 있으나 감세로 인한 가처분소득의 증가는 100% 지출증가효과가 있는 것은 아님

3-2. 구축효과

▸공채발행을 통한 정부지출 증가가 "이자율 상승"을 가져와 민간의 투자와 소비를 구축하므로 국민소득의 증가에 기여하지 못함

3-3. 흡인효과

▸공채발행 → 정부지출 증가 → 총수요증가 → 국민소득 증가 → 새로운 투자를 유인

▸승수-가속도 원리

4. 공채부담논쟁

4-1. 현재세대 부담설과 미래세대 부담설

▸현재세대 부담설

• 공채를 발행할 당시 사람들이 부담한다는 입장

• 공채인수를 위해 현재소비와 투자의 감소를 희생으로 보는 견해

▸미래세대 부담설

• 공채원리금 상환을 해야 하는 미래세대의 조세부담 증가를 희생으로 보는 견해

• 미래세대 부담설이 현실적으로 설득력 있음

4-2. Lerner의 주장

▸공채를 내부채무와 외부채무로 구분

▸외부채무의 경우 미래 조세부담 증가가 순부담임

▸내부채무의 경우 조세부담이 증가되는 사람과 원리금을 상환받는 사람이 공존하므로 순부담은 없음

4-3. Ricardo-Barro의 동등성원리(대등정리)

▸공채발행에 대한 원리금 상환시 조세부담의 증가를 정확히 예상하는 경우

▸조세와 공채의 차이 없음

• 조세 → 가처분소득의 감소 → 현재민간소비 감소

• 공채 → 원리금상환 위한 조세부담증가 예상 → 미래의 조세부담증가에 대비하여 저축증가 → 현재 소비의 감소

▸대등정리에 의하면 결국 현재세대가 소비지출 감소로 부담하게 됨

연 습 문 제

1. 기능적 재정(functional finance)에 대한 설명으로 올바른 것은?
   1) 경제안정에 주안점을 두고 재정수지를 활용한다는 것이다.
   2) 균형재정에 주안점을 두고 재정수지를 활용한다는 것이다.
   3) 정부의 재정수지 적자를 최소화하자는 것이다.
   4) 정부개입을 통해 고용안정과 물가안정을 동시에 달성하자는 것이다.
   5) 국내총생산(GDP)에서 공채의 누적잔액이 차지하는 비율이 100%를 초과하면 안 된다는 것을 골자로 한다.

   정답 1). 균형재정의 추구, 즉 세입과 세출의 일치를 강조하면 호황기 정부지출을 증가시키고 불황기 정부지출을 감소시키는 정책적 함정(陷穽)에 빠지게 된다. 재정운영의 목적은 경제안정에 있으므로 재정수지는 '장기적으로' 균형을 추구하되 눈앞의 불황을 극복하기 위해 적자재정의 운용도 가능하다는 것이 기능적 재정의 개념이다.

2. 공채발행을 통해 100억 원을 조달하여 정부지출 증가에 사용한 경우와 조세의 감축에 사용한 경우 국민소득증가규모에 대한 설명으로 틀리는 것은?(단, 한계소비성향은 0.8이라 가정한다.)
   1) 정부지출승수의 크기는 5이다.
   2) 조세(감세)승수는 4이다.
   3) 정부지출 증가의 결과 균형 국민소득은 500억 원 증가할 것으로 예상된다.
   4) 감세하면 균형국민소득이 400억 원 증가할 것으로 예상된다.
   5) 감세효과가 지출증가효과에 못 미치는 이유는 조세저항(tax revolt) 때문이다.

   정답 5). 정부지출이 100억 원 증가하면 사회전체의 지출액이 100억 원 증가한다. 100억 원 감세하여 가처분소득이 100억 원 증가하면 소비성향에 따라 소비지출에 미치는 효과가 다르다. 일반적으로 소비성향이 100%보다 작으므로 감세가 지출증가에 미치는 효과는 100억 원에 못 미친다.

3. 정부지출증가의 국민소득효과에 대한 비판적 견해 중 가장 대표적인 것이 바로 '구축효과(crowding-out effect)'인데, 다음 중 구축효과가 나타나는 원인에 대한 설명으로 가장 올바른 것은?
   1) 화폐공급의 증가 때문에 이자율이 상승하기 때문이다.
   2) 확장적 재정정책이 이자율 상승을 가져오기 때문이다.
   3) 확장적 재정정책과 금융정책이 이자율 상승을 유발하기 때문이다.
   4) 정부지출의 증가와 이에 따른 조세부담상승의 예상 때문에 시장이자율이 상승하기 때

문이다.

5) 공채발행을 통한 정부지출의 증가 때문에 시중의 채권가격이 상승하기 때문이다.

정답 2). 구축효과란 재정정책의 유효성에 대한 반론이며 확장적 재정정책이 시장의 이자율을 상승시켜 민간부문의 소비와 투자가 감소되어 나타나는 문제를 말한다.

4. 정부가 재정지출을 위한 충분한 재원이 없어 공채발행을 통해 적자재원을 조달하여 사용한다고 가정하자. 공채발행을 통한 재원조달의 결과 나타나리라 예상되는 결과에 대한 설명으로 가장 타당한 것은?

1) 공채발행으로 구축효과가 나타나 민간의 소비가 증가할 것이다.
2) 공채발행으로 구축효과가 나타나 민간의 투자가 감소할 것이다.
3) 공채발행으로 승수효과가 나타나 민간의 투자가 감소할 것이다.
4) 공채발행으로 승수효과가 나타나 민간의 소비가 감소할 것이다.
5) 공채발행의 결과 승수효과와 구축효과의 크기가 동일하다면 균형국민소득은 정부지출액만큼 증가한다.

정답 2). 구축효과란 정부지출 증가의 결과 이자율이 상승하여 민간의 소비와 투자가 감소하는 효과를 말한다.

5. 재정적자가 오히려 민간의 투자를 촉진한다는 견해와 가장 가까운 것은?

1) 구축효과(crowding-out effect)
2) 흡인효과(crowding-in effect)
3) 승수효과(multiplier effect)
4) 점검효과(inspection effect)
5) 전위효과(displacement effect)

정답 2). 적자재원을 통해 조달된 정부지출증가가 이자율상승을 가져와 민간의 투자를 구축한다는 것이 일반적인 구축효과이다. 반면 케인즈주의 경제학자들은 재정적자가 민간투자를 증가시킬 수 있음을 주장한다. 경기침체시 정부지출이 증가하여 국민소득이 증가하면 민간투자가 덩달아 상승할 수 있기 때문이다. 이를 흡인(crowding-in)효과라 한다.

6. 다음 내용과 가장 가까운 것은?

국채는 미래세대의 조세부담을 의미한다. 합리적인 경제주체들은 미래의 조세부담을 정확히 예상하여 미래세대를 위해 그만큼 더 많은 유산(遺産)을 남겨 준다. 따라서 현재 그들의 소비는 그만큼 감소하게 되며 미래세대 사람들은 유산의 증가와 조세부담의 증가가 정확히 일치하게 된다. 그렇다면 공채의 발행은 총수요에 어떠한 영향도 없을 뿐 아니라 민간부문의 경제활동에도 아무 영향이 없다.

1) 구축효과
2) 흡인효과
3) 대등정리
4) 억압효과
5) 유인효과

정답 3). Ricardo-Barro의 대등정리를 정리해 놓은 것이다. 정부가 공채발행을 통해 정부지출을 증가시켜도 이에 따른 조세부담의 증가를 정확히 예상하는 경제주체들이 소비를 억제하고 저축을 증가시키므로 총수요(AD)에 아무런 영향이 없다는 것이다.

7. 대등정리와 관련된 설명으로 틀리는 것은?

1) 정부지출의 크기가 정해져 있다면 조세수입으로 재원을 조달하든 아니면 공채발행 수입으로 재원을 조달하든 아무런 차이가 없다는 것이다.
2) 국채발행 이후 이자율이 상승하나 총수요에는 영향이 없다.
3) 구축효과와 결론은 동일하다.
4) 정부지출 증가가 "국민소득 확장에 효과적이지 못하다."는 결론을 도출하는 과정은 구축효과와 다르다.
5) 재정적자의 규모가 커질 때 민간부문의 저축이 증가한다면 대등정리가 현실적으로 입증되는 것이다.

정답 2). 정부지출증가로 대부자금시장에서 대부자금(loanable fund)에 대한 수요가 증가한다. 그러나 그와 동시에 민간부문의 저축이 증가하므로 대부자금의 공급도 함께 증가한다. 수요와 공급이 같은 크기로 함께 증가하면 가격(이자율)에는 변화가 없다.

8. 정부의 세입원천은 조세수입과 공채발행수입이다. 조세수입으로 충분하지 못한 경우 공채발행을 통한 재원조달이 가능하다. 공채발행을 통해 재원을 조달하는 것과 관련된 설명으로 가장 타당하지 못한 것은?

1) 공채발행에 따른 기회비용은 민간투자의 세전 수익률로 대신할 수 있다.
2) 공채발행을 통해 공공투자를 한다면, 투자재원의 회수가 가능한 부문에 투입되어야 공채발행이 정당성을 가질 수 있다.
3) 공채발행의 자산효과란 공채발행이 곧 민간자산의 감소를 가져와 민간소비에 부정적인 영향을 미치는 경우를 말한다.
4) Ricardo-Barro의 대등정리에 따르면 공채발행을 통한 재원조달은 민간의 총수요에 아무 영향을 미치지 않는다.
5) 만약 공채의 부담이 미래세대에 귀착된다면, 공채발행수입을 재원으로 하는 공공투자로 사회간접자본(SOC)의 확충과 같은 미래에 편익이 발생하는 사업이 적합하다.

정답 3). 자산효과란 민간소비의 증가에 기여한다. 자산효과란 공채잔액의 누적을 자산(wealth)의 증가로 착각하여 소비지출이 증가하게 되는 현상을 말한다.

9. 공채발행과 국가채무에 대한 설명으로 가장 타당성이 없는 것은?

1) 공채발행 잔액이 누적되면 국가채무는 그만큼 많아질 가능성이 있다.
2) 공채발행을 통해 재원을 조달한 뒤 사회간접자본의 형성에 투입한다면 미래세대의 실질적 부담은 없을 것이다.

3) 공채발행의 결과 시장이자율이 크게 상승한다면, 공채발행을 통한 정부지출증가가 국민소득을 증대시키기 곤란하다.
4) 공채발행 이후 원리금 상환을 위해 조세부담을 추가시키면 국민소득의 증가규모는 그만큼 작아질 가능성이 크다.
5) 승수효과(multiplier effect)만 나타난다면 공채발행을 통한 정부지출 증가정책은 바람직스럽지 않다.

정답 5). 승수효과란 정부지출 증가가 국민소득의 증가에 긍정적으로 작용한다는 의미를 담고 있다. 따라서 승수효과가 크다면 정부지출증가는 바람직한 정책이며 구축효과가 크다면 정부지출의 증가는 바람직하지 못한 정책이다.

10. 국채부담에 대한 전통적 견해를 설명한 것으로 타당하지 않은 것은?

1) 국채를 내부채무와 외부채무로 구분한다.
2) 외부채무의 경우 현재세대는 소비증가 편익이 있으나 원리금상환을 위해 조세부담이 많아지는 미래세대에게 부담이 귀착된다.
3) 내부채무의 경우 조세부담을 하는 사람과 상환을 받는 사람 모두 국내에 있으므로 미래세대 내부에서 소득의 이전만 있을 뿐 소비수준이 하락하는 것은 아니다.
4) 내부채무와 외부채무 중 외부채무만 미래세대의 부담으로 간주한다.
5) 외부채무를 정부가 투자재원으로 활용했다면 미래세대의 부담은 더욱 무거워진다.

정답 5). 러너(Lerner)의 경우 채무를 내부채무와 외부채무로 구분한 뒤 내부채무는 미래세대로 전가될 이유가 없다고 보았다. 미래 조세부담을 더하는 계층이 있으나 동 계층에서 원리금을 상환 받는 사람들이 있으므로 그들끼리 소득을 이전하는 것에 불과하기 때문이다. 외부채무의 경우 현재세대는 소비를 더할 수 있어 이득이나 조세부담을 더해야 하는 미래세대가 부담하게 된다. 그러나 외채를 정부투자재원으로 활용하여 수익이 창출되었다면 그 혜택을 미래세대가 얻는 것이므로 그들의 부담은 그만큼 가벼워지는 것이다.

11. 다음 설명 중 타당성이 없는 것은?

1) 소비의 성격이 강한 정부지출은 조세수입을 재원으로 하는 것이 타당하다.
2) 조세수입을 재원으로 할 때 한꺼번에 부과하는 반면 공채의 경우 여러 번으로 쪼개어 세금을 거둔다고 하자. 같은 금액을 조달할 때 조세보다 공채에 의한 재원조달이 더 비효율적이다.
3) 투자의 성격을 갖는 정부지출은 공채발행을 통한 재원조달이 타당하다.
4) 미래세대로부터 현재세대로 소득을 이전해야 할 필요성이 있다면 공채에 의한 재원조달이 타당하다.
5) 정부지출증가로 미래 생산성이 증가된다면 공채발행을 재원으로 하는 것이 마땅하다.

정답 2). 공채발행의 부담이 미래세대로 이전되므로 미래세대에 편익이 돌아가는 사업의 경우 공채발행수입으로 재원을 조달하는 것이 좋다. 초과부담의 최소화라는 효율성 측면에서는 한꺼번에 징수하는 조세수입보다 만기를 달리하여 여러 차례 나누어 징수하는 공채발행이 더 효율적이다.

기출문제

[문 1] 국채발행에 관한 설명 중 옳은 것은? (2007 세무사)

① 러너(A. Lerner)에 의하면 미래에 발생하는 국채이자는 부담자와 수령자가 다르므로 국채는 미래세대의 순부담으로 작용한다.

② 국채는 미래조세로 인식되므로 국채발행은 미래세대의 부담이 된다는 것이 리카도 등가정리(Ricardian equivalence theorem)의 결론이다.

③ 케인즈(J. M. Keynes)는 경기대응을 위해 적자재정이 불가피하더라도 이를 국채발행으로 조달하는 것은 바람직하지 못하다고 하였다.

④ 뷰캐넌(J. Buchanan)에 의하면 현세대가 자발적으로 미래소비와 현재소비를 대체하는 과정에서 국채발행을 선택한 것이므로 국채는 현세대의 부담이 되지 않는다.

⑤ 고전학파는 국채가 미래세대의 부담은 되지만 공공재원 조달을 위한 좋은 방안이라고 믿고 있었다.

정답 ④. 고전학파는 공채발행에 반대하였으며 케인즈 이후 공채를 통한 적자재정정책이 경기안정에 도움을 준다고 믿었다. 케인즈학파인 러너(A. Lerner)의 경우 외부채무의 경우 미래세대로 부담이 전가되지만 내부채무의 경우 미래세대로의 전가문제가 없다고 보았다.

미래세대 부담설을 주장하는 부캐난(J. Buchanan)의 경우 현재 세대 사람들은 공채를 자발적으로 구입하는 한 부담이 없으나 공채의 원리금상환을 위해 강제로 조세부담을 해야 하는 미래세대의 경우 부담이 있다고 본다.

[문 2] 국채발행이 국민경제에 미치는 효과에 대한 설명 중 적절하지 않은 것은? (2004 세무사)

① 전통 케인즈학파에서는 국채발행을 통해 조세부담을 경감함으로써 총수요가 증가한다고 주장한다.

② 통화주의자들은 국채발행이 구축효과를 유발하여 총수요에는 거의 변화가 없다고 주장한다.

③ 리카도의 대등가설에 따르면 국채발행은 미래 조세부담의 증가를 의미하기 때문에 총수요의 촉진효과가 나타나지 않게 된다.

④ 뷰캐넌은 개인적인 관점에서 국채를 자발적으로 구입할 경우 현재세대는 어떠한 실질부담도 지지 않는다고 주장한다.

⑤ 러너는 국채가 국내에서 소화되는 내부채무의 경우 세대간 부담이전을 야기한다고 주장한다.

정답 ⑤. 러너의 경우 공채를 내부채무와 외부채무로 구분한다. 내부채무(internal debt)는 그 나라 국민들로부터 돈을 빌리는 것이며 외부채무(external debt)란 해외에서 빌려온 돈을 말한다. 내부채무는 미래세대의 순부담으로 귀착되지 않는다고 하였다. 왜냐하면 동 세대 사람들 중 일부가 조세부담을 더하는 것은 사실이나 원리금을 상환받는 계층도 바로 그들이기 때문이다.

그러나 외부채무의 경우 해외차입의 결과 현재세대의 소비지출은 증가한다. 그러나 원리금을 상환해야 하는 미래세대의 조세부담은 증가하게 된다. 결국 외부채무는 미래세대의 부담을 담보로 한 현재세대의 소비증가에 불과한 것이므로 미래세대에 그 부담이 귀착된다고 할 수 있다.

[문 3] 리카도(Ricardo)의 대등정리(equivalence theorem)가 현실에서 성립한다고 할 경우 국채를 발행할 때 나타나는 현상을 바르게 설명한 것은? (2005 세무사)

① 국채의 발행은 궁극적으로 미래세대의 부담이 된다.

② 국채의 발행은 궁극적으로 현재세대의 부담이 된다.

③ 국채의 발행으로 인한 부담은 현재세대와 미래세대가 분담하며, 현재세대의 부담이 미래세대보다 커진다.

④ 국채의 발행으로 인한 부담은 현재세대와 미래세대가 분담하며, 미래세대의 부담이 현재세대보다 커진다.

⑤ 국채의 발행으로 인한 부담은 현재세대와 미래세대가 분담하며, 현재세대와 미래세대가 동등하게 분담한다.

정답 ②. 대등정리에 따르면 국채발행이 미래 조세부담의 증가를 가져올 것이라 생각하여 현재소비를 줄이고 저축을 더한다는 것이다. 정부가 국채발행으로 지출을 증가시킴과 동시에 민간의 소비지출이 감소하므로 소득확장의 효과는 없다. 결국 현재세대의 소비지출이 감소하므로 공채의 부담은 현재세대로 귀착되는 것이다.

[문 4] 감세에 비해서 동일금액의 정부지출을 증가시키는 것이 국민소득에 미치는 효과가 크게 나타나는 이유는? (2002 세무사)

① 감세에 의한 가처분소득의 증가분은 다른 소득에 비해서 빨리 지출되기 때문이다.

② 정부지출의 증가는 통상 화폐발행의 증가를 통해서 이루어지기 때문이다.

③ 감세는 새로운 정부세입을 창출하기 때문이다.

④ 감세가 이루어지는 분야에 비해서 정부지출이 이루어지는 분야의 생산성이 높기 때문이다.

⑤ 감세에 의한 가처분소득 증가분을 가계가 전액 지출하는 것은 아니기 때문이다.

정답 ⑤. 정부지출증가는 전액 총수요 증가에 기여한다. 그러나 감세를 하면 가처분소득이 증가하나 가처분 소득 증가분 전액이 소비지출의 증가로 연결되는 것은 아니다. 가처분 소득의 증가분 중 일부는 저축으로 충당되기 때문이다.

제18장

지방재정이론

1. 지방재정의 존재 의의

1-1. 지방정부의 존재의의

▸지방공공재의 효율적 공급을 주체로 지방정부가 적합함

• 지역주민의 공공재에 대한 선호를 잘 반영할 수 있으므로 효율적 배분에 유리함

▸소득분배와 경제안정을 위한 노력은 중앙정부가 주체가 되는 것이 적합하며 지방정부는 공공재의 효율적 배분에 적합함

1-2. 역할분담

▸공평기능과 경제안정기능은 중앙정부가 담당하는 것이 효과적임

• 초과누진세율의 적용문제, 불로소득에 대한 중과세문제 등

• 재정정책이나 금융정책 수단을 활용하여 경제안정을 추구하는 문제

▸효율적 재원배분의 핵심은 무임승차자 문제에 있음

• 지역주민의 선호를 가장 잘 파악하는 것이 지방정부임

2. 재정분권화의 이론적 근거

2-1. Oates의 분권화정리

▸지방분권적인 의사결정의 결과 효율적 배분 가능

▸중앙정부가 개입하면 평균적인 수준으로 공급하게 됨

• 많은 공공재를 선호했던 지역은 과소배분 때문에 후생상실
• 적은 수준의 공공재를 선호하는 지역은 과다배분 때문에 후생상실

2-2. Tiebout의 발에 의한 투표

▸ 다수의 지방정부, 완전한 정보, 외부성 없음 등 엄격한 가정 필요함
▸ 개인 스스로 자신이 선호하는 지역을 선택하는 소위 '발에 의한 투표'를 통해 자신의 선호를 모두 밝힘
  • 무임승차문제 배제되므로 지방공공재의 겨우 파레토 효율적 배분이 가능함
▸ 발에 의한 투표의 결과 동일지역 거주자는 선호와 소득이 유사할 것으로 예상됨

2-3. 지방공공재의 공급에 중앙정부가 개입하는 것이 유리한 경우

▸ 규모의 경제효과가 있는 경우
▸ 지방공공재의 외부성이 존재하는 경우

3. 지방재정조정제도

3-1. 재정조정의 의의 및 방법

▸ 재정력이 큰 중앙정부가 재정력이 취약한 지방정부에게 재원을 이전함
▸ 지방공공재의 외부성 시정을 위해 필요함(spill-over)

3-2. 각종 교부금과 경제적 효과

▸ 무조건부 비대응보조금
  • 상대가격의 교란은 없으므로 소득효과만 존재
  • 지역간 소득격차의 시정에 효과적
  • 징세노력(tax effort)에 부정적으로 작용함
▸ 조건부 대응보조금
  • 상대가격변화로 선택의 교란 있음
  • 특정 공공재공급에 효과적이며 징세노력에 긍정적
  • 지방정부도 일정비율 부담해야 하므로 '빈익빈 부익부'효과 있음
▸ 조건부 비대응보조금

• 중앙정부가 지정한 공공재의 추가공급에 활용하므로 지방정부의 자주성은 없음
• 상대가격 교란효과는 없음

3-3. 교부금과 공공재공급효과: 끈끈이효과

▸이론적으로 보조금 유형별로 공공재 공급효과의 차이가 있음
• 무조건부 보조금의 경우 사적재와 공공재 공급에 모두 효과 있음
• 조건부 정률보조금의 경우 공공재 상대가격하락으로 공공재의 추가공급효과 큼
▸현실적으로 보조금 유형에 관계없이 대부분의 보조금이 지방공공재의 확충에 사용됨
▸지방정부의 관료와 중앙정부의 관료는 그 속성이 동일함
• 지방정부의 관료가 중앙 관료와 속성이 유사하여 예산사업에만 관심이 있음

3-4. 한국의 지방재정조정제도

▸지방교부세: 내국세수입의 19.24%를 재원으로 배분함
• 무조건부 보조금과 유사함
▸국고보조금: 사업별로 중앙정부가 지원함
• 조건부 보조금과 유사함
▸지방양여금
• 2005년 이후 폐지되어 지금은 시행하고 있지 않음

4. 지방세

4-1. 지방세의 종류 및 구분

▸재산의 보유사실에 대한 조세: 종합토지세, 재산세 등
▸재산의 이전사실에 대한 조세: 등록세, 취득세 등

4-2. 지방세체계의 문제점과 개선방안

▸재산의 이전사실에 대한 조세의 비중이 지나치게 많음
▸지방세에서 큰 비중을 차지하는 주요 조세의 세수탄력성이 매우 낮아 신축성 없음

4-3. 재산세에 대한 이론적 견해

▸전통적 견해; 역진적 귀착

- 토지과세는 조세환원(자본화)되어 재분배효과 있으나 건물과세는 세입자에게 전가되어 역진적임
- 전에 재산에서 건물이 차지하는 비중이 크므로 총체적 귀착은 역진적임

▸새로운 견해; 누진적 귀착

- 재산, 즉 건물이나 토지는 공급이 가격에 비탄력적이므로 소유자에게 귀착될 가능성이 큼

연 습 문 제

1. 중앙집권이 지방분권에 비해 갖는 정점에 대한 설명으로 틀리는 것은?
   1) 재정정책이나 통화정책 수단들을 중앙정부가 가지고 있으므로 경제안정을 위한 노력은 중앙정부 차원에서 이루어지는 것이 바람직하다.
   2) 지방정부 차원에서 재분배정책이 이루어지면 지역간 재분배정책에 차이가 없을 뿐 아니라 지역간 인구의 이동이 적을 것으로 예상된다.
   3) 국방서비스와 같이 범국가적 차원에서 공급되어야 할 공공서비스의 경우 중앙정부가 주체가 되어 공급을 담당하는 것이 효율적이다.
   4) 외부성이 강한 공공서비스의 경우 중앙정부가 공급을 담당하는 것이 효율적이다.
   5) 행정규모를 크게 만드는 것 때문에 경제적으로 이득이라면, 즉 규모의 경제가 현저히 존재하는 경우 중앙정부가 공급주체가 되는 것이 효율적이다.

   정답 2). 재분배정책을 지역별로 달리 시행하면 지역별로 재분배정책의 내용에 차이가 있을 수밖에 없다. 따라서 같은 소득을 가진 자임에도 불구하고 특정 지역에 거주한다는 이유로 많은 조세부담을 해야 한다면 그들은 타 지역으로 이주하게 될 것이다.

2. 지방분권제도의 장점을 설명하는 내용으로 틀리는 것은?
   1) 중앙정부가 획일적으로 공공서비스를 공급하는 것이 각 지역의 특수한 여건을 반영하여 공급하는 것에 비해 효율적이다.
   2) 중앙집권에 비해 지방분권적으로 공급할 때 주민들이 조세부담을 정확히 인식하여 효율적 정책수행이 가능해 진다.
   3) 지방분권적으로 공급될 때 지방정부 사이에 경쟁이 이루어져 효율성이 배가(倍加)된다.
   4) 지역주민들의 선호를 충실하게 반영할 수 있다는 측면에서 지방분권적 의사결정이 효율성을 갖는다.
   5) 규모의 경제나 외부성이 있을 때에는 지방공공재라 하더라도 중앙정부가 공급에 참여하는 것이 효율적이다.

   정답 1). 지역간의 특수한 선호 또는 지역 주민의 독특한 선호 등을 반영할 수 없다는 것이 중앙집권적 체제의 한계이다. 따라서 각 지역의 특수한 여건을 반영한다는 측면에서 지방분권적 체제가 우위에 있다.

3. 최근 어떤 나라이든 중앙정부가 차지하는 비중이 큰 것이 보통이다. 중앙집권(집중)의 정도를 측정하기 위한 지표로 중앙집권화율(centralization ratio)이 이용되는데 다음 중 중앙집권화율로 올바른 것은?
   1) 정부의 총지출에서 중앙정부의 직간접 지출, 즉 총지출이 차지하는 비중이다.
   2) 정부 총지출에서 중앙정부의 직접 지출이 차지하는 비중이다.
   3) 중앙정부 총지출이 정부의 총지출에서 차지하는 비중이다.
   4) 중앙정부 총지출에서 정부의 직접지출이 차지하는 비중이다.
   5) 정부 총지출에서 정부 총지출과 중앙정부 총지출의 격차가 차지하는 비중이다.

정답 2). 중앙집권화율은 정부 총지출에서 중앙정부의 직접 지출이 차지하는 비중을 말한다. 중앙정부의 직접 지출이란 중앙정부의 총지출에서 중앙정부가 지방정부에게 제공한 보조금을 제외된 금액이다.

4. 분권화정리(decentralization theorem)에 대한 설명으로 타당한 것은?
   1) 모든 공공재 공급에 중앙정부가 참여하는 것이 효율적이다.
   2) 국가 공공재는 중앙정부가 지방 공공재는 중앙정부와 지방정부가 함께 공급하는 것이 효율적이다.
   3) 지방공공재에 관한 의사결정에서 중앙정부가 획일적으로 결정을 하는 것보다 지방정부가 자율적으로 결정하는 것이 효율적이다.
   4) 사람들의 선호에 차이가 있으면 중아정부가 획일적으로 공급하되 산호가 획일적이면 지방성부가 남낭하는 섯이 효율석이다.
   5) 지방정부는 예산규모가 적은 사업에 중앙정부는 예산규모가 큰 사업에 각각 투입되는 것이 효율적이다.

정답 3). 분권화 정리란 다음과 같다. 지방공공재의 공급에 있어 중앙정부가 공급에 관련된 의사결정을 하는 것에 비해 지방정부가 스스로 결정하는 것이 더욱 효율적이라는 것이다.

5. 공공재 공급과 관련하여 완전일치의 상태(perfect correspondence)에 대한 설명으로 틀리는 것은?
   1) 국가공공재의 경우 중앙정부가 공급을 담당해야 업무분담이 제대로 된 것이다.
   2) 지방공공재의 성격을 갖는 공공서비스는 지방정부가 공급을 담당해야 업무분담이 제대로 이루어진 것이다.
   3) 완전일치 상태라면 국가공공재의 비중이 클수록 중앙정부의 비중이 커야 한다.
   4) 공공재 소비자들이 거주하는 지역을 대표할 수 있는 정부가 해당 공공재를 책임지고 공급할 때 완전일치 상태라 할 수 있다.
   5) 완전일치의 상태를 가정할 때 특정 지역에서 공급된 공공서비스 혜택이 다른 지역으

로 유출될 수 있다.

정답 5). 완전일치 상태란 공공재공급을 책임지는 정부가 명확히 구분되어 업무분담이 잘 이루어진 상태이므로 외부효과가 발생할 이유가 없다. 지방공공재는 지방정부가 국가공공재는 중앙정부가 완벽하게 업무분담하여 공급하므로 편익이 유출될 가능성은 없다.

6. 티부모형(Tiebout model)에 대한 설명으로 틀리는 것은?

1) 비경합성이 완벽한 공공재를 분석대상으로 한다.
2) 지방공공재의 공급에 있어 분권화된 배분체계가 바람직하다는 것이다.
3) 여러 지역사회가 존재하고 사람들이 발에 의해 투표하면 지방공공재의 배분이 효율적으로 이루어진다는 점을 강조한다.
4) 특정 지역에서 공급된 공공서비스(예, 도로서비스)의 편익이 다른 지역 주민들에게 유출되지 않는다고 가정한다.
5) 각 지역에서 제공하는 공공서비스와 조세부담에 대한 완전한 정보를 전제한다.

정답 1). 티부모형은 지방공공재 공급의 효율적 배분에 관한 모형이다. 국가공공재(순수공공재)의 최적배분은 새뮤얼슨모형을 통해 배운 바 있다. 지방공공재는 편익의 파급범위가 지리적으로 한정되어 있으므로 비경합성이 완전한 것은 아니다. 소비에 참여하는 사람의 수가 많아질수록 공공서비스 소비로부터 얻는 한계편익이 점차 감소하기 때문이다.

7. 티부(Tiebout)가 말하는 '발에 의한 투표'와 가장 밀접한 내용은?

1) 자신의 지역구를 자주 방문하는 사람일수록 국회의원에 당선될 확률이 높다.
2) 손님이 많은 음식점일수록 음식 맛이 좋을 가능성이 크다.
3) 동일지역에 거주하는 주민들은 선호(選好)와 소득(所得)수준이 유사할 것이다.
4) 지역주민들이 직접 선출한 구청장일수록 효율적인 업무추진을 할 수 있다.
5) 구민회관 건립에 있어 지방정부의 선호와 구민(區民)의 선호에 아무런 차이가 없다.

정답 5). 지역주민의 선호에 따라 공공재가 공급될 때 파레토최적배분이 가능하다는 것이다. 제반 여건이 갖추어질 때 자신이 원하는 지역을 자신의 거주지로 결정한다고 해서 "발에 의한 투표"라 한다. 완전한 정보의 상황에서 이루어진 최종균형의 결과, 같은 지역을 거주지로 선택한 사람들은 소득수준과 선호가 유사할 것으로 예측할 수 있다.

8. 지방공공재의 효율적 공급에 관한 모형 중 "Tiebout 모형"의 경제적 의의에 대한 설명으로 올바른 것은?

1) 중앙정부는 다수의 국민이 선호하는 것을 공공재로 채택해야 효율적이다.
2) 주민의 선호가 직접 표출되는 것보다 의회를 통해 간접적으로 표출될 때 공공재의 효율적 공급이 가능하다.
3) 주민의 선호가 의회를 통해 표출되는 것보다 직접 표출되는 것이 공공재의 효율적 공

급에 더욱 유리하다.

4) 공공재공급에 대한 의사를 직접 표명하기 곤란한 경우 통신수단을 통해서라도 자신의 의사가 전달될 수 있도록 해야 한다.

5) 지역주민의 선호가 빠짐없이 반영되어 지방공공재가 공급된다면 파레토 효율적 배분이 가능하다.

정답 5). 티부모형의 핵심은 '발에 의한 투표'라는 사실을 이해하면 된다.

9. 다음 설명과 가장 가까운 내용은?

북한산 아랫자락에 있는 맑은 공기로 유명한 종로구 평창동에서 단독주택 건설 허가를 받으려면 최소 300평을 구입해야만 가능하다.(가정) 따라서 대지 300평을 구입하기 위한 자금 15억원이 없는 가구는 이 마을에 살 엄두조차 낼 수 없다. 따라서 이 마을에는 소득수준이 높은 사람들만 거주하고 있다.

1) 분권화 정리
2) 티부모형
3) 바그너 법칙
4) 보몰현상
5) 파킨슨법칙

정답 2). 특정 지방정부가 해당 지역에 건설될 주택의 규모를 미리 정하여 저소득층의 진입을 막는 형태이다. 선진국의 많은 도시에서 흔히 볼 수 있는 배타적 구획규제(exclusionary zoning regulations)와 유사한 것으로 같은 지역에 같은 소득수준의 사람들이 거주하게 된다는 티부모형과 결과는 마찬가지이다.

10. 중앙정부가 재정능력이 취약한 지방정부에 각종 지원을 하는 재정조정제도와 관련된 설명으로 틀리는 것은?

1) 한 지역에서 공급된 공공재의 편익이 다른 지역으로 파급되므로 이에 대한 보상의 차원에서 보조금을 지급한다.

2) 지역간 외부성문제의 해결을 위해 피구(Pigou)적 방식을 도입하는 것이다.

3) 재정능력이 있는 중앙정부가 재정능력이 취약한 지방정부에게 재원을 이전하며 조세수입을 나누어 사용한다는 의미가 있다.

4) 중앙정부가 특정 공공재의 생산과 공급과 관련된 모든 기능을 지방정부에 위임한 경우 보조금을 지급할 명분이 있다.

5) 지방정부의 공공재 공급에 중앙정부가 간섭을 하는 것이므로 재정민주주의에 위배되어 바람직하지 못하다.

정답 5). 공공재의 외부효과 해결, 지역간 재정능력 불균형 해소, 중앙정부의 업무를 지방정부에 위임한 경우 등이 중앙정부가 지방정부에게 보조금을 지급할 정당성의 근거라 할 수 있다.

11. 무조건부 보조금에 대한 설명으로 올바른 것은?

1) 징세노력(tax effort)을 촉진한다.
2) 소득효과와 대체효과가 동시에 발생한다.
3) 지방공공재의 추가 공급에 가장 효과적이다.
4) 재화간 선택을 교란하지 않고 조세부담 경감효과가 있다.
5) 지역주민들의 사용재(私用財)소비증가에는 일체 기여할 수 없다.

정답 4). 무조건부 보조금은 지역주민들 입장에서 보면 소득의 증가효과만 있으므로 선택의 교란효과는 없다. 아울러 재원의 일부를 사용재 소비량 증가에 사용할 수 있으므로 주민들의 조세부담이 경감되는 효과가 있다.

12. 조건부 비대응보조금에 대한 설명으로 올바른 것은?

1) 소득효과와 대체효과가 동시에 발생한다.
2) 중앙정부의 제약없이 지방정부가 자주적으로 재원을 활용할 수 있다.
3) 공공재 소비량이 특정 수준을 초과하면 무조건부 보조금과 동일한 효과를 갖는다.
4) 보조 이후 사용재 소비량 증가는 일체 기대할 수 없다.
5) 징세노력의 향상에 효과적이다.

정답 3). 중앙정부가 특정 공공재 공급을 지적하며 지급하는 보조금이므로 지방정부 입장에서 자주성(自主性)은 없다. 그러나 공공재 소비량이 일정 수준을 초과할 때 무조건부 보조금과 차이가 없다. 보조금 지급이후 사용재의 소비량이 증가할 수 있으므로 조세부담 경감효과 또한 없는 것은 아니다.

13. 다음 중 조건부 대응보조금(matching grant)에 대한 설명과 무관한 것은?

1) 지방공공재의 추가공급에 효과적이다.
2) 지방정부에게 징세노력(tax effort) 유인을 준다.
3) 공공재의 상대가격을 변화시켜 효율성 측면에서 다른 보조금에 비해 열위에 있다.
4) 지방정부의 부담비율이 명시되어 있는 것은 아니다.
5) 많은 자주재원을 확보한 지방정부일수록 중앙정부로부터 많은 보조금을 받을 수 있다.

정답 4). 중앙정부와 지방정부 사이의 경비분담비율이 명시되어 있어 많은 자주재원을 조성한 지방정부일수록 중앙정부로부터 많은 보조금을 받을 수 있다.

14. 중앙정부가 지방자치단체에게 지급하는 지방재정교부금(grant) 중 지방정부의 자주재원확보노력(tax efforts)에 가장 긍정적으로 작용하는 것은?

1) 무조건부 교부금
2) 조건부 대응보조금
3) 조건부 비대응 보조금
4) 조건부 폐쇄형 대응보조금
5) 지방양여금

정답 2). 대응보조금은 일정하게 정해진 중앙정부와 지방정부 사이의 경비분담비율에 따라 중앙정부의 교부금액이 결정되므로, 자주재원을 많이 확보한 지방정부가 중앙정부로부터 많은 보조금을 받을 수 있으므로 세입확보노력(tax effort)에 긍정적으로 작용한다.

15. 다음 중 "끈끈이효과(flypaper effect)"를 가장 정확하게 표현한 것은?

1) 지방정부는 중앙정부로부터 반드시 보조금을 지원받아야만 재정운용이 가능하다.
2) 중앙정부가 지방정부에게 지급한 보조금을 지방 관료들이 임의로 처분하여 공공재의 질이 저하되는 문제가 있다.
3) 지방정부에게 지급한 보조금이 지역주민들의 소득보조재원으로 활용되어 공공재의 공급규모가 작아지는 문제가 있다.
4) 중앙정부가 지역주민들의 선호를 정확하게 파악하지 못한 경우 보조금의 자원배분효과는 작아진다.
5) 지방 관료들은 중앙정부로부터 지급받은 보조금을 지방공공재를 추가로 공급하는 데에만 사용하려 한다.

정답 5). 지방정부의 관료들은 중앙정부의 관료들과 마찬가지로 공공재의 추가공급에만 관심이 있다. 따라서 어떤 유형의 보조금이 지급되어도 보조금을 지방공공재의 추가공급에만 사용하려 한다.

16. 다음 중 끈끈이 효과(flypaper effect)에 대한 설명으로 가장 적합한 것은?

1) 지방정부의 관료들은 중앙정부가 지급하는 보조금 중 조건부 대응 보조금을 가장 선호한다.
2) 지방정부의 관료들은 중앙정부가 지급하는 보조금 중 조건부 비대응 보조금을 가장 선호한다.
3) 지방정부의 관료들은 중앙정부가 지급하는 보조금 중 무조건부 대응 보조금을 가장 선호한다.
4) 지방정부의 관료들은 중앙정부가 지급하는 보조금 중 무조건부 비대응 보조금을 가장 선호한다.
5) 지방정부의 관료들은 중앙정부가 지급하는 보조금을 항상 대규모의 예산사업을 위해 지출하려 한다.

정답 5). 파리잡이 끈끈이 효과란 중앙정부가 지급하는 보조금의 유형에 관계없이 모든 보조금을 지방공공재의 추가 공급에 사용하려 하는 지방관료의 속성을 말한다.

17. 우리나라 지방세의 문제점에 대한 설명으로 올바른 않은 것은?

1) 재산보유사실에 대한 조세의 비중이 낮다.
2) 소득 변화에 따른 조세수입의 탄력성이 지나치게 높다.
3) 재산의 거래사실이나 이전사실에 대한 조세의 비중이 높다.

4) 지방세의 과세표준이 되는 재산평가액이 실제 재산의 거래가액에 비해 낮다.

5) 지방세수입이 재정수요에 부응할 만큼 충분치 못하여 재정자립이 곤란하다.

정답 2). 우리나라 지방세가 안고 있는 가장 큰 문제점이 재산의 보유사실에 대한 조세의 비중이 낮다는 점이다. 우리나라는 등록세나 취득세와 같이 재산 이전사실에 대한 조세의 비중이 높은 편이다. 따라서 국민소득의 변화에 따른 조세수입의 탄력성은 낮을 수밖에 없다.

18. 재정자립도를 올바르게 설명한 것은?

1) 지방정부 총세입에서 지방세수입이 차지하는 비중이다.

2) 지방정부 총세입에서 지방세와 세외수입이 차지하는 비중이다.

3) 지방정부 총세입에서 지방교부세 수입이 차지하는 비중이다.

4) 지방정부 총세입에서 지방교부세와 국고보조금 수입이 차지하는 비중이다.

5) 지방정부 총세입에서 지방세, 지방교부세 및 국고보조금 수입이 차지하는 비중이다.

정답 2). 재정자립도란 중앙정부에 의존하는 재원 이외에 지방정부가 자주적으로 확보하는 재원이 지방정부의 총세입에서 차지하는 비율을 말한다. 자주재원이란 지방세와 세외수입이며 중앙정부에 의존하는 재원은 지방교부세와 국고보조금이다. 따라서 지방교부세나 국고보조금이 차지하는 비중이 높다는 것은 재정자립도가 낮다는 의미이다.

19. 우리나라 지방정부의 총세입에서 차지하는 비중이 가장 큰 재원으로 올바른 것은?

1) 지방세
2) 세외수입
3) 지방교부금
4) 국고보조금
5) 지방양여금

정답 1). 자주재원인 지방세와 세외수입 중 지방세 수입이 차지하는 비중이 가장 크다. 중앙정부에 의존재원 중에서는 지방교부금이 차지하는 비중이 가장 크다. 지방교부금은 내국세 수입의 19.24%로 고정되어 있으며 지방양여금은 2005 회계연도부터 없어진 제도이다.

20. 우리나라 지방세 중 목적세를 열거한 것으로 올바른 것은?

1) 도시계획세

2) 도세계획세, 사업소세

3) 도시계획세, 사업소세, 종합토지세

4) 도시계획세, 사업소세, 종합토지세, 종합부동산세

5) 도시계획세, 사업소세, 종합토지세, 재산세

정답 2). 국세 중 목적세는 교육세, 교통세, 농어촌특별세 등 세 가지이며 지방세 중 목적세는 도시계획세와 사업소세 두 가지이다. 종합토지세나 재산세는 지방세 중 일반세(보통세)이며 종합부동산세는 중앙정부가 징수하는 국세이다.

기출문제

[문 1] 중앙집권적 정부보다 지방분권적 정부가 더 바람직하다고 말할 수 있는 경제적 근거로서 가장 타당한 것은? (2004 세무사)

① 공평한 소득분배
② 지방공공재의 효율적 공급
③ 순수공공재의 효율적 공급
④ 거시경제의 안정
⑤ 징세비용 절감

정답 ②. 지방재정의 존재이유는 자원의 효율적 배분이다. 지역주민의 선호를 반영하여 지방공공재의 효율적 공급이 가능하기 때문이다. 소득의 공평한 분배나 경제의 안정적 성장은 중앙정부의 몫으로 돌아가야 한다.

[문 2] 다음 중 티부모형(Tiebout model)에 관한 설명으로 옳은 것은? (2005 세무사)

① 공공재가 가지는 파급효과(spillover effect)를 고려하고 있다.
② 주민들은 각 지방의 공공재 공급수준과 조세수준에 대해 비대칭적인 정보를 갖고 있다.
③ 공공재의 경우에는 시장에 의한 자원배분이 비효율적일 수밖에 없음을 보이고 있다.
④ 공공재의 적정공급을 위해서는 한계대체율의 합이 한계변환율과 같아야 한다는 조건을 도출하고 있다.
⑤ 지방공공재의 경우에는 분권화된 체제에서 효율적인 자원배분이 달성된다는 결론에 이르고 있다.

정답 ⑤. 지방공공재의 경우 지역주민의 선호를 반영하여 파레토 효율적인 상태에서 공급이 가능하다는 것이다. 모든 전제조건이 구비되었을 때 자신이 선호하는 지역을 제 발로 찾아가 거주지로 결정하면 된다. 소위 "발에 의한 투표"의 결과 무임승차자 문제를 배제할 수 있으며 무임승차자 문제가 없다면 공공재의 효율적 배분이 이루어지는 것이다.

[문 3] 지방자치시대를 맞이하여 지방재정의 중요성이 매우 강조되고 있다. 지방자치와 지방재정에 대한 다음 설명 중 옳지 않은 것은? (2006 세무사)

① 특정 공공재의 편익이 주는 파급범위가 한정되기 때문에 중앙정부의 기능이 분할된다.
② 지방공공재가 지방정부에 의해 공급된다면 지역주민의 선호가 더 정확히 반영되는 장점이 있다.
③ 지역차원에서 규모의 경제를 활용할 수 있으며 부(-)의 외부효과 차단에 효과적이라는 장점이 있다.
④ 필요한 공공재의 공급을 자체적으로 결정해야 하므로 거래비용이 더 많이 소요된다는 단점이 있다.

⑤ 지역 간 공공서비스의 격차가 발생할 가능성이 크다는 단점이 있다.

정답 ③. 지방공공재라 하더라도 규모의 경제효과가 있는 경우라면 중앙정부가 개입하여 공급하는 것이 생산비용측면에서 훨씬 유리하다. 지방공공재는 지역주민의 선호를 반영하여 공급될 때 효율적 배분이 가능하다. 그러나 규모의 경제효과가 있거나 외부성이 문제가 된다면 중앙정부가 담당하는 것이 더욱 효율적이다.

[문 4] 지방재정 조정제도에 관한 설명 중 옳지 않은 것은? (2007 세무사)

① 중앙정부가 제공하는 조건부 정액보조금은 공공재 생산에만 사용해야 한다는 전제가 붙어 있다.

② 무조건부 보조금은 현금보조와 유사한 특징을 가지며 우리나라의 보통교부세가 이에 해당된다.

③ 우리나라의 국고보조금은 조건부 정률보조금의 한 예에 해당한다.

④ 무조건부 보조금에 비하여 개방형 조건부 정률보조금하에서 보다 적은 공공재가 생산된다.

⑤ 조건부 정액보조금은 현물보조와 유사한 형태이다.

정답 ④. (개방형)조건부 정률보조금은 공공재의 상대가격을 하락시키므로 이론적으로 지방공공재를 가장 많이 공급케 하는 보조금이다. 그러나 파리잡이 끈끈이 효과에 의하면 어떤 유형의 보조금이든 공공재의 추가공급에 사용된다.

[문 5] 다음 설명 중 옳지 않은 것은?(단, 지역공공재는 정상재라 가정한다.) (2005 세무사)

① 동일 수준의 효용 가정 하에서 무조건부보조금과 개방형대응보조금을 비교하면 지역공공재의 소비량은 후자의 경우가 전자의 경우보다 많다.

② 개방형대응보조금은 지역공공재의 소비는 증가시키나 사용재의 소비는 증가시킬 수도 있고 감소시킬 수도 있다.

③ 개방형대응보조금은 지역공공재의 소비에 대하여 대체효과와 소득효과가 모두 작용한다.

④ 끈끈이효과에 의하면 무조건부보조금이 동일액수의 소득증가보다 지역공공재 공급을 더 적게 초래한다.

⑤ 무조건부보조금이 지급되는 경우 지방정부가 보조금 전액을 지역공공재의 공급에 사용하는 것은 아니다.

정답 ④. 끈끈이 효과에 따르면 지방정부의 관료는 어떤 형태의 보조금이든 관계없이 예산사업에만 사용하려 든다. 따라서 보조금의 유형과 무관하게 지역공공재 공급증가 효과에는 아무런 차이가 없을 것으로 예상된다.

[문 6] 티부(Tiebout)가설에 대한 설명으로 적절치 않은 것은? (2002 세무사)

① 지방공공재의 경우 주민들의 선호를 바탕으로 하는 효율적인 공급이 이루어질 수 있다는 것이다.

② 이 모형이 가정하는 균형상태에서는 각 지역별로 비슷한 소득수준의 사람들이 몰려서 살게 된다.

③ 주민들은 비용을 들이지 않고 자유롭게 이주할 수 있어야 한다.

④ 공공재가 가지고 있는 파급효과(spillover effect)는 고려되고 있지 않다.

⑤ 주민들의 선호는 지방공공재 공급에 대한 주민투표를 통하여 표출된다.

정답 ⑤. "발에 의한 투표"의 의미를 새기면 된다. 주민투표를 통한 선호의 표출과는 다르다.

[문 7] 다음 설명 중에서 티부(Tiebout)의 '발에 의한 투표(voting with the feet)' 가설과 관련이 가장 적은 것은? (2003 세무사)

① 지역 간에 외부효과가 발생할 경우에 자원배분의 왜곡을 교정할 수 있다는 장점을 가진다.

② 주민에 대한 지역공공재의 효율적 공급문제를 시장원리적 측면에서 접근하고자 하였다.

③ 개인의 지역간 이동이 완전히 자유로우며 비용도 들지 않을 것을 가정한다.

④ 지역에서 제공되는 공공서비스와 그에 대한 대가로서 지불하는 세금이 직접적으로 결부되어 있는 것을 가정한다.

⑤ 한 나라 안에는 서로 다른 재정프로그램을 가진 지방정부가 충분히 많이 존재하며, 사람들은 각 지역에 대하여 완벽한 정보를 가지고 있다는 것을 가정한다.

정답 ①. 티부모형이 성립되려면 '외부성이 없다.'는 가정을 해야 한다. 외부성(편익의 유출)이 있다면 중앙정부가 개입해야 효율적 배분이 가능하다.

[문 8] 끈끈이효과(flypaper effect)에 관한 설명으로 가장 거리가 먼 것은? (2007 세무사)

① 중앙정부가 지방정부에 제공하는 무조건부 보조금과 관련해서 발생하는 효과이다.

② 중앙정부가 무조건부 보조금을 제공하면 지방공공재의 생산비가 하락한 것처럼 주민들이 인식하는 재정환상(fiscal illusion)이 작용해서 나타날 수 있다.

③ 중앙정부는 형식적으로는 무조건부 보조금을 교부하면서 묵시적으로는 보조금의 사용에 압력을 가하는 경우가 있다.

④ 중앙정부로부터 더 많은 보조금을 받고자 하는 것은 지방정부 입장에서 더 많은 예산사업을 원하기 때문이다.

⑤ 중앙정부 무조건부 보조금의 증가는 지방자치단체 주민들의 소득증가와 동일수준으로 공공서비스 생산을 증가시킨다.

정답 ⑤. 중앙정부가 지방정부에게 교부금을 지급할 때 무조건부 보조금이 지급되면 지역주민들의 소득이 증가한 것과 효과가 같다. 따라서 무조건부 보조금이나 지역주민의 소득증가나 공공재 공급에 미치는 효과는 동일해야 한다.

그러나 끈끈이 효과에 의하면 주민소득 증가분이 공공재 추가공급에 미치는 효과에 비해 중앙정부가 지방정부에 지급한 보조금이 공공재의 추가공급에 미치는 효과가 더욱 크다는 것이다.

[문 9] 다음 중 끈끈이 효과(flypaper effect)와 관련되는 내용을 적합하게 설명하고 있는 사례는 무엇인가? (2003 세무사)

① 많은 지방자치단체들이 지역내에 경마장, 경륜장, 카지노 등을 설치하기 위해 노력하고 있다.

② 지방자치단체들은 지하철을 건설하는데 투자된 금액과 지하철의 운영비용을 엄격하게 구분하여 관리할 필요가 있다.

③ 지방자치단체들이 중앙정부로부터 더 많은 재정지원을 받고자 하는 이유는 지역주민의 세금감면보다는 더 많은 예산사업을 원하기 때문이다.

④ 각 지방자치단체들이 지방공공재에 대해 독자적으로 그 공급을 결정하는 분권화된 체제가 효율적인 배분을 보장한다.

⑤ 지방공공재의 외부성 문제를 해결하기 위해서는 그 지방자치단체보다 상위에 있는 정부가 외부효과를 적절히 보상하여야 한다.

정답 ③. 중앙정부의 보조금을 지방정부의 관료들이 예산사업에 사용하는 경우를 말한다. 보조금 중 일부가 지역주민의 소득증가에 기여해야 하나 지방정부 관료들의 이와 같은 속성 때문에 지역주민들은 일체 보조금의 혜택을 차지하지 못하는 셈이다.

[문 10] 우리나라의 국고보조금 제도와 관련하여 옳은 설명은? (2004 세무사)

① 자치단체간 재정능력의 불균형을 시정하는데 매우 효과적이다.

② 지역간 외부성 문제가 나타날 때 유용한 교정수단이 될 수 있다.

③ 내국세의 일정비율(15%)을 재원으로 한다.

④ 자치단체 재정의 불안정성을 해소하는 효과적인 수단이다.

⑤ 일종의 무조건부 보조금의 성격을 가지고 있다.

정답 ②. 지역간 외부성문제가 있을 때 이를 시정하기 위해 중앙정부는 국고보조금을 지급한다. 이 밖에도 중앙정부가 지방정부에 위임한 사업의 수행을 위한 경비로 국고보조금이 지급된다.

제19장

공공요금의 결정이론

1. 공공요금의 의의

1-1. 공공요금의 정당성

▸효율성: 낭비요인의 제거

▸공평성: 사용자가 일차적인 부담을 함

▸재정수입의 확보: 적자는 모면해야

2. 한계비용가격설정과 그 한계

2-1. 한계비용가격설정

▸비용체감상태에서 평균비용(AC)곡선이 한계비용(MC)곡선의 상방에 있음

▸P=MC이면 기업은 손실

3. 한계비용가격설정의 대체방식

3-1. 평균비용가격

▸가격과 평균비용의 일치로 기업의 손실은 없으나 한계비용가격의 경우에 비해 생산량은 작고 가격이 높아 비효율적임

▸정부개입 없이 독립채산이 가능하다는 장점

3-2. 이부요금

▸종량요금은 한계비용과 일치시키며 충분한 생산량을 생산

▸손실분은 기본요금으로 충당함. 기본요금은 최대한 소비자잉여(consumer surplus)만큼 설정할 수 있음

3-3. 성수기와 비성수기의 구분

▸성수기의 요금: 장기한계비용(고정설비비용 포함)을 초과함

▸비성수기의 요금: 단기한계비용(가변비용)과 일치

4. 램지가격설정

▸조세에서 램지규칙(Ramsey rule)과 유사

▸공공서비스수요의 가격탄력성에 따라 차등적인 요금을 적용함

▸공공서비스 수요가 가격에 탄력적일수록 (P-MC)/P가 낮아야 함

▸공공서비스 수요가 가격에 비탄력적일수록 (P-MC)/P가 높아야 함

5. 기타문제

5-1. 평균비용이 평균수입을 상회하는 경우; 손실을 보는 경우

▸손실이 있더라도 지속적으로 생산되어야 함

5-2. 공공요금의 결정에서 고려사항

▸공평성, 효율성, 적자보전 그리고 물가수준에 미치는 영향

연 습 문 제

1. 공공요금의 부과목적에서 효율성에 대한 설명으로 타당하지 못한 것은?
   1) 공공요금이 공공서비스의 한계편익에 대한 정보를 전달하여 효율적 생산량을 유도할 수 있다면 공공요금의 부과는 정당하다.
   2) 무상으로 공급되는 경우와 비교할 때 공공요금과 한계편익이 일치하는 수준까지 소비하게 되므로 절약의 측면에서 정당성이 있다.
   3) 무상으로 공공서비스가 공급된다면 아껴 쓸 유인이 없어 낭비(浪費)가 발생하게 된다.
   4) 현실적으로 적정 수준의 공공서비스가 공급되려면 공공요금이 평균비용과 한계비용 사이에서 결정되어야 한다.
   5) 공공요금 부과 자체가 공공서비스의 한계편익에 대한 정보전달의 역할을 한다.

   정답 4). 효율성 측면에서 공공요금은 첫째, 정보전달의 기능을 하여 한계편익을 반영하고 나아가 효율적 생산량을 유도할 수 있다는 점, 둘째, 공공요금의 부과 때문에 본인 스스로 절약하게 된다는 점에서 정당성이 있다.

2. 공공요금 부과목적에서 공평성에 대한 설명으로 올바른 것은?
   1) 저소득계층에 대한 배려를 의미한다.
   2) 고소득계층에 대해 높은 요금의 부과가 정당화된다.
   3) 재화소비에 참여하는 사람들이 서비스생산 비용부담의 일차적 책임을 져야 한다.
   4) 저소득계층에 가중치를 부여해 일정 수준까지 무료로 사용할 수 있게 허용한다.
   5) 생필품적 공공서비스의 경우 저소득계층에게 최우선으로 지원해야 한다.

   정답 3). 흔히 공평성이라 함은 수직적 공평성을 의미한다. 그러나 공공요금에서 공평성이란 공공서비스의 소비에 참여한 사람들이 공공서비스 생산에 소요된 비용부담의 일차적 책임을 져야 한다는 것이다. 전기나 수도와 같은 사용재(私用財) 성격이 있는 서비스의 경우 사용량에 비례하여 요금을 부과하는 것이 공평하다는 의미이다.

3. 다음 중 가장 효율적인 공공요금은?
   1) 공공요금이 한계비용(MC)과 일치하는 경우이다.
   2) 공공요금이 평균비용(AC)과 일치하는 경우이다.
   3) 공공요금이 평균고정비용(AFC)과 일치하는 경우이다.
   4) 공공요금이 평균가변비용(AVC)과 일치하는 경우이다.
   5) 공공요금이 총비용(TC)과 일치하는 경우이다.

   정답 1). 완전경쟁시장을 전제로 할 때 가격과 한계비용이 일치하는 상태에서 자원의 효율적 배분이 이루어지므로 공공부문의 생산에 이 원리를 그대로 적용한 것이다.

4. 한계비용가격이 바람직한 결과를 낳기 위한 전제조건으로 잘못된 것은?
   1) 생산과 소비과정에 외부성이 없어야 한다.
   2) 기존의 소득분배가 불균등한 상태이어서는 안 된다.
   3) 소득분배상태가 심각하게 불균등하다면 가격과 한계비용의 일치만으로 바람직한 결과를 낳을 수 없다.
   4) 다른 부문에서 가격과 한계비용이 일치되어 있어야 한다.
   5) 외부성이 있는 경우 한계비용가격의 인상 또는 인하조정이 가능해야 한다.

정답 5). 한계비용가격이 타당성을 가지려면 다음 조건이 만족되어야 한다. 첫째, 외부성이 없어야 한다. 외부성이 있으면 사적 가치와 사회적 가치가 달라 효율적 배분이 불가능하다. 둘째, 소득분배상태가 공평해야 한다. 한계비용가격은 효율성 측면에서만 정당할 뿐 공평성 측면까지 고려하지는 못하기 때문이다. 셋째, 다른 부문의 한계비용과 가격이 일치되어 있어야 한다. 만약 타부문의 가격과 한계비용에 괴리(乖離)가 있다면 공공부문의 가격을 한계비용과 일치시키지 않는 것이 효율적 방법이다.

5. 시설용량이 한정되어 있는 공공시설을 효율적으로 사용하기 위한 방법을 설명한 내용으로 가장 타당한 것은?
   1) 효율적 배분을 위해 가격이 항상 한계비용과 일치해야 한다.
   2) 효율적 배분을 위해 한계비용에 경제적 지대를 합하여 가격을 결정하는 것이 좋다.
   3) 한계비용보다 낮은 가격을 유지하는 것이 효율적이다.
   4) 성수기에는 한계비용가격을 적용하고 성수기가 아닐 때에는 평균비용가격을 적용하는 것이 바람직하다.
   5) 공공요금의 크기를 경제적 지대와 일치시키는 것이 좋다.

정답 2). 시설용량이 한정되어 있는 경우 시설용량의 한계상태에서 한계비용가격은 초과수요를 낳는다. 따라서 한계비용보다 높은 가격을 받아야 초과수요가 해소된다. 한계비용보다 높은 가격이란 한계비용에 경제적 지대(economic rent)를 더해 조정된 가격을 의미한다.

6. 장기적인 시각에서 시설규모가 선택대상인 경우 가장 효율적인 생산량 조건으로 올바른 것은?(단, 장기평균비용곡선과 장기한계비용곡선은 같다고 가정한다.)
   1) 장기한계비용과 장기평균비용이 일치할 때
   2) 장기한계비용곡선과 수요곡선이 일치할 때
   3) 시장가격이 장기한계비용보다 높을 때
   4) 시장가격이 장기한계비용보다 낮을 때
   5) 시설규모가 가장 작을 때

정답 2). 장기한계비용곡선과 수요곡선이 일치할 때 시장가격과 한계비용이 같다. 장기의 선택에서 평균비용이 가장 낮은 시설규모를 선택하는 것이 가장 중요하다.

7. 한계비용가격설정이 결손(缺損)의 문제를 가져오는 경우로 올바른 것은?

1) 생산기술의 특성상 규모수익체증의 성격이 있는 경우
2) 평균비용이 한계비용에 미치지 못하는 경우
3) 시장수요가 지나치게 많은 경우
4) 시기적으로 수요의 편차가 심한 경우
5) 민간부문의 자연독점기업을 정부가 담당하는 경우

정답 1). 가격이 한계비용과 일치할 때 효율적 배분이 이루어진다는 점에는 이견이 없다. 그런데 비용체감(규모 수익체증)의 특성이 있어 한계비용이 평균비용에 미치지 못한다면 기업은 손실에 직면하게 된다.

8. 비용체감의 특성이 있는 생산할 때 일반재원으로 결손을 충당할 때 나타나는 문제점에 대한 설명으로 타당하지 않은 것은?

1) 일반조세수입으로 결손을 충당하면 사업담당자들이 열심히 일할 유인이 없다.
2) 결손의 규모가 크면 가용 자금의 사용에 있어 다른 사업과 충동할 우려가 있다.
3) 일반조세수입을 확보하는 과정에서 후생손실(초과부담)이 발생할 수 있다.
4) 일반재원으로 결손의 충당이 가능해도 한계비용가격이 효율적이지 않다.
5) 한계비용과 가격이 일치할 때 얻는 후생상 이득(welfare gains)이 일반재원을 징수할 때 발생하는 후생손실(welfare losses)과 상쇄될 수 있다.

정답 4). 한계비용가격의 유지가 자원의 효율적 배분에 기여하는 것은 사실이다. 그러나 가용자금을 두고 다른 부문과의 충돌가능성, 사업담당자의 해이, 일반재원(조세수입)을 확보할 때 발생할 수 있는 후생상 손실 등이 문제가 된다.

9. 평균비용가격결정방식에 대한 설명으로 타당하지 않은 것은?

1) 가격을 평균비용에 일치시키면 기업의 손실은 없다.
2) 평균비용을 가격으로 설정하면 기업의 비용절감노력을 기대할 수 있다.
3) 한계비용가격에 비해 생산량이 적으므로 후생손실이 예상된다.
4) 한계비용가격에 비해 소비자가격이 높아 후생손실이 예상된다.
5) 기업입장에서 평균비용가격을 받아도 정상이윤(normal profit)은 가져갈 수 있다.

정답 2). 평균비용 속에 정상이윤이 포함되어 있으므로 경제적 이윤(economic profit)은 없으나 정상이윤(normal profit)은 보장된다. 평균비용으로 가격을 규제하면 비용절감노력을 할 기업은 없을 것이다. 왜냐하면 낮아진 평균비용이 곧 새 가격으로 결정되기 때문이다.

10. 차별가격에 대한 설명으로 타당하지 못한 것은?

1) 일차(제1급) 가격차별을 하면 기꺼이 지불가능한 금액과 시장가격이 일치하여 소비자 잉여는 없다.
2) 제2급 가격차별을 하면 생산량을 몇 개 덩어리(block)로 구분한 뒤 각 덩어리별로 차등적인 가격을 부과한다.
3) 제2급 차별가격은 소비량이 많을수록 한계비용에 근접하는 가격을 적용한다.
4) 사용량이 많은 사람의 경우 가격과 한계비용이 근접하므로 선택의 교란이 적으나 사용량이 적은 소비자의 경우 가격이 한계비용보다 높아 교란이 발생할 수 있다.
5) 고소득자에 비해 저소득자에게 낮은 요금을 적용할 수 있어 소득분배측면에서는 유리한 가격결정방식이다.

정답 5). 사용량이 많을수록 낮은 요금이 적용되므로 사용량이 많지 않은 저소득자들의 경우 한계비용보다 높은 요금을 납부해야만 한다. 따라서 분배적 불평등은 물론 선택의 교란까지 야기될 수 있다.

11. 이부가격제도(two-part tariff)에 대한 설명으로 타당하지 않은 것은?

1) 가입비를 받고 사용료를 별도 부과하는 방식이다.
2) 사용료는 한계비용에 일치시키는 것이 보통이다.
3) 소비자 잉여는 소비자에게 귀속될 가능성이 크다.
4) 공공요금의 경우 가격을 한계비용에 일치시켜 효율적 배분을 추구하고 결손은 가입비 징수를 통해 해결하고자 하는 의도이다.
5) 가입비가 높은 경우 효율적 의사결정이 방해된다는 문제가 있다.

정답 3). 사용료는 한계비용에 일치시킨다. 그러나 결손이 불가피하므로 가입비를 별도로 받아야 한다. 만약 독점기업의 공급자라면 가입비는 소비자잉여의 크기와 일치할 것이다. 소비자의 경우 한계비용만큼 사용료를 납부하지만 기본요금(가입비)이 소비자잉여와 일치할 것이므로 소비자 잉여를 생산자가 가져갈 가능성이 크다.

12. 램지가격의 설정에 대한 설명으로 타당하지 못한 것은?

1) 일정한 재정수입을 확보하면서 효율성 상실을 극소화하는 방식을 적용한다.
2) 공공서비스 사이에 수요의 교차탄력성은 영(0)이라 가정(假定)한다.
3) 공공시비스 수요의 소득탄력성 크기에 따라 공공요금이 달라야 한다는 것이 핵심적인 내용이다.
4) 공공서비스 수요가 가격에 탄력적이면 가격과 한계비용의 격차가 가격에서 차지하는 비율이 낮아야 한다.
5) 생필품적 성격이 강한 공공서비스일수록 요금이 높아야 한다.

정답 3). 일정한 재정수입을 확보한다는 전제조건을 두고 효율성 상실을 극소화하는 가격을 찾는 것이다. 공공서비스 수요의 가격탄력성에 따라 차등적인 공공요금이 부과되어야 한다는 것이 핵심 내용이다. 좀더 구체적으로 말하면 공공서비스 수요가 가격에 탄력적일수록 요금(가격과 한계비용의 격차가 가격에서 차지하는 비율)이 낮아야 하며 공공서비스 수요가 가격에 비탄력적일수록 공공요금(가격과 한계비용의 격차가 가격에서 차지하는 비율)이 높아야 한다.

기출문제

[문 1] 공기업들의 요금결정과 관련한 설명 중 옳지 않은 것은? (2002 세무사)

① 한계비용 가격설정방식을 채택하는 경우 규모의 경제가 발생하는 공기업은 적자를 보게 된다.

② 평균비용 가격설정방식을 채택하는 경우 생산비용을 낮추기 위하여 노력할 유인이 저하될 수 있다.

③ 규모의 경제가 발생하는 공기업이 평균비용 가격설정방식을 채택할 경우 한계비용 가격설정방식에 비해서 가격은 높고 공급량은 적게 나타난다.

④ 램지가격설정방식은 소득분배 측면에서 바람직하지 않을 수 있다.

⑤ 램지가격설정방식은 일정한 재정수입을 달성해야 하는 조건을 충족하면서도 파레토 효율성을 달성하는 방안이다.

정답 ⑤. 램지가격결정은 효율성을 극대화하는(혹은 손실을 극소화하는) 공공요금의 결정방식이다. 따라서 차선의 의미가 있을 뿐 파레토 효율적인, 즉 최선의 가격정책은 아니다.

[문 2] 이부가격제도(two-part tariff)에 대한 설명 중 옳지 않은 것은? (2006 세무사)

① 규모의 경제가 있는 경우에는 이 방식을 쉽게 적용할 수 없다.

② 소량의 소비자들에게 가입비가 묵시적 장벽으로 작용하는 부작용을 생각해 볼 수 있다.

③ 가입비의 크기는 소비자잉여의 크기를 사용하는 것이 일반적이나, 공공요금의 경우에는 결손을 메울 수 있을 만큼의 사용자 분담금적 성격을 띠게 될 것이다.

④ 사용료는 한계비용에 일치시킨다.

⑤ 전화나 수도의 경우에 부과되는 기본요금이 그 예가 된다.

정답 ①. 생산기술의 특성상 규모의 경제효과가 나타날 때 한계비용가격을 설정하면 생산기업은 손실에 직면하게 된다. 규모의 경제로 인한 손실을 방지하기 위한 방법 중의 하나가 이부가격제도이며, 이부가격은 소비자잉여에 의해 한도가 결정되는 가입비와 한계비용에 의해 결정되는 사용요금 등 두 부분으로 구성된다.

[문 3] 독립채산제로 운영되는 어떤 독점적 공기업A가 B공공서비스를 생산하고 있다고 하자. B서비스의 생산이 규모의 경제(economies of scale)를 보이고 있다고 할 때, A기업이 생산비 보전을 위해서 채택할 수 있는 가격설정방식으로 가장 적합하지 않은 것은? (2003 세무사)

① 램지가격설정방식(Ramsey pricing)

② 평균비용가격설정방식(average cost pricing)

③ 이부가격제(two-part tariff)
④ 블럭가격제(block tariff)
⑤ Pigou식 가격차별(price discrimination)

정답 ①. 특정 공기업의 손실문제를 해소하기 위한 가격정책으로 램지가격은 적절하지 못하다. 램지가격은 몇 개의 공공서비스가 있을 때 이들 서비스수요의 가격탄력성 격차에 따라 차별적 요금을 부과하여 후생손실을 극소화하자는 것이기 때문이다.

[문 4] 전력수요가 성수기수요와 비수기수요로 나누어지며 단기적으로 전력의 최대생산능력은 고정되어 있고, 전력생산의 단기한계비용과 장기한계비용이 일정하다고 가정할 때 성수기의 적정 전력요금수준에 대해 옳게 설명한 것은? (2004 세무사)

① 단기한계비용과 일치한다.
② 장기한계비용과 일치한다.
③ 장기한계비용보다 낮다.
④ 장기한계비용보다 높다.
⑤ 단기한계비용보다는 높고 장기한계비용보다는 낮다.

정답 ④. 성수기/비성수기 가격차별에 관한 문제이다. 비성수기 소비자에게는 단기한계비용만 징수하고 성수기 소비자에게는 자신의 고정비용과 가변비용은 물론 비성수기 소비자의 고정비용까지 회수할 수 있을 만큼 높은 가격을 부과하자는 것이다.

[문 5] 가스공사와 전화공사의 두 공기업에서 제공되는 서비스의 가격 책정에 소위 '램지 가격설정원칙(Ramsey pricing rule)'을 적용한다고 하자. 그리고 가스서비스에 대한 수요의 가격탄력성이 전화서비스에 대한 수요의 가격탄력성보다 낮다고 하자. 이 경우 두 공기업에서 제공하는 서비스의 가격과 램지 가격설정원칙에 대한 설명으로 옳지 않은 것은? (2005 세무사)

① 램지 가격설정원칙은 일정한 재정수입의 확보를 전제로 하고 있다.
② 램지 가격설정원칙은 공공요금 설정에 따른 효율성 상실의 극소화를 추구한다.
③ 가격이 한계비용과 괴리되는 상대적 비율은 전화서비스의 경우가 가스서비스의 경우보다 더욱 커야 한다.
④ 두 서비스에 대한 러너(Lerner) 요금마진율은 각 서비스에 대한 수요의 가격탄력성에 반(反)비례하도록 책정되어야 함을 의미한다.
⑤ 램지 가격설정원칙은 분배적 측면에서 문제를 발생시킬 가능성이 있다.

정답 ③. 가스 수요의 가격탄력성은 작고 전화수요의 가격탄력성은 상대적으로 크다. 따라서 가스요금이 전화요금보다 비싸야 한다. 요금이 비싸다는 것은 가격에서 가격과 한계비용의 격차가 차지하는 비율이 높다는 것과 같은 의미이다.

[문 6] 다음 중에서 공공요금의 가격결정이론에 관한 설명으로 타당한 것을 모두 고르면?

(2007 세무사)

> (가) 제2차 가격차별 방식에 따라 공공요금을 책정하면 공평성 측면에서 문제가 생길 수 있다.
> (나) 규모수익불변현상이 존재하는 경우 한계비용 가격설정은 생산자의 손실을 가져온다.
> (다) 램지가격설정은 러너(Lerner) 요금마진율이 수요의 가격탄력성에 반비례하도록 가격을 설정한다.
> (라) 최적이부요금에서 고정수수료와 사용요금의 비중을 결정할 때 고정수수료에 대한 탄력성이 작으면 고정수수료를 높게 책정하고 대신에 사용요금을 낮게 책정하는 것이 사회적 후생을 증가시킨다.
> (마) 최대부하가격 설정모형에서 성수기 수요자들의 가격은 고정설비 비용과 비성수기 수요자들의 한계가변비용 및 성수기 수요자들의 한계비용을 합한 것으로 결정된다.

① (가), (나), (라) ② (가), (다), (라)
③ (가), (다), (마) ④ (나), (다), (마)
⑤ (나), (라), (마)

정답 ②. 차례로 살펴보면 다음과 같다.

1. 2급 차별가격을 실한다면 구입량이 많을수록 가격이 낮아지므로 적은 수량밖에 구입하지 못하는 저소득계층이 부담을 많이 할 우려가 있다.
2. 한계비용가격설정(P=MC)이 손실을 가져온다고 말하는 이유는 비용체감, 즉 규모에 대한 수익의 증가현상 때문이다.
3. 램지가격은 가격과 한계비용의 격차가 가격에서 차지하는 비율(Lerner 마진율)이 수요의 가격탄력성에 반비례하자는 것이다.
4. 고정요금의 결정에서도 역탄력성의 원리를 적용할 수 있다는 내용이다.
5. 최대부하가격에서 성수기 수요자들은 높은 요금을 부담하는데 그들의 모든 비용과 비성수기 수요자들의 고정비용까지 부담하기 때문이다. 비성수기 수요자들의 한계가변비용은 비성수기 수요자들이 부담한다.

[저자 소개]

건국대학교 경제학과에서 박사학위를 받은 뒤 건국대학교에서 강의를 하다 현재는 웅지세무대학 학장을 맡고 있다. 경제학, 재정학, 한국조세의 이해(공저), 한국경제의 이해(공저) 등의 저서가 있으며 "자주재원확충과 징세노력에 관한 연구" 외 다수의 논문과 보고서 등이 있다.

재정학연습

2026년 3월 5일 중판인쇄
2026년 3월 10일 중판발행

저 자 최 영 한
발행인 유 성 열
발행처 청목출판사
서울특별시 영등포구 신길로 40길 20
전화 (02) 849-6157(代) · 2820
FAX (02) 849-0817
등록 제318-1994-000090호

파본은 바꾸어 드립니다. 값 20,000원

http : //www.chongmok.co.kr

ISBN 978-89-5565-226-0